JN119093

地理教育論 社会科教育論 の多角的探究

―4人の考え方―

山口 幸男

伊藤 裕康

西岡 尚也

佐藤 浩樹

人言洞

はしがき
―4人の論考についての解説を含めて―

　本書『地理教育論社会科教育論の多角的探究―4人の考え方―』は，4人の著者によるそれぞれが50〜60頁程度の論考を集成した単行本である。単行本の最も一般的な形態は1人の著者が全編を執筆する単著であり，著者の考え方を深く理解することができる。いっぽう，10数人の著者がそれぞれ短い論考を執筆し，それらを集成した論文集的なものもかなり出版されている。そこでは，各著者の考え方を深く知ることはできないものの，多くの著者を比較検討し，多面的に考えることができるという長所がある。本書は，両者の中間に位置している。1人の執筆分量が長いので，著者の考え方をある程度深く知ることができる，また，著者4人の比較を通して地理教育論社会科教育論を多面的に考察することができる，という長所がある。本書の執筆者は地理教育論に関心をもつ者であるが，社会科教育論にも関心をもち，本書の内容にも地理教育論に収まりきらないものが入っている。内容的には現代社会の諸課題や理論的観点が考慮されている。各章の最後の節（第4節）には，各著者の考え方を一層理解してもらえるように「私の地理教育論社会科教育論」という類いの補論的な論考を共通的に取り上げた。以上のように本書は，著者4人がそれぞれの考え方のもとに「地理教育論社会科教育論」を探究したものである。そこで，本書の書名を『地理教育論社会科教育論の多角的探究―4人の考え方―』とした。

　本書刊行にあたって，私（山口）が各論考の特徴を解説することになったが，各論考を的確公平に解説することは容易なことではなく，主観的なものが入ることは避けられない。それを回避するには，各論者がそれぞれに各論考を比較論評する小論を同時掲載するのがよいのだが，これも現実的にはむずかしかった。そこで，主観が入ることもやむを得ないという前提のもとに，以下，各論考の特徴について私なりに解説してみたい。その際，各論考の内容のすべてを

取り上げるのは困難である。そこで，「価値・思想・イデオロギー」という観点に焦点をおいて解説することにした。「価値・思想・イデオロギー」は，各論考に通底するキーワードであると判断したからである。

西岡尚也（第2章）は，地理教育の第一目標は「正しい世界観（世界認識）」の形成であり，21世紀の地理教育では過去の「誤った世界観」を「改善」する必要があると述べる。そして，今日最も必要な世界認識は，国家（国益）を超えた「地球市民意識」（地球益）の形成であるとして，「核兵器」「脱亜論」「宇宙からの視点」を取り上げて論じている。大学生に「核兵器禁止条約」に賛成か反対かの調査をしたところ，多い意見は，「当事者である核兵器保有国（9カ国）がいずれも批准していないので，条約には実効性がない」というものであった。にもかかわらず，西岡は，「私たちはこの条約のもつ人道的かつ人類的な側面への理解をさらに深め，支持を拡大するための行動をスタートしなければならない。それが世界で唯一の戦争被爆国の社会科教員の役割であると私は考えている」と述べている。ここでいう地球市民意識とは平和という普遍的価値の意識というものであろう。今の大学生の実態がそのようではなくても，その意識を育成していく教育をしていかなければならないという強い信念が西岡にはあると思われる。「地球市民」の育成という考え方は，今日流行し多くの論考があるが，そのなかで，西岡のいう「平和を目指す地球市民」はどのように位置づけられるだろうか。

西岡が，目指す人間像として国家を超えた地球市民意識の育成を掲げたのに対し，山口幸男（第1章）は国家・国民，ナショナリズムが最も重要な思想・イデオロギーであるとする。「地球市民」というのは，その制度的基盤・組織的基盤を欠いた現実には存在しないいわば夢想的な人間像であるのに対し，国家・国民，ナショナリズムは，人々が安全に安定的に暮らすことができる最も重要な現実的枠組みであり，自己の存在意義，アイデンティティが実感できる思想・イデオロギーであると述べる。その上に立って，領土問題，ソ連解体，地政学を取り上げ考察している。西岡と山口の違いは，グローバリズム（コスモポリタニズム）とナショナリズムの違いともいえよう。国家・国民，ナショ

ナリズムという思想, イデオロギーは, 戦後のわが国においては忌避されタブー視されてきたものであった。山口論考はそのタブーを打ち破ろうとする論考といえよう。

　伊藤裕康 (第3章) は, 社会科教育における価値・価値観の重要性を強調する。同時に, ある特定の価値・価値観の注入になってはならず, 価値・価値観を多面的・多角的に考察することが大事であると述べる。子どもの価値観はさまざまであり, そのことを大切にしなければならないという考え方によるものであろう。伊藤が, 「社会科の初志の会」「提案する社会科」を高く評価しているのはその現れといえよう。他方で伊藤は, 自由, 平等, 正義, 人権などの普遍的な価値があるともいっている。また, 子どもがある価値観に偏している場合は, その価値観を移動させるような指導をすべきだともいう。このことは, 教師の頭のなかに特定の価値観が存在していることを示すものであり, 多様な価値観の尊重とどのように整合しうるのだろうか。伊藤は, その解決のために「合理的意志決定」が大事であると考えているようである。伊藤はまた, 「すでにあるもの」という捉えから, 「つくりだすもの」でもあるという捉えへ拡張すべきとする。それは「自分自身も社会に参画し, 役割を担っていくべき立場にあることを意識させることである」と述べている。そして, 「すでにあるもの」は「国民」という観点であり, 「つくりだすもの」は「市民」という観点であると述べている。この点では西岡の「地球市民」にも結びつくといえる。

　佐藤浩樹 (第4章) の論考は, 小学校社会科カリキュラムの構成原理を探究するもので, 空間 (地理) 的な枠組みを基盤におくことによって, 同心円的拡大主義を小学校社会科カリキュラムの原理として再評価しようとしている。そのなかで, 歴史的内容をどう位置づけるべきかについても論じている (第2節)。「価値・思想・イデオロギー」とは無関係のようにみえるが, 同心円的拡大カリキュラムを, 地域社会 (身近な地域), 国家社会, 世界という空間的な枠組みの統合性を重視する地理的空間的な価値観であると捉えるならば, 自由, 平等, 平和などの普遍的価値の重視という価値観とは異なるものといえよう。もっとも, 佐藤論考自体はそのようなことまで論及しているわけではない。また, 佐

藤は第3節で，現在（大学生）の自分らしさには小学校時代の場所体験が少なからぬ影響を及ぼしていることを実証的に明らかにした。これは，人間形成における「身近な地域」「場所」「郷土」「真正な社会」などのもつ重要性，すなわち教育的意義を指摘したものとして注目できよう。その上に立って，「地理学習の最終目標は地域に対する主体的関与の態度であり」，学習論的には「社会参画的地理学習」であると述べている（第4節）。社会参画学習の重要性は伊藤も論じたところである。

　以上のほかに，「価値・思想・イデオロギー」を排除しようとする社会科教育論がある。一見，価値中立的にみえるものの，「価値・思想・イデオロギー」の排除自体が，自然科学主義・科学主義という「価値・思想・イデオロギー」を内包している。本書では残念ながらこれについては取り上げることはできなかったが，第3章の伊藤論考は多少関係し，第1章山口の第2・4節で少し触れられている。また，社会科教育実践者の多くは学習指導要領を基盤としていて，「価値・思想・イデオロギー」とは関係がないようにみえる。しかし，突き詰めていくと，教師は何らかの「価値・思想・イデオロギー」的基盤をもって指導にあたっているはずであり，そのことを自覚することが大事なのではなかろうか。

　以上，本書の各論考の特徴を私なりに解説した。すでに述べたとおり，私の主観が入ったものになったが，あくまで1つの参考としてお読みいただければ幸いである。読者各位が，著者4人の考え方について比較考察され，地理教育論社会科教育論の根底に存する価値・思想・理論・内容等の多様性に思いを致してくれるならば，本書刊行の意図は果たせたことになる。そのようななかから，わが国の地理教育論社会科教育論が一層発展していくことを願うものである。

　最後に，本書の出版編集に当たっては人言洞会社代表の二村和樹氏にお世話になった。ここに記して感謝御礼申し上げます。

令和5年3月　　　山口　幸男

目　次

第1章
領土，ソ連解体，地政学

[山口 幸男]

　本章では，地理教育社会科教育における政治的内容として「領土」「ソ連解体」「地政学」を取り上げ，「国家・国民」「ナショナリズム」を重視する立場から論じる（第1～3節）。わが国の戦後の地理教育社会科教育の学会レベルの研究においては，「国家・国民」「ナショナリズム」は忌避され，タブー視されてきた観点であった。第4節では，草原和博の地理教育論の問題点を指摘し，間接的に私の地理教育論を述べる。

第1節　わが国における領土教育論に関する考察
―「領土軽視・否定論」批判―

　社会科の学習指導要領および同解説編における領土関係の記述は改訂ごとに充実し，そのたびに新聞等のマスメディアで大きく報道され注目されてきた。この間，2006（平成18）年には教育基本法が改正され，「我が国と郷土を愛する」が強く打ち出された。にもかかわらず，わが国の社会科教育・地理教育の学会レベルの研究においては領土教育に関する研究が盛んになってきたとはいえない。社会科教育，地理教育に関する5つの全国的学会の学会誌に掲載された領土教育に関する論考等の数を示したのが表1-1であるが，「ESD・SDGs等」「防災等」に比べ，「領土・領域」に関する論考はきわめて少ない状況にあ

表1-1　全国的学会誌掲載の領土教育等の論考数（2012～2021年）

学会誌	項　目		
	ESD，SDGs，持続可能等	防災・災害，ハザードマップ等	領土，領域
『社会科教育研究』（日本社会科教育学会）	5	9	0
『社会科研究』（全国社会科教育学会）	0	2	0
『社会系教科教育学研究』（社会系教科教育学会）	5	10	0
『新地理』（日本地理教育学会）	15	10	0
『地理教育研究』（全国地理教育学会）	9	5	6

る。そのなかで,『地理教育研究』誌においては領土に関する論考が比較的多く,『社会科研究』誌はどの項目も少ないという特徴がある。

本稿では,わが国における領土教育論を「領土軽視・否定論」と「領土重視・肯定論」とに分ける。それぞれの特徴は下記である。

> 「領土軽視・否定論」
> ●領土に関するわが国（日本）の主張を軽視・否定する論。
> ●領土・国家の存在意義を軽視・否定する論。
> 「領土重視・肯定論」
> ●領土に関するわが国（日本）の主張を重視・肯定する論。
> ●領土・国家の存在意義を重視・肯定する論。

本稿は,両者の領土教育論に関するいくつかの論考を取り上げ,「領土重視・肯定論」の立場から「領土軽視・否定論」を批判的に考察し,わが国の領土教育の充実発展に資そうとするものである。

1 領土軽視・否定論についての考察

（1）原田智仁の領土教育論

原田（2010）は,「領土問題の授業を構想する」と題して,授業試案を示した。北方領土問題について,「北方領土が第二次世界大戦末期の混乱に乗じソ連に占領されたものであり（要因②）,同様の行為は東欧や中央アジアでなされたことを考慮すると,冷戦体制下ではもとより,新生ロシアとなった今でも容易に手放さない（要因①）ことが了解されよう」と述べ,竹島問題については,「竹島問題の要因は北方領土ほどクリアではない。韓国の主張にも耳を傾ける必要がある」として,韓国の中学校国史教科書の記述を紹介し,また,韓国の外交通商部のホームページで独島を韓国固有の領土と明記していることを紹介し,これらの資料から判断すると,「両国ともに歴史のからむ政治的威信（要因①と要因④）,排他的経済水域内での水産資源等の確保（要因③）から,容易に妥協しえない問題であることがわかってこよう」と述べている。

原田のいう領土問題の要因①〜④とは，①政治的威信，②軍事的利得，③経済的権益，④歴史・宗教の4点である。原田は，個々の領土問題の具体的な事実関係や主張については考察せずに，領土問題はこれら4つの要因に起因するという領土問題の一般的・抽象的要因を理解させることが領土教育の本質であると考えているようである。また，この4つの一般的要因を生徒に考えさせるために，「1つの勉強部屋を共同で使用する兄弟姉妹が互いの領分をめぐって喧嘩することは珍しくはない」という事例を示し，そこから一般的要因を類推させようとしている。兄弟姉妹の勉強部屋をめぐる喧嘩と国家間の領土問題とを同列に置くという理解しがたい論理が展開されている。同じような類推手法は武田竜一（2015）の論考にもみられる。

　この原田論考を伊藤直之（2014）が解説・論評している。伊藤は原田の授業構想の特徴は「自国の視野や立場から，敢えて他国の視野や立場へと転換を図っている点」にあるとし，「相手国の主張や根拠を見ることによって，わが国の主張とどこが異なり，どのくらい隔たりがあるかを知ることができる。わが国の主張は残念ながら日本国外では受け入れられているとは限らないということを意識することになるだろう」と述べている。これからわかるように，「日本の主張が正しいとはいえない」ということを生徒に意識させるのが伊藤の（そして原田の）領土教育論であるように思われる。また伊藤は，「社会科教育は事実や概念などの知的側面に責任を負うべきであって，価値や態度などの情意的側面に踏み込もうとしても荷が重く，一教科としては限界がある。当授業（原田の授業のこと）の根幹にあるのは，このような教育論である」と述べているが，原田や伊藤の論は「事実や概念などの知的側面に責任を負う」論であるとは思えない。むしろ，事実認識，知的認識に責任を負わない論といえるのではなかろうか。

（2）桑原敏典の領土教育論

　桑原ほか（2007）は「現代の政策課題について考えさせる歴史授業構成—小単元「竹島問題を考える」の教授書開発を通して—」と題する論考を執筆している。桑原は，教材開発の視点として，「竹島の領有権をめぐる日韓の解釈に

焦点をあて，日韓の主張のどちらが正しいのかを考えさせるのではなく，あくまでねらいはこの問題の追究を通して日韓関係の歴史に対する見方を形成することにおくということである」「どちらの主張がより説得力があるかを判断させたり，竹島はどちらの国のものなのかを判断させたりすることは予定していない。その理由は，日韓それぞれの歴史学研究の成果をつき合わせて，どちらの歴史観がより納得のいくものであるかを吟味する授業も考えられなくはないが，この問題の性質上，それが非常に困難であると判断したからである」と述べている。そして，非常に困難な理由としては「問題が現在進行中のものだからである」としているが，そのような理由は理由とはいえないものであろう。

　指導計画の第二次「竹島問題の争点は何か」では，韓国と日本の主張について，教師が資料を提示し，発問し，説明し，生徒が答えるといった問答式の展開がなされ，両国の主張がかなり詳しく紹介され解説されている。そして，最後に「今後何が明らかになれば，両者の主張がより説得力のあるものになるか」と教師が発問し，期待される生徒の回答として「1905年に日本が竹島を自国領とした際に，韓国領と認識していながら一方的に支配下においたことが判明したら，韓国側の主張は説得力を増す。いっぽう，1905年に日本が竹島を領土に組み入れる以前には，竹島はどの国によっても自国領と認識されていなかったとしたら，日本側の主張はより強固なものになる」が示されている。このように，桑原の論理は「たられば」論に終始し，結局はどちらの主張が正しいかはわからないという両論併記論となっており，その判断は生徒に「自立的に判断させ」るものであるとしている。教師も判断できないし，その根拠もはっきり説明されていないものを生徒に判断させることなどできないであろう。結果的に，生徒は，竹島は「日本の領土であるとはいえない」という理解をすることになるであろう。

　「たられば」論で終わるのではなく，「韓国の主張を十分に吟味した上で，竹島が日本の領土であることを事実的根拠・資料に基づいて主張している」という日本政府の主張を踏まえ，その日本の主張のどこが間違っているのかを，きちんと考察するという授業展開がなされなければならない。この最も肝心な部

分が抜け落ちているのが桑原や前述の原田の領土教育論である。なぜ，最も肝心な部分が欠落するのか。この部分を本格的に考察していくと，日本の主張の正しさがはっきりしてしまうからである。桑原や原田の論は，日本・文科省という存在そのものから距離を置こうとする教育論であり，当然，日本の主張を深く考察することを避けようとするのである。

　桑原論考で注意しておかなければならない別の点は，「開発した単元は，自主的な思想形成を促すものとして評価され得るものである」と述べている点である。ここでいわれている「思想形成」とはどのようなものなのか，「日韓関係の歴史に対する見方を形成すること」（日韓関係の歴史観）のようにも受け取れるが，明記されていないのではっきりとはわからない。ただ，前述の伊藤直之の「社会科教育は事実や概念などの知的側面に責任を負うべきであって，価値や態度などの情意的側面に踏み込もうとしても荷が重く，一教科としては限界がある。当授業（原田の授業のこと）の根幹にあるのは，このような教育論である」という考え方と，桑原の「思想形成を促す」という考え方とは全く逆の考え方であるといえよう。

（3）草原和博・渡部竜也の領土教育論

　草原・渡部（2014）は両氏編著『"国境・国土・領土"教育の論点争点』を著している。

　草原は，その「はじめに」において「本書は国境・国土・領土をめぐって"何が史実か""何が正しいか"について論じるものではない。執筆者は教科教育学の研究者であり，これらの論点争点について語りうるだけの専門性を有していない」「本書が扱うのは，なぜ，どのように教えるのか，どのような教育的意義があるのか，どのような選択肢があり，各授業にはどのような意義と課題が認められるかに限られる」と述べている。草原の論は，領土問題に関わる事実認識やその根拠についての考察をはじめから放棄し，社会科教育研究者の守備範囲は，あくまで，目標論や授業方法論の研究だけであるという社会科教育観に立脚しているといえる。また，「国際政治や文部行政（とりわけ教科書検定や新法制定など）の動きとは一歩距離をおいて国境・国土・領土の話をネタに，

そもそも社会科とはどんな教科か，未来の教育，明日の教育をどうするかに想いをはせる格好の機会になると確信する」と，国や文部科学省（以下，文科省）の見解とは距離を置くことが大事であると主張している。要するに，草原の論は，社会科の研究者や教師は，社会科の内容・教材についての深い考察はできないし，する必要はない，目標論，授業方法論（指導方法論）の研究だけをすればよい，国・文科省の立場に立ってはならないというものである。これが草原の社会科教育，領土教育についての基本的な立場といえよう。草原はまた当該書の「Ⅰ　なぜ国境・国土・領土の学習が要求されるのか」において，「主権者たる国民・市民に求められるのは，（a）様々な主張とその根拠を見極め，それらを比較・批評できる批判的思考力　（どの主張が優位か，説得力があるか）」であると述べているが，この論述は，「本書は国境・国土・領土をめぐって"何が史実か""何が正しいか"について論じるものではない」とした草原自身の前記論述とは矛盾している。

　渡部は当該書のまとめにあたる「Ⅴ　授業づくりにおける教師のゲートキーピングの重要性」を執筆している。渡部は，本書の特色は，「現行の学習指導要領が国境，国土，領土というテーマをいかに捉えているのかを詳細に分析したり，そしてその実現に向けて具体案を示したりしていない点である。むしろ現行の学習指導要領からは距離を置き，その世界観を相対化しようとすらしている」ことにあると述べている。文科省の見解が正しいかどうかということの考察はせずに，とにかく文科省の見解・世界観とは別の見解を示そうというのがこの書の趣旨であるということなのであろう。それは，結果的には生徒に文科省の見解に疑念をもたせていくことになるものであり，渡部は，そのような教育を目指しているものと思われる。さらに渡部は驚くべき論述を行っている。「"何が史実か""事実として何が生じているか""どれが正しいか"を論じるなら歴史学者や政治学者，社会学者のほうが適している。この点を社会科教育学者に期待しないほうがよい。そうではなく，"教科指導としての国境・国土・領土を教えるにはいかなる選択肢がありうるのか""なぜそうしたことを教えるべきなのか""それらはどういった意味があるのか"を教師一人一人が考え

ていくための情報や視点，考え方を提供する。これが社会科教育学者の唯一で
きることであり，また社会科教育学者だからこそできることである」と述べて
いる。上記の草原見解と見事に一致しているが，「この点を社会科教育学者に
期待しないほうがよい」「これが社会科教育学者の唯一できることである」と
強調している点が，私が驚くべき論述といった点である[1]。渡部は，社会科の
研究者・教師は領土問題についての事実認識や事実判断が出来ない，社会認識
の能力のない人間であるといっているのである。これは社会科の研究者・教師
を侮辱する暴言というべきであろう。社会科の研究者・教師の意義・能力を局
限し，矮小化するのが草原，渡部らの社会科教育論といえよう。

　なお，草原・渡部の論と同一ではないが，自国の領土（固有の領土）を否定
し，相手国の立場を尊重するという考え方は，金(2013)の論考にもみられる[2]。

② 領土重視・肯定論についての考察

（1）向山洋一の領土教育論

　向山洋一は1998年，京都で，全国500人の教師に対して立ち会い授業を行っ
た。授業は「ペリー来航から北方領土まで」で，その概要が「現代教育科学」
（明治図書）No.560に掲載されている（向山2003）。向山は，授業前に参加者に
対して「北方領土は日本のものであるという主張にどの程度の有効性があると
思いますか。」と質問し，5つの選択肢の中から選んでもらう（挙手）という
調査をした。その結果は，日本が全く正しいと思う教師はわずか7～8名，ロ
シアが正しいという教師は30名ほど，3分の1の教師は挙手をしていない，と
いう状況であった。向山は，北方領土に関する第一級の歴史的資料4つを示し，
参加者の前で読みながら授業を淡々と進めた。その4つの資料とは，「1854年
の日露通好条約第二条」[3]，「1943年のカイロ宣言の文章」「1951年のサンフラ
ンシスコ平和条約の文章」「1956年の日ソ共同宣言の文章」である。そして，
授業後，再び挙手をしてもらったところ，ほぼ全員の参加者が「100％日本が
正しい」に挙手をしたということである。このことは，資料をもとに事実経過
を丁寧に扱っていけば，日本の主張の正しさがわかるということを示している。

向山は，論考の最後で，「なぜこのような授業がなされてこなかったのか」が問題なのであると述べ，「国家・国民について，きちんと教育の中でとりあげていくのは当然のことである」と述べている。向山のこの論考は，本稿で取り上げた諸論考のなかでは最も早くに執筆されたものである。

　北方領土に関しては太田や泉の論考もある。太田（2011）では，サンフランシスコ平和条約は取り上げられているが，肝心な日魯通好条約，カイロ宣言は取り上げられておらず，北方領土の帰属についての考察もなく，両論併記的な内容になっており，泉（2007）も両論併記的な取り上げ方であり[4]，どちらも領土軽視・否定論といえる。萩原（2019）では日魯通好条約は取り上げられていない。

（２）深見聡の領土に関する認識調査

　深見は，大学生を対象とした領土に関する認識調査を２度行った（深見2016，深見2018）。それら論考は領土に関する授業・指導を論じたものではないが，「領土重視・肯定論」の立場に立っている。

　深見は「領土教育について，偏狭なナショナリズムの台頭につながるといった懸念の声があるのも事実である。この点に関しては客観的事実に基づかず情緒的に相手国やその国民への批判を行うのは当然ながら正当化されるものではなく，現に厳しく慎まなければならない。そのうえで，イデオロギーに左右されない客観的記述や相手国が主張する異なる見解や教育の現状を知り，自国の領土について理解を深めることで，むしろ子どもたちに周辺国との相互理解の必要性を認識させることが重要である。現実的課題を知らない，あるいはそれらを積極的に教えようとしないことのほうが，我が国に誤った領土認識や偏狭なナショナリズムを植えつける結果になるのではなかろうか。」と論じ，また，「桑原ほかは"特定の主張を押しつけるのではなく，子どもに多様な見方考え方の育成を保証"するよう述べている。私もその主張に強い賛意を抱くが，前提として，北方領土・竹島・尖閣諸島が我が国固有の領土であることを位置や領有根拠とともに扱う必要がある。」と述べている。

　深見の認識調査は約250人の大学生を対象に2016年に実施された。「竹島が，

日本領となっている根拠は何だと思いますか」という設問では下記の4つの選択肢（①〜④）を示し回答させている。

> ① 1905年に他国の支配が及ぶ痕跡がないことを確認して，国際法上正当な手段で日本の領土とした（このような手順を「先占の法理」と言います）から。
> ② もとは韓国領であったものを，1919年の日韓併合条約により日本領としたから。
> ③ 1965年の日韓基本条約によって，韓国から日本に返還されたから。
> ④ 領土紛争を解決する国際司法裁判所の判断で，日本領であると決定されたから。

　それぞれの選択率は，①49.6％，②18.0％，③16.8％，④14.4％であった。正当の①は最も多かったものの，半数弱であり，残りは②③④に分散している。これらは大学生の認識が十分とはいえないということを示しているように思われる。たとえば，④については，日本は竹島問題を国際司法裁判所に何度か付託しようとしたが，韓国が付託そのものに反対するため，国際司法裁判所で取り上げられたことは一度もない。にもかかわらず14.4％が選択したということは，大学生の竹島問題認識が如何に曖昧なものであるかを示すものであろう。尖閣諸島の領有根拠についての設問においてもほぼ同じような結果であった。深見は，高校地理履修の有無，領土教育への関心の有無とのクロス集計も行い，高校地理履修の有無との関係はほとんどないこと，領土教育への関心の有無とは関係があることを明らかにした。

　深見は2年後の2018年に大学生約250人を対象に，2016年と同じ設問で調査した。竹島問題の調査では，正答は34.4％に低下した。尖閣問題の設問でも正答は低下した。大学生の領土認識がますます不十分なものになっていることを示しており，この間，領土教育が充実したとはいえないような結果である。領土問題への関心の有無については，第1回目の調査では89.5％が有ると答えたが，第2回目の調査では57.8％に低下した。この点について深見は，「竹島や尖閣の問題に，インターネットを含むニュース報道や情報バラエティ番組を通して接する機会が，前回調査時のほうが明らかに多かったことの影響が考えられよう。」と述べている。

（3）大島悟の領土教育論

　大島悟の領土教育論は，領土問題を最も深く考察したもので，既述した原田，桑原，草原・渡部の論考などを批判的に検討・考察しているものである。下記の３つの論考がある。

　　A「中学校社会科における竹島に関する学習の実践と考察—"韓国の教科書に掲載されている地図"の教材化と"問い"の工夫—」（大島2017）。
　　B「竹島に関する学習における韓国の主張の取り上げ方についての一考察—島根県内の中学校社会科教員へのアンケート調査を通して—」（大島2018a）。
　　C「中学校社会科現代史学習における竹島に関する学習の教授書開発の意義と指導の方向性」（大島2018b）。

　論考Ａは，松江市内の公立中学校２年生（18名）を対象として１時間の飛び込み授業を行うために，「竹島問題についての認識形成を踏まえて，竹島問題の解決に向けて考えられるようにする」という授業を構想し，実践したものである。授業のねらいの１つは，「① 韓国の教科書の地図を通して韓国の主張の矛盾点に気づき，竹島が日本の領土であることの根拠について理解を深める。」である。

　何度も述べてきたように，「領土軽視・否定論」においては，個々の領土問題の具体的な事実認識・事実判断についての深い考察・追究は避け，どちらにもそれぞれ言い分があり，どっちもどっちだという両論併記的な取り上げ方をし，判断は生徒にまかせるというものであった。これに対して大島の授業は，韓国の主張を客観的資料に基づいて深く追究させ，韓国の主張の矛盾点に気づかせるというものである。領土問題は複雑多様な要素が関係し，理解は簡単ではない。そのようななかで，中学生でも理解可能な教材・指導方法を見つけ出すのは容易ではないが，大島は，韓国の独島教育，中学・高校教科書で用いられている地図が有効であると考え，新増東国輿地勝覧（1531）所収の「八道総図」，1898年発行の「大韓全図」を教材として取り上げた。これらの地図を考察させることによって，韓国の主張に矛盾のあることが生徒にもよく理解でき

ると考えたからである。それは，日本の主張が正しいということの根拠でもある。大島がこのような授業を構想したのは，日本の主張と韓国の主張について事実資料に基づいて十分に吟味考察した結果，日本側の主張が正しいと，大島が判断したからである。「日本が主張している」からではない。「日本の主張が正しいと判断した」からである。仮に，日本の主張が間違っており，韓国の主張が正しいと判断されれば，その趣旨に沿う授業展開になるであろう。また，日本の主張と韓国の主張のどちらも根拠不十分としてしりぞけられるなら，根拠不十分の論拠を明確に示しつつ，判断不能であるという授業展開になるであろう。

　本授業のもう1つのねらいは「②　竹島問題の平和的解決に向けて，韓国人の友だちにどのように話をしたらよいかを考え，表現することができる。」である。大島は「これまでの授業にありがちだったのは，"解決のためにどうしたらよいか"という問いだった。これを"韓国の友達にどう話したらよいか"という問いにしていくこと」が大事であると考えたのである。これは，中学生作文コンクール「竹島・北方領土問題を考える」のなかに，韓国の友だちと竹島問題について議論したことをもとに，自分の考えを述べている作文があったことから着想したものである。この中学生は，竹島は昔から日本の領土であるということを踏まえ，韓国の友だちに直接意見を聞きたいと思って問いかけたところ，「竹島は100%韓国のものだ」と信じて疑わず，議論が全くかみ合わなかったことや，「それなら，なぜ竹島の領土について国際的な裁判をしないの」と問うたところ，100%韓国のものだから裁判をすることはありえないという返答だったことなどを作文に書いていた。このような実状を踏まえ，大島は，「もしかしたら自分たちが受けてきた独島についての教育はおかしいのかも知れないということに気づいてもらえるような問いかけをしながら，日本の主張について，少しでもわかってもらえるようにしていかなければならない。そこから，日本の主張に耳を傾ける気持ちが生まれ，それが平和的な解決に向けた一歩につながっていく」のではないかと考え，「ひとり一人が韓国の人たちに説得力のある話ができるようにすることと，伝える内容を高めていくこと」が

大事であると考えた。こうした考えに基づき，大島は，「解決のためにどうしたらよいか」という問いではなく，「韓国の友達にどう話したらよいか」という問いにしたのだと述べている。

　論考Bでも，中学校作文コンクール入賞作品の一部が紹介されている。その作文には次のように書かれていた。

> 　韓国では歴史的事実に反する内容が教えられていますが，国民は教えられた内容を信じ切っているため，日本側が誤りだと指摘しても，それが受け入れられるとは考えられません。まずはこうした現状を変えて行く手立てを考えていく必要があるでしょう。その方法の1つとして，日本と韓国の若者が集まり，この問題についてお互いの考えを主張しあい，議論する場を設けてみてはどうでしょうか。一方的に主張を押しつけるのではなく，まずはお互いの意見を聴いて理解し，その上で誤りがあれば指摘する。こうした関係づくりが平和的解決につながっていくのではないでしょうか。

　大島は，この作文を書いた生徒は「日本の主張の正当性や韓国の主張の矛盾点について理解しているが，それを韓国国民のせいにせずに，韓国の教育の問題と捉えている。平和的な解決に向けて考える際に，指導者として竹島に関する学習の学びのゴールとしたいのは，このような子供を育てること，すなわち，我が国が正当に主張している立場を正しく認識した上で，領土問題の争点となる理由や背景についても多面的・多角的にとらえ，韓国との友好関係にも目を向けながら，平和的な解決に向けた韓国の人々との対話の可能性について粘り強く考えていける子供を育てることではなかろうか。」と述べている。

　論考Cでは，大島は今後の指導の方向性として3点を指摘している。1点目は「竹島に関して我が国が正当な立場で主張している内容，すなわち竹島が日本固有の領土であるという根拠について子供たちが認識できるようにすることを，指導の方向性とすること」，2点目は「竹島問題などの領土問題は日本の国家主権が侵害されている問題であり，隠岐の島などの地元の人々をはじめ，多くの人々が何十年も前から一刻も早い解決を願っている極めて重大な問題で

あるという基本的な視点を明確にして指導すること」、3点目は「国際法に基づいた平和的な解決に向け、国民としての視点、市民や個人としての視点から粘り強く考えていけるような子供を育てること」の3点である。

——◆◆◆——

　本稿は、「領土軽視・否定論」「領土重視・肯定論」に関するいくつかの論考を取り上げて考察し、「領土重視・肯定論」の立場から、「領土軽視・否定論」を批判的に考察したものである。

　領土軽視・否定論の特徴は、個々の領土問題に関する日本政府・文科省の主張を事実に基づいて深く考察することを避けるところにある。避ける理由としては2点考えられる。

　1点目の理由は、領土軽視・否定論は、はじめから日本政府・文科省の主張とは距離を置こうという態度を保持している点である。そのような態度であるため、相手国の主張に耳を傾けようとする姿勢が強くなり、結果的に、両論併記となり、「日本の主張は正しいとはいえない」という判断になってゆく。児童・生徒にこのような判断をさせることを領土軽視・否定論は目指しているのではなかろうか。このことの背景には、国家・領土の存在意義を軽視・否定しようとする思想・イデオロギーがあるように思われる[5]。

　2点目の理由は、社会科の研究者・教師を、領土問題に関する事実認識・事実判断のできない者であると捉えている点である。このことは、社会科の研究者・教師は事実認識・事実判断についての深い考察などは行わずに、目標論、授業方法論だけを追究すればよいという社会科教育観[6]を背景にしていることを示しているように思われる。

　領土軽視・否定論の基盤にあるのは、このような思想・イデオロギーと社会科教育観とであろう。本稿で論じたのは、このような領土軽視・否定論に対する批判であった。本稿では、領土重視・肯定論の立場の3つの論考を紹介し論じたが、それらをもとに、今後、領土重視・肯定論の領土教育が充実されていくことを期待したい。

※本稿内容は，日本社会科教育学会2022年度大会（2022年10月23日信州大学，オンライン開催）にて発表した。本稿の初出は，山口幸男 2023「わが国における領土教育論に関する考察—「領土軽視・否定論」批判—」（『群馬社会科教育研究』第11号）である。

注
1）内容論・教材論を軽視する考え方に対しては，伊藤裕康（2020a，2020b）も強く批判している。
2）ここでいう「固有の領土の否定」とは日本の領土を否定することであり，「相手国の立場の尊重」とは，韓国の立場を尊重することを意味していると思われる。
3）「日露通好条約」は1855年であるが，向山の原文そのままの1854年にしてある。また，「日露」は「日魯」が正式であるが，向山の原文そのままの「日露」にしてある。
4）泉は，北方領土問題におけるアイヌの視点の重要性を指摘しているが，その論理は不可解である。
5）国家・領土の存在意義を軽視・否定する思想・イデオロギーの1つとしては，「市民」「地球市民」「世界市民」という思想・イデオロギーが考えられる。
6）いうまでもなく，この社会科教育観は草原・渡部らの社会科教育観のことを指している。社会科教育観には様々なものがあり，草原・渡部らのものはその1つにすぎない。

参考文献
泉貴久 2007「市民性の育成を目ざした地理授業のあり方—『北方領土は誰のもの？』の授業実践を通して—」二谷貞夫・和井田清司編『中等社会科の理論と実践』学文社，pp. 50-57
伊藤直之 2014「地理的分野の実践に学ぶ」草原和博・渡部竜也編著『"国境・国土・領土"教育の論点争点』明治図書，pp. 141-147
伊藤裕康 2020a「社会科内容構成に関する若干の考察（1）」『文教大学大学院教育学研究科 JES』13-1，pp. 17-21
伊藤裕康 2020b「社会科内容構成に関する若干の考察（2）」『文教大学大学院教育学研究科 JES』13-2，pp. 19-24
大島悟 2017「中学校社会科における竹島に関する学習の実践と考察—『韓国の教科書に掲載されている地図』の教材化と『問い』の工夫—」『社会科研究』（島根社会科懇話会）第38号，pp. 21-30
大島悟 2018「竹島に関する学習における韓国の主張の取り上げ方についての一考察—島根県内の中学校社会科教員へのアンケート調査を通して—」『社会科研究』（島根社会科懇話会）第39号，pp. 24-40
大島悟 2018「中学校社会科現代史学習における竹島に関する学習の教授書開発の意義と指導の方向性」『島根大学教職大学院紀要学校教育実践研究』第1巻，pp. 73-87
太田満 2011「社会科における領土学習のあり方」『社会科教育研究』112号，pp. 51-56
金広植 2013「植民地支配の記憶をめぐる歴史リスクと和解」坂井・竹内・重松『現代リスク社会にどう向き合うか—小・中・高校，社会科の実践—』梨の木社，pp. 86-103
草原和博・渡部竜也編著 2014『"国境・国土・領土"教育の論点争点』明治図書，全197頁
桑原敏典・髙橋俊・藤原聖司・山中誠志 2007「現代の政策課題について考えさせる歴史授業構成—小単元『竹島問題を考える』の教授書開発を通して—」『岡山大学教育学部研究集録』135号，pp. 37-50
武田竜一 2015「高校生と考える東アジアの平和—「領土問題」を授業でどう取り上げたか—」『地理教育』44号，pp. 50-58
萩原利幸 2019「日本の領土をめぐる情勢について考える—討論会『日露首脳会談』で北方領土を解決してみよう—」千葉県高等学校研究会地理部会編『新しい地理の授業—高校「地理」新時代に向けた提案—』二宮書店，pp. 136-143

原田智仁 2010「領土問題，世界史の中で考える，『領土問題』の授業を構想する」『社会科教育』
　　611号，pp. 112-115
深見聡 2016「地理教育における領土教育の重要性―大学生を対象とした領土に関する認識調査か
　　ら―」『地理教育研究』19号，pp. 1 -10
深見聡 2018「地理教育における領土教育の重要性（第 2 報）―大学生を対象とした2018年及び2016
　　年の認識調査結果の比較考察から―」『地理教育研究』23号，pp. 29-38
向山洋一 2003「北方領土の五百人調査―四つの資料を読むだけで教師は変化した―」『現代教育科
　　学』560号，pp. 8 -10

第 2 節　ソ連解体と地理教科書記述の変化
―イデオロギーの転換と教育指導のあり方―

　世界最初の社会主義国であるソ連（ソビエト社会主義共和国連邦）はアメリカ合衆国と並ぶ世界の超大国といわれたが，1991年12月に崩壊し，旧ソ連はロシア（ロシア連邦）など15の国に分裂した。旧ソ連の国土，人口，経済などの大半を引き継いだのがロシアである。ソ連からロシアへという変化は，当然，地理教科書の記述内容にも大きな変化をもたらした。ソ連は社会主義国家群のリーダーであったので，ソ連からロシアへの変化はイデオロギーの転換に伴うわが国の地理の教育指導のあり方を考えるうえでの貴重な事例となる。

　わが国の戦後の社会科教育・地理教育は，一面，文部省と反文部省（いわゆる進歩派）との確執のなかで展開されてきたといえる。反文部省側の立場は，端的にいえば社会主義社会を目指すイデオロギー的な立場であり，その観点から文部省を批判し，社会科教育・地理教育を改革していこうというものである[1]。社会主義国が理想郷のように描かれ，指導されることも少なくなかった。その背景には，資本主義諸国のリーダーであるアメリカ合衆国と社会主義諸国のリーダーであるソ連との争い，いわゆる東西冷戦があったことはいうまでもない。ところが，ソ連の崩壊により社会主義イデオロギーが弱体化した結果，社会主義をめぐってなされてきた文部省・反文部省の教育対立は大きな意味をもたなくなってしまった。かつての社会主義的イデオロギーに関わる教育内容はどうなったのであろうか。この考察を通して，イデオロギー転換に伴う教育指導のあり方を考えることができるものと思われる。

　この点を本格的に考察するためには，それぞれの主張に関する個人，団体等

の理論と実践に関する多くの研究を詳細に跡づけることが必要となる。が、それはそう容易なことではない。そこで次善の策として、教科書記述の変化という点からこの問題に迫ることにした。教科書記述は検定制度の下で、学習指導要領に基づいて多数の著者が執筆し、また、多くの人々を対象とする国家的国民的な著作物であるため、イデオロギーの変化が明瞭に現れているとはいえないが、ある程度の傾向は捉えられるものと思われる。

以上から、本稿はソ連解体に伴う地理教科書記述の変化と問題点について考察するとともに、イデオロギーの転換に関わる地理の教育指導のあり方について論じるものである。

取り上げた教科書は中学校の地理教科書である。世界地誌的な学習は中学校においてなされているので、国・地域の変化を捉えるうえで適している。具体的には、東京書籍（「東書」）、帝国書院（「帝国」）、日本書籍（「日書」）、清水書院（「清水」）の計4社の中学校地理教科書を取り上げた。「東書」と「帝国」は教科書採択数が多いためで、「日書」と「清水」は、ソ連、ロシアに関しての記述が充実しているからである。考察の対象となる記述は基本的には「本文」とし、図表の説明文、コラム欄の記述は原則として対象外とした。

1 教科書記述の概況

4社の教科書の該当部分の目次（項目）を示したのが表1-2である。記述全分量は解体前の教科書では12〜14頁であり、解体後は若干減少し10頁程度になっている。ただし、「帝国」だけは増加している。

目次をみると、解体前では、「最初の社会主義国」「農業地域の拡大」「ゆたかな資源」「のびる鉱工業」「計画的な国土開発」「大規模な自然改造」など、発展的躍進的長所的な側面のものが目立っている。解体後では「社会主義の放棄」「かたよる人口分布」「不安定な農業生産」「解決がむずかしい民族対立」「きびしい自然」「工業の問題点」など、問題点や短所などの側面の項目が目につく。

なお、解体後の教科書の当該単元の地域的範囲は、3社が「ロシア連邦とそのまわりの国々」であり、1社が「ロシア連邦」となっている。

表1-2 中学校地理教科書におけるソ連・ロシアに関する記述内容の目次

■東京書籍

新しい社会　地理的分野　　　　昭和52年検定済　昭和53年発行	新しい社会　地理　　　　　　　平成8年検定済　平成9年発行
第8章　ソ連と東ヨーロッパ　　　　　　12頁分	**5　ロシア連邦と近隣の国々**　　　　　　10頁分
ソ連と東ヨーロッパのあらまし 　東西に細長い地域 　ソ連と東ヨーロッパの自然 　最初の社会主義国 　東ヨーロッパの国々 　人口と民族	1　広大な国土…さばくから凍土まで 　ロシア連邦の位置と自然 　中央アジアの自然
1　広大な国土の農業—ソ連（1） 　農業地域の拡大 　社会主義の農業	2　100をこえる多様な民族 　ソ連の解体 　さまざまな民族と国家 　ロシア連邦の民族問題
2　のびる鉱工業—ソ連（2） 　国営の鉱工業 　コンビナート	3　きびしい自然と農業 　不安定な農業 　企業化をめざす集団農場
3　計画的な国土の開発—ソ連（3） 　進む開発 　シベリアの開発	4　工業の拡大と変動 　工業地域の拡大と特徴 　変貌する工業

■帝国書院

社会科　中学新地理　　　　　昭和55年検定済　昭和56年発行	社会科　中学生の地理　　　　　　平成4年検定済　平成5年発行
第5節　ソビエト連邦・東ヨーロッパ諸国 　　　　　　　　　　　　　　　14頁分	**第2節　ロシア連邦とまわりの国々〜旧ソ連——** 社会主義を放棄し，新しいあゆみをはじめた 国々—　　　　　　　　　　　　　17頁分
1　地図をながめて 　地域の成り立ち 　ソ連と東ヨーロッパ諸国に住む人々 　ソ連と東ヨーロッパ諸国のあゆみ	1　ロシア連邦とまわりの国々はどのようなとこ 　ろか
2　ソビエト連邦の広大な国土の開発 　計画的な国土開発 　集団経営の農業 　コンビナートの発達 　シベリアの開発 　今日のソ連の生活	2　広大な国土と多様な民族 　北に位置する広大な地域 　かたよる人口分布と多様な民族
3　東ヨーロッパ諸国 　複雑な民族 　産業の特色	3　モスクワ市民のくらしの変化 　古くからの中心都市，モスクワ 　市民生活の変化
	4　集団で行われる農業生産 　世界有数の穀倉地帯 　不安定な農業生産と農業改革の動き
	5　豊富な地下資源を活かした工業開発 　豊富な地下資源と工業地域の特色 　ウラル地方の工業地域のしくみ 　労働者の生活
	6　シベリア開発とその課題 　ノボシビルスクの夏と冬 　シベリアの開発 　シベリア開発に必要な日本の協力

中学社会　地理的分野　　　　昭和58年改訂検定済　昭和59年発行	中学社会　地理的分野　　　　平成8年検定済　平成9年発行
第5章　ソ連と東ヨーロッパ　　　　　　　　13頁分	5　ロシア連邦と近隣の諸国　　　　　　　10頁分
1　ソビエト連邦 　　世界最初の社会主義国 　　　ソ連の位置 　　　多民族の国 　　ソ連の鉱工業 　　　豊富な地下資源 　　　おもな工業地帯 　　ソ連の農業 　　　コルホーズとソフホーズ 　　　農業地帯 　　首都モスクワ 　　　モスクワ市街	ソ連からロシアへ 　ロシアとまわりの国々 　さまざまな民族と宗教 　解決がむずかしい民族の対立 ロシアと近隣諸国の農業 　きびしい自然 　おもな農業地帯 　ソ連時代の集団農場 　変わる集団農場と農家の復活 ロシアと近隣諸国の工業 　ソ連時代の開発と工業地帯 　国営から民営にむかう工業 　バム鉄道の開通
2　東ヨーロッパ 　　東ヨーロッパの国々 　　　社会主義の国々 　　　発展する工業	ロシアと日本 　日本の隣国 　ロシア極東部の開発と日本 　北方領土 　　ハバロフスクの日本ラーメン店

中学社会　日本の国土と世界　　　　昭和52年検定済　昭和53年発行	中学校　地理　　　　平成8年検定済　平成9年発行
6　ソビエト連邦と東ヨーロッパ　　　　12頁分	3　ロシア連邦　　　　　　　　　　　10頁分
広い国土のソビエト連邦 　ソビエト連邦の成立 　ソビエト連邦の人々 　自然のありさま 　社会主義国の農業 　ゆたかな資源と工業の発展 　ソビエト連邦の貿易と日本との関係 　大規模な自然改造	新しく成立したロシア 　広大な国土とさまざまな民族 　ソ連を引き継いだロシア
東ヨーロッパ 　社会主義の国々 　おもな産業	ロシアの人々のくらし 　人々のくらしの変化 　計画経済から市場経済へ
	ロシアの農業 　きびしい自然と農業 　ロシアの農業改革
	豊かな資源と工業地域 　計画的につくられた工業地域 　工業の問題点
	シベリア開発と環日本海経済圏 　シベリア開発と日本 　環日本海経済圏

② 教科書記述の変化

（1）ソ連解体前の教科書の記述

① 社会主義国家の誕生と発展

　1917年の革命（ロシア革命）によって，世界最初の社会主義国ソ連が誕生し，その後，驚異的発展を遂げ，アメリカ合衆国と並ぶ世界の大国・強国になった，というのがどの教科書にも共通している内容である。

② 社会主義の特徴

　社会主義の特徴については産業経済等のすべてが国営または集団経営であること，また，経済は国家によって計画的に進められていること，その計画経済は具体的には5か年計画としてなされていることなどが，大なり小なりどの教科書でも述べられている。

　「日書」では，資本主義と比較して社会主義の特徴が述べられている。「社会主義の国ソ連では，産業は国か協同組合のどちらかが経営し，民間人が人をやとって仕事をさせることはない。生産が国の計画によって行われるので，資本主義の国のように，不景気になって工場や商店がつぶれたり，失業することがない。社会保障がゆきとどいていて，生活していくうえの不安はない。」と，社会主義の優秀性，長所が資本主義と比較して述べられている。資本主義と比較したこのような記述内容は他の教科書には明確にはみられず，「日書」の特徴といえる。

③ 産業（農業，鉱工業）

　「日書」では「資本主義では，どこにどんな工場を建て，原料をどこから買い入れ，製品をどの会社へ売るかは，それぞれ会社が自分の利益を中心に考えてきめている。しかし，社会主義国では，国がはじめから，原料を生産する鉱山や工場と，その原料を利用する工場とを結びつけた建設計画を立て，それにしたがって開発や建設が進められる。このようにしてたがいに結びついている鉱山・工場群をコンビナートという。」と述べられている。上記②と同じように，「日書」では，資本主義との比較から社会主義の工場経営等の特徴が明確に述べられ，社会主義経済の特徴がわかりやすい記述となっている。他の教科

書もそれに近いことを述べているが，「日書」に比べると，資本主義との比較という点では曖昧な記述になっている。ただし，計画的なコンビナートによって，鉱工業が大きく発展し，鉱工業地域が大きく拡大していることについては，どの教科書でも述べられている。

農業については，コルホーズ（集団農場）とソフホーズ（国営農場）という経営形態をとり，それにより，農業が発展し，世界一の生産を上げている農産物（小麦，じゃがいも，てんさいなど）が多くあることがほとんどの教科書で述べられている。また，農業に適さない自然条件の地域の農業開発が進み，農業地域が大きく拡大していることも共通的に述べられている。

④ 民族・宗教

民族については，多くの民族が存在していること，そのなかでロシア人が最も多いことがどの教科書でも述べられている。「日書」では，言語について「共通語はロシア語で，各民族はみな小学校からロシア語を学習するが，そのほかに各民族は国内では民族語を用い，それぞれの民族語で書かれた本や新聞があり，ラジオやテレビでも民族語を放送している。」というように，少数民族が尊重されているというような記述がなされているが，他の教科書にはこのような内容の記述はない。

⑤ 国土開発・自然改造

ソ連の国土は広大ではあるが，自然条件が厳しい土地（冷涼，乾燥地域）が多いため，自然条件を克服する計画的な国土開発が積極的に進められていることが多くの教科書で述べられている。「清水」では，「大規模な自然改造」という項目が設けられ，「ソビエト連邦では，資源や土地を開発し，生産を向上させるため，大規模な総合開発計画をすすめてきた。これは自然改造計画といわれている。」とし，ボルガ・ドン運河の開削やウクライナの黒土地帯での大防風林帯の設置などの具体例を取り上げている。また，中央アジアの乾燥・砂漠地域が灌漑によって農業地帯（綿花栽培地域など）に変化した例はどの教科書でも取り上げられている。たとえば「日書」では，「ウズベクでは大規模なかんがい用水の工事によって開かれた農地では，綿花の栽培が多くなった。」と

ある。

（2）ソ連解体後（ロシア）の教科書の記述

① ソ連の解体とロシア連邦の誕生

ソ連の解体とロシア連邦の誕生（1991年）を最も強い調子で述べているのは「帝国」で，章タイトルの副題が「社会主義を放棄し，新しい歩みをはじめた国々」となっている。「ソ連（ソビエト社会主義共和国連邦）は，1917年のロシア革命で誕生した世界で最初の社会主義国でした。この国のすべての産業は国有か共有で，生産も国の計画によって行われてきました。しかし，1980年代の後半から，社会や経済政策が大きく変わり，1991年の末までに15の国に分裂しました。」と述べられている。他の教科書もこれほど明確ではないものの，ソ連が解体し，ロシア連邦になったことは当然述べられている。

② 社会主義の問題点と解体後の生活

「清水」では，「かってのソ連では，社会主義制度のもとで，パンやバター・ミルクなど，人々の毎日の生活に必要な品物の値段は安く決められていた。また電車やバスの交通費，電気や水道・ガスなどの光熱費の値段も政策で低くおさえられていた。教育や医療も無料で受けられるなど社会保障や住民福祉の制度も整備された。しかし，毎日の生活に必要な品物は，常に不足するようになり，人々の生活は必ずしも満足のいく水準とはいえなくなった。国営商店などでは毎日のように，食料を買う人々の長い行列ができるようになった。乗用車や冷蔵庫・カラーテレビなどは値段が高く，すぐには手に入らなかった。衣類は種類が少ないうえ，デザインも悪く，ジーンズも高級衣類の一つであった。」と，ソ連時代の日常生活上の問題点，困難さがくわしく述べられている。そして，ソ連解体後では，「ソ連が解体すると完全に企業や一個人などの自主性を尊重する市場経済のやりかたが取り入れられるようになった。最近のロシアでは，個人やグループで経営する商店やレストランが増えた。近代的なデパートやスーパーマーケット式の大型店も増え，商業活動が活発になり，品物の数や種類も増えた。しかし，値段も大幅に上がったため，人々の生活は苦しくなっている。」と述べられている。

③ 産業（農業，鉱工業）の変化

農業については，「東書」では，「ソ連時代の農業は国営農場か集団（組合）農場で行われてきた。どちらの場合も農場でつくる作物，生産量，売り渡す値段は，国によって決められていた。そのための農場では生産の意欲やくふうが不足し，単位面積あたりの収穫量が少なく，生産物の質が悪いという問題を抱えていた。」というように，ソ連時代の農業経営の問題点が大きく述べられている。そして，「ソ連が解体すると，各国は，自由な経済のしくみを取り入れ農場に経営をまかせ，生産物の種類や生産量，ねだんを農場自身が決めるよう，農業のあり方を見直すことになった。しかし，多くの農場が今までの国営・集団農場のままである。」というように，新しい経営方式を取り入れても農業の改善が成功していないことが述べられている。

工業についても同じで，「ソ連時代，政府は軍需産業を中心に重工業優先の政策を急速に進めた。そのため，食料品や衣料品，家庭電化製品など生活関連の製品がおろそかとなり，それらの品不足と品質不良に人々はなやまされることになった。また企業も，国の命令によってのみ動く国営工場では，より良質のものを，より安く，大量に生産することはむずかしく，国が決めただけの給料を保証するのでは，労働者の自主的な意欲がおこりにくかった。」（「東書」）というように，ソ連時代の工業経営がほぼ全面的に否定されるような記述となっている。ソ連解体前の教科書では，「革命後は工場を国営化するとともに，あいつぐ5か年計画によって，新しい工業地帯を育成し，現在ではアメリカ合衆国に次ぐ工業生産を行なっている。」と述べられていたのである。また「ソ連解体後，各国の企業はソ連政府の管理からはずれ，私営の活動が許されるようになったが，かつての国営だった巨大な企業が原料を独占したり，価格をつり上げたりして，競争のしくみがうまくはたらかない例もある。」（「東書」）と，ソ連解体後の工業経営が必ずしも成功していないことが述べられている。

④ 民族・宗教の問題

ソ連解体後の教科書では民族的内容も大きく変化した。「東書」では，「ロシア連邦には，ロシア人以外の民族も多い。タタール人のように強制的に移住さ

せられた民族もいる。少数民族の主張は強く，例えばチェチェン共和国が独立を求めてロシア連邦と対立するなどの地域紛争が各地で起こっている。こうした問題の原因は，民族や宗教のちがい，また歴史的な対立などさまざまである。」とあり，「日書」では，「旧ソ連から独立した国のなかには，第二次大戦中，強制的に移住させられた民族もいる。また，ソ連時代は，ロシア語が共通語として教えられ，民族によって経済や文化の水準などに大きな差がでてきたが，民族間の対立はおさえられてきた。しかし，ソ連の解体後，独立した共和国内の少数民族のなかにも，自分たちの利益やことばや宗教・文化などを守るため，その国から離れて独立を求める運動が高まっている。」とある。このように，解体後の教科書では民族問題，民族対立が大きく取り上げられている。これは，ソ連解体の要因の1つとして民族問題があることを示しているものと思われる。

⑤ **国土開発・自然改造**

解体後の教科書では国土開発，自然改造などに関する用語・概念・内容はほとんど登場しなくなり，中央アジアでは「アラル海に注ぐ河川の水が，大量にかんがいに用いられたため，アラル海は縮小し続け，塩湖化している。」（「東書」）というように，自然改造による環境破壊の問題が取り上げられているのが特徴である。「日書」では，コラム的扱いではあるが，「干し上がっていくアラル海」と題する内容が1頁全部にわたって述べられている。

（3）教科書記述の変化の整理

以上述べた解体前と解体後の教科書の特徴を整理すると次のようになる。

解体前（ソ連）の教科書の特徴は下記である。

・世界最初の社会主義国家として誕生し，アメリカ合衆国と並ぶ世界の大国に発展した。
・国営，協同経営，計画経済，自然改造などの社会主義的運営体制をとっている。
・社会主義的体制のもとで，ゆたかな安定した生活が保障されている。

解体後（ロシア）の教科書の特徴は下記である。

・ソ連が解体しロシアとなった。アメリカと並ぶ大国ではなくなった。

・かつての社会主義国ソ連は様々な問題点を抱えていた。

・社会主義体制から，新たな体制に移行したが，十分ではない。

　以上は4教科書全体の総体的な整理であって，各教科書によって重点の置き所は多少異なっている。たとえば，「日書」の解体前の教科書では，資本主義体制に対する社会主義体制そのものの優位性・長所がはっきりと述べられている。いっぽう，「清水」の解体後の教科書では，社会主義体制の特徴を指摘すると同時にそれが問題であったことがくわしく述べられている。

③　教科書記述の問題点

　以上のような教科書記述の変化は，ソ連からロシアへという国家体制の変化に対応したものであろうから，当然といえば当然といえるかも知れない。そうではあるが，そこにはいくつかの問題点もある。

（1）資料の必要性

　世界各地，日本各地の具体的な実態を主内容とする地理学習は，地図，図表，統計資料，写真などの客観的資料に基づいて考え学習する点に一大特長があり，それゆえ，教科書や地図帳には数多くの様々な資料が掲載されている。地理学習では「資料」が命といわれる所以である。ところが，ソ連はアメリカと並ぶ世界の超大国といわれていたが，今回取り上げた解体前の教科書ではそのことを示す確かな資料は示されていない。「世界における小麦生産量」の図があり，ソ連が第1位であることはわかるが，それだけでは国家全体が超大国であるということはわからない。また，解体後のロシアは超大国ではなくなったと思われるが，これについても教科書にはそのことを示す資料はない。教科書本文にはなくても，教科書巻末や地図帳には統計資料が掲載されており，実際の授業ではそれらが使用される場合もあると思われる。そこで，その部分について調べてみた。教科書巻末の統計資料については，「東書」と「日書」では，解体前後のどちらの教科書にも該当資料はなかった。「帝国」は解体前の教科書に

はあったが，解体後
のものにはなかっ
た。「清水」は解体
前の教科書にはな
かったが，解体後の
ものにはあった。地
図帳の統計資料につ
いては，帝国書院の
地図帳を調べたが，
解体前のものにも解

表1-3　おもな国の国民総生産

おもな国の国民総生産 1977（昭和52）年 （「帝国書院」教科書巻末資料より）		おもな国の国民総生産 1994（平成6）年 （「清水書院」教科書巻末資料より）	
	（億ドル）		（億ドル）
アメリカ合衆国	1兆8866	アメリカ合衆国	6兆7373
ソ連	8612	日本	4兆3211
日本	7372	ドイツ	2兆0755
西ドイツ	5294	フランス	1兆3550
フランス	3977	イタリア	1兆1013
中国	3728	イギリス	1兆0695
イギリス	2541	中国	6302
イタリア	1993	カナダ	5699
カナダ	1947	ブラジル	5363
ブラジル	1639	スペイン	5253
スペイン	1182	ロシア	3925
オーストラリア	1026	韓国	3665
インド	1002	メキシコ	3087

体後のものにも該当資料はなかった。このように，教科書本文はもちろん，教
科書巻末資料，地図帳資料を含めて，十分な資料が示されているとはいえない。
なお，ここでいう該当資料とは GNP（国民総生産），GDP（国内総生産），GNI
（国民総所得）などを指している。「一人当たり」GDP などは，国家全体として
の国力を表しているとは思われないので，ここでいう該当資料には当てはまら
ない。該当資料が教科書巻末に掲載されている解体前の「帝国」と解体後の「清
水」の資料を表1-3に示しておく。これを見ると解体前のソ連がアメリカに
次ぐ世界的大国であることがよくわかるし，解体後のロシアはブラジル，メキ
シコなどとほぼ同じ程度の発展途上国的なレベルといってもよいぐらいに
GDP が大幅に少なくなっていることがよくわかる。できればこのような資料
を本文中に掲載したいものである。

　また，「生産が国の計画によって行われるので，資本主義の国のように，不
景気になって工場や商店がつぶれたり，失業することがない。社会保障がゆき
とどいていて，生活していくうえの不安はない。」（ソ連解体前の「日書」）とい
う記述についても，その根拠となる資料がなければ，イデオロギーの教条主義
的な説明・解釈だけになってしまう[2]。社会主義諸国に関する確実な資料等を
入手することは困難な面が多く，資料の不備はやむを得ない面があるものの，
できるだけ資料を整備するようにしたい。

（2）超大国から発展途上国になった要因

　ソ連は超大国から一気に発展途上国的なレベルの国家（ロシア）へと転落してしまった。なぜこのようなことが起こったのか，生徒の最大の関心はこの点にあると思われる。しかしながら，教科書記述ではその要因がなかなかわかりにくい。大きくわけると，社会主義体制という政治経済体制に関する要因と，民族的な要因とが教科書からは読み取れる。社会主義体制の要因については，自由の欠如，利潤や効率性の無視などが述べられているが，これらがなぜ社会主義体制を崩壊に導くことになったのかは，よくは読み取れない。解体前のソ連時代は国民の基本的生活は平等で安定し，社会保障の行き届いた国（「日書」）とされていたのである。この点の考察は，社会主義というものの捉え方，社会主義と資本主義との優劣という議論になり，結局は，社会主義は資本主義に敗北したのだということになるが，そのような捉え方でよいのかどうか，教科書記述からはわかりにくい。また，経済的体制だけではなく，政治体制の問題も考慮しなければならないだろう3)。ソ連は共産党専制国家であり，民主主義的国家ではなかったという政治体制的側面を考慮しなければソ連崩壊の要因は理解しにくくなる。このようなソ連の政治経済体制の問題点は，解体前からわかっていたはずである。ソ連解体後のロシアに関しては，経済的体制，政治的体制がどのように変化したのかが注目されることになるが，新たな体制とはどのようなものなのか，この点も教科書の記述でははっきりとはつかめない。対象とした解体後の教科書が1990年代のものなので，ロシアが最も混乱したとされるその時期の実態把握や評価自体が難しかったためとも考えられる。

　そのようななかで，ソ連崩壊の要因の1つとして民族問題がクローズアップされているのが解体後の教科書の大きな特徴である。しかし，政治経済的要因と民族的要因とがどのように関連しているのか，あるいは関連していないのかということまで考えると，ソ連崩壊の真の要因はますます捉えにくくなってくる。今後は多分，民族的要素に一層重点が置かれ，イデオロギー的要素は軽く扱われていくようになると予想される。

（3）大勢（時流）への順応（迎合）

　解体後（ロシア）の教科書では，社会主義の問題点や短所ばかりが目につく記述となっている。ソ連崩壊という結果を見てからその結果に適合するような記述がなされているように思われる。解体前の時点（ソ連）でも，社会主義の経済体制・政治体制が内包する問題点・短所はわかっていたはずであるし，民族の問題などもわかっていたはずである。にもかかわらず，優位性・長所を中心とした記述となっていた。つまり，その時々の大勢・時流に従う記述がなされているように見える。学習指導要領という枠があり，多くのさまざまな人が使う教科書という立場の記述においては，大勢・時流への順応（迎合）はやむを得ないことともいえる。社会主義国のように資料が不足している場合は，特にそうであろう。しかし，それでよいのだろうか。

（4）地政学的観点

　ソ連・ロシアの地理を捉える場合，地政学的観点・政治地理的観点（マッキンダー1919，岩田1968，木谷1971，宮地1975，山口2009，奥山2020）が必要ではなかろうか。たとえば，ハートランド，大陸国家，南進政策などの概念である。しかし，解体前・後のいずれの教科書においてもそのような記述は見当たらない。

（5）最近の教科書の記述

　本稿で取り上げたソ連解体後の教科書は1990年代発行のものである。学習指導要領はその後，1998（平成10）年，2008（平成20）年，2017（平成29）年と改訂されていくが，その間，方法知の重視，特殊な地誌学習方法の導入[4]などにより，現在（2021（令和3）年）の教科書におけるロシアの記述分量はきわめて少ない。「東書」は1頁，「帝国」は1頁，「教育出版」は2頁，「日本文教出版」は0頁である。「帝国」では，ソ連が世界最初の社会主義国で超大国であったことや，ソ連が崩壊しロシアになったことなどは一切触れられていない。もはやロシアに関する記述内容の考察云々というような次元ではなくなっている。

イデオロギーの転換は，教師の実際の指導とどのように関わるであろうか。本稿内容に関するイデオロギー的立場を，とりあえず「社会主義派」「非・反社会主義派」「否政治派」とに分けてみると，教師がどの立場に立つのかによって指導内容には何らかの差が出てくるであろう。内容を極端に捉える場合を別にすれば，教師のイデオロギーによって差が出てくるのはやむを得ないように思われる。重要なことは，教師が自己の指導内容について確実な資料をもっているかどうか，そして説得性のある論理をもっているかどうかということである。客観性と論理性である。と同時に，どの事実，どの資料を選択するのかは教師の見方考え方に左右されるし，事実を解釈し，説得ある説明をする場合にも教師の見方考え方が基盤としてある。ここでいう教師の見方考え方とは価値観，世界観，イデオロギーなどのことであり，これを教師の主体性とすれば，客観性，論理性に加えて教師の主体性が重要となる。これら三者が堅実ならば，イデオロギーの転換があっても対応していけるであろう。確実な資料が不備で，説得性ある論理も不十分という状況のなかで，イデオロギー的側面だけを押し出すと教条主義的傾向に陥り，イデオロギーの転換があったときには耐えられなくなるであろう[5]。

このようなことは，ソ連，社会主義国の場合に限ったことではない。その後の事例でいえば，たとえばEUの場合，国家統合が世界の進むべき方向（イデオロギー）として教育指導されやすいが，ソ連解体，ユーゴスラビア解体のように，1つの国家が多くの国家に分裂しそれぞれが独立していくという国家統合的方向とは逆の方向（ナショナリズム的方向）が顕著に起こっている。また，国をもたない民族・人々が独立国家を目指す動きも世界各地で多くみられる。EU自体についてもブレグジット（イギリスのEU離脱）が現実に起こった[6]。このような事実を考慮すれば，国家統合的方向が世界の進むべき方向とはいえなくなってくる。また，ソ連の社会主義は崩壊したが，今日現在は，社会主義国家中国がアメリカと並ぶ世界の超大国的地位になり，新たな冷戦的状況を呈している。それゆえ，社会主義が完全に敗北したとはいえない状況にある。

つまり，グローバリズム，コスモポリタニズム，リージョナリズム，ナショナリズム，ローカリズムをどのように考えるのか，資本主義，社会主義，民主主義，自由主義，民族・宗教をどう考えるのかということが，イデオロギー的問題の根底にある。思想・信念といってもよい。教師にはこのような根底的な問題を熟慮したうえで，指導に当たることが期待される。それが教師の主体性である。とはいうものの，そのような考察は容易ではなく，確信がもてない場合も多いであろう。その場合は，学習指導要領に基づくか，教科書記述に基づくか，大勢・時流に順応（迎合）するか，「否政治派」の立場に立つか，ということになるであろう。このうち，「学習指導要領に基づく」「教科書記述に基づく」が，最も現実的で無難な方法であり，この場合でも教師の主体性は一応確保されているといえる。ただし，その教科書記述にも本稿で述べてきたような課題・問題があることを忘れてはならない。「否政治派」の立場というのは，たとえば「自然と地名と分布」だけの地理指導であり（川口1939），人文社会現象を自然科学的に捉えるいわゆる「科学主義」「自然科学主義」の立場であろう（森分1976，1978，1985）。しかし，人文社会現象を扱う地理教育の場合，科学主義，自然科学主義が可能であろうか。疑問といわざるを得ない。

　ここで私の立場を述べておく。私の立場は「ナショナリズム」「非・反社会主義」「日本の主体的社会科教育論」である（山口2016，2022）。その立場を念頭（背後）に置きつつ，客観的な資料を整備し，説得性ある論理を確保し，指導にあたるというものである。私のいうナショナリズムとは，今日の世界・地域を捉えるうえで，また人々の実際の生き様を捉えるうえで，「国土，国家，国民，ネイション」を基盤におくことが最も意義を持つであろうという考え方である。このことを日本に即して考えれば，日本における日本国民のための教育である限り，日本の主体性を大事にするということになる。この点と民主主義とを基盤に置いたものが，私の「日本の主体的社会科地理教育論」である（山口2016，2022）。私の考え方には異論もあるだろうが[7]，重要なのは，それぞれの考え方がどの程度の説得的論理をもっているのかということである。自説の論理の説得性を確保する方法としては，学会・研究会等での議論，教員集団（学

校，教育委員会等）での議論等を通じて確認し，あるいは修正していくことが考えられる。なお，近年，ナショナリズム，ネイションのもつ意義・論理について論じたものに，ヨラム・ハゾニー（ハゾニー2018），黒宮（2007），白川（2012）などがある。

——◆◆◆——

　本稿では，ソ連解体前後の地理教科書記述の変化について考察するとともに，イデオロギーの転換に関わる教育指導のあり方について論じた。教科書記述に関しては，解体前は，社会主義体制の特徴がどちらかといえば肯定的に捉えられていたのに対し，解体後では否定的に捉えられるようになったと大まかにまとめることができる。これは，教科書編集においては，良くも悪くもその時代時代の大勢・時流に順応（迎合）しようとする性向があるためと思われる。本稿ではまた，教科書記述における問題点のいくつかを指摘した。また，イデオロギーの転換に関わる教育指導のあり方に関して，客観性，論理性，教師の主体性の3点の重要性，特に教師の主体性の重要性を指摘した。この3点の他に「生徒の主体性の保証」という，もう1つの重要な側面がある（本多1980）。しかし，私の不勉強によりこの点の考察はできず，指摘するに止めておかざるを得なかった。

　本来なら，本稿考察内容をもとに教科書記述の具体的改善例を提示しなければならないところであるが，その考察もできなかった。今後の課題としたい。

　また，前述したように，最近の教科書では学習指導要領における特殊な地誌学習方式の導入により，ロシアに関する記述が極端に少なくなっている。そのような世界地誌学習でよいのかどうか，日本地誌学習も含め（山口2019），わが国の地誌学習のあり方を検討していくことも今後の課題といえよう。

　※本稿内容は日本地理学会2022年度春季学術大会（東京大学，2022．3．20，オンライン開催）にて発表した。原稿は，2022年1月時点で完成していたままのものであり，その後に起こったロシアのウクライナへの侵攻は考慮されていないことを付記しておく。本稿の初出は，山口幸男「ソ連解体と地理教科書記述の変化—イデオロギーの転換と教育指導のあり方—」（『地理教育研究』第31号，2022）である。

注

1）このような観点から著されたと思われる著作に，長洲1961，船山1963，長洲1968，地理教育研究会1969，地理教育研究会1975などがある。いずれも，基本的にはマルクス主義の歴史発達段階論（唯物史観）に基づいていると思われる。

2）D・スミスは，社会主義国が資本主義国に比べて不平等の少ない国であることを不十分な資料ながら，明らかにしている（スミス1979）。

3）ソ連の超大国の基盤としては，政治的，経済的側面だけではなく軍事的基盤がきわめて重要であったことはいうまでもない。この点は，解体後のロシアにおいても同じである。

4）ここでいう特殊な地誌学習方式とは，平成20年版，29年版学習指導要領の特殊な動態地誌的な学習方式，即ち，中核方式，主題学習方式のことを指している（山口2019a，2019b）。

5）ソ連解体の前後における地理指導上の困惑，苦悩は，地理教育研究会の機関誌である「地理教育」誌上に散見される（山本1991，小山1991，宮田1992，竹内1992，鴨沢1993，松村1996，宮嶋2017）。

6）人口学者，家族構造論学者であるエマニュエル・トッドは，EU の問題性，EU への懐疑を論じ続けている（トッド2001，2016，2021）。

7）最近，ナショナリズムと社会科について取り上げた論考（金・山口・久保・釼・城戸2021）に接した。ナショナリズム・自国を否定するような論調には賛同しかねるが，愛国心を取り上げた点は注目される。

参考文献

岩田孝三 1968「国家・国家群の地理学習と，その取り扱い方」『政治地理』第３集，pp. 161-171

奥山真司監修『サクッとわかるビジネス教養地政学』新星出版社，全159頁，2020. 10.

鴨沢巌 1993「現代世界と自分―地理教育を考えながら―」『地理教育』22号，pp. 111-116

木谷正夫 1971「ソ連と東ヨーロッパ」大島・稲田・森上・井上・尾留川編『高等学校学習指導要領の展開社会科編』明治図書，pp. 354-359

金鍾成・山口安司・久保美奈・釼悠介・城戸ナチミ 2021「自らの国の愛し方を批判的に検討できる市民を育てる中学校社会科授業のアクションリサーチ―ナショナリズムと批判的パトリオティズムを概念的枠組みとして―」『社会系教科教育学研究』第33号，pp. 51-60

小山碩 1991「地教研に期待する」『地理教育』20号，p. 107

川口文夫 1939「時局と地理教育―佐々木氏の銃後地理を読む―」『地理学』７－８，pp. 112-115

黒宮一太 2007『ネイションとの再会―記憶への帰属―』NTT 出版，全247頁

白河俊介 2012『ナショナリズムの力―多文化共生世界の構想―』勁草書房，全224頁

スミス，D. 著，竹内啓一監訳，原著 1979訳書 1985『不平等の地理学―みどりこきはいずこ―』古今書院，全340頁

竹内啓一 1992「いまなぜヨーロッパか」地理教育21号，pp. ４－５

地理教育研究会編 1969『授業のための世界地理』古今書院，全370頁

地理教育研究会編 1975『教師のための地理教育論』大明堂，全223頁

トッド，E. 著，石崎晴己編 2001『世界像革命―家族人類学の挑戦―』藤原書店，全218頁

トッド，E. 著，堀茂樹訳 2016『問題は英国ではない，EU なのだ―21世紀の新国家論―』文春新書，全254頁

トッド，E. 著，堀茂樹他訳 2021『老人支配国家日本の危機』文春新書，全248頁

長洲一二編者代表 1961『社会科教育体系第一巻：社会科教育への展望』三一書房，全275頁

長洲一二 1968「現代社会の歴史的社会的条件」『教育学全集８　社会の認識』小学館，全341頁，pp. 27-50

ハゾニー，Y. 著，庭田よう子訳，原著 2018訳書 2021『ナショナリズムの美徳』東洋経済，全286頁

船山謙次 1963『社会科論史』東洋館出版社，全460頁

本多公栄 1980『社会科の学力像―教える学力と育てる学力―』明治図書，全206頁

マッキンダー，H. 著，曽村保信訳，原著 1919訳書 2008『マッキンダーの地政学―デモクラシーの理想と現実―』原書房，pp. 251-284

松村智明 1996「ロシアをどうとらえるか」『地理教育』25号，pp. 104-109

宮嶋祐一 2017「中学世界地誌の授業を通して，社会問題を普遍化して考える―インド，パレスチナ，ロシアを事例にして―」『地理教育』46号，pp. 26-30

宮田省一 1992「激変するソ連―どう教えたか・これからどう教えるか―」『地理教育』21号，pp. 24-31

宮地忠明 1975「国家と世界」榊原康男編『高校教科指導全書地理Ａ・Ｂ』学事出版，全251頁，pp. 109-133

森分孝治 1976「現代アメリカ社会科カリキュラム研究の示唆するもの」『社会科教育学研究』第2集，明治図書，pp. 5-43

森分孝治 1978『社会科授業構成の理論と方法』明治図書，全214頁

森分孝治 1985「科学主義の強化」社会認識教育学会『社会科教育の21世紀』明治図書，全253頁，pp. 78-90（注：本書中のこの節のタイトルは"社会主義の強化"となっているが，"科学主義の強化"の誤記であろうと推測し，山口が修正した。）

山口幸男 2009「『海洋国家』に関する地理教育論的考察―マッキンダーのハートランド論への着目―」『地理教育研究』4号，pp. 12-13

山口幸男 2016「日本の主体的社会科地理教育論を目指して」山口・山本・横山他編『地理教育研究の新展開』古今書院，全276頁，pp. 1-10

山口幸男 2019a「地理教育（地誌学習）を歪める地理的見方考え方」『群馬社会科教育研究』第7号，pp. 1-8

山口幸男 2019b「学習指導要領中学校地誌学習の論理的破綻」『地理教育研究』25号，pp. 32-40，

山口幸男 2022『地理教育の本質―日本の主体的社会科地理教育論を目指して―』古今書院，全390頁

山本政俊 1991「社会主義国ソ連の授業」『地理教育』20号，pp. 93-98

第3節　戦後における地理教育と地政学

　ここ数年，地政学プロパーをはじめ，地理学，政治学，経済学，歴史学，ビジネス，一般教養，青年向きなど，さまざまな立場からの地政学関連書籍が数多く出版され，まさに地政学ブームといえる状況にある。地政学はもともと地理学・地理教育と深い関連のある分野であった。本稿では，地理教育の立場から，わが国の戦後における地理教育と地政学との関わりについて考察するとともに，地理教育における地政学の意義について述べてみたい。地政学にはドイ

ツ系の地政学（太陸系地政学）と英米系の地政学がある。ドイツ系の地政学は
わが国ではゲオポリティークとも呼ばれてきた。以下，①ではドイツ系地政学
に関わって，②では英米系地政学に関わって述べ，③では地理教育における地
政学の意義について述べる。

① ドイツ系の地政学（ゲオポリティーク）と地理教育

（1）ドイツ系の地政学

　フリードリッヒ・ラッツェル（1844-1904）は人類地理学・政治地理学者で地
理学史上の巨人である。ラッツェルの政治地理学は地政学そのものではないが，
チェレーン（1864-1922）の「地政学」（地政学という語はチェレーンが初めて用い
た）や，ハウスホーファー（1869-1946）の地政学（「太平洋地政学」など）（山口
2015）の基礎になった。ラッツェルは人間が生存していく上において国家が重
要であること，国家の最大の基盤は国家が立地している土地・空間，即ち，国
土，領土であること，国家は有機体的存在であることを論じた。国家が発展し
ていくためには領土が絶対的に必要であり，ラッツェルはこれを「生活空間」
（生存圏）とした（水津1974，庄司・石津2020）。国家が発展し，領土が足りなく
なった時には領土を拡張していかなければならず，そのとき，隣接の国家など
との闘争が起きるが，その闘争に勝たなければならない。ラッツェル（1882）
はこれを「空間をめぐる闘争」「成長する空間の法則」と呼んだ。この考え方
は，ダーウィンの進化論，生存競争の考え方を背景としている。こうして国家
は生活空間（生存圏）確保のために領土拡大を続け，アウタルキー（自給自足）
を目指すが，完全なアウタルキーはきわめて困難であり，そこで，広域的な政
治経済ブロックの形成を目指すことになる。ハウスホーファーのパン・リー
ジョンの考え方がこれで，ハウスホーファーは世界を4つのパン・リージョン
として構想した（奥村2004）。汎アメリカ（アメリカ中心），汎ユーラアフリカ（ド
イツ中心），汎ロシア（ロシア中心），汎アジア（日本中心）の4つである。最後
の汎アジアは日本を中心とし，しかも，当時の大東亜共栄圏と重なるものであっ
たことから，ハウスホーファーは戦前のわが国では非常に有名であった。

（2）戦後の地理教育とゲオポリティーク

　戦後の地理学・地理教育においてゲオポリティークを論じたのは，飯塚浩二（1947）『地理学批判』，飯塚（1949）『人文地理学説史』，石田竜次郎・入江敏夫他（1953）『地理教育の革新』，石田（1954）『地理学円卓会談』などである。それらは戦時下の地政学（ゲオポリティーク）を批判的に考察したもので，地政学は，「非科学的（非合理的）」「主観的・精神主義的（神秘的，神がかり的）」「自然決定論的」「国家有機体的」といった，科学としての重大な欠陥・問題点をもっていると述べ，また，ゲオポリティークは軍国主義的，超国家主義的，侵略主義的であり，戦時下の国策「大東亜共栄圏」の理論的支柱としての役割を果たしたとして批判している。これには，GHQ の「日本政府ガ軍国主義的及ビ極端ナル国家主義的観念ヲ或種の教科書ニ執拗ニ織込ンデ生徒ニ課シ頭脳ニ植込マンガ為メニ教育ヲ利用セルニ鑑ミ茲ニ左ノ如キ指令ヲ発スル。」とした指令，すなわち「修身，日本歴史及ビ地理ノ課程ヲ直チニ中止」する指令（1945.12.31）によって，地理教育が軍国主義的，極端なる国家主義的な教科であると決定づけられたことが背景にあることはいうまでもない。かくして，戦後の日本の地理学・地理教育においては，地政学は「悪の論理」として徹底的に批判され，忌避され，触れてはならないタブー的存在とされてきたのである。

　ところが，1980年戦後に，倉前盛通（1977）の『悪の論理』をはじめ，多くの地政学書が一般書として出版され，第一次の地政学ブームが起きた（山崎2017）。これを受けて，「地理教育研究会」の木本力（1975），高嶋伸欣（1984），星野朗（1984）らは地理教育の立場から地政学を「戦争責任」と絡めて「批判した。高嶋（1984）は「よみがえった地政学と地理教育」において，清水馨八郎の著作を取り上げ，その主張がいわゆる戦前の皇国地政学と類似していること，その主張が高校「現代社会」の教科書に取り入れられていることを問題視した。これら地理教育研究会の地政学批判は，基本的には飯塚，石田の論調に連なるものである。地理教育研究会の地政学批判はその後も続き，『知るほど面白くなる日本地理』（地理教育研究会2016）においても述べられているが，その論旨は従来のものと変わらない。

このように，飯塚，石田，地理教育研究会による地政学批判はドイツ系の地政学，いわゆるゲオポリティークに対する批判であり，英米系地政学は全くといってよいほど取り上げられていなかった。

2　英米系の地政学（マッキンダー理論）と地理教育
（1）マッキンダーの地政学
　地政学の開祖とされるハルフォード・マッキンダー（1861-1947）はイギリス地理学の祖であり，1904年に有名な論文「地理学から見た歴史の回転軸」（マッキンダー1904）を著した。これが後にハートランド理論となる。この理論は，地球全体的規模での地理的（自然的）条件，特に位置，地形，気候などに着目し，世界の歴史はこの地理的条件のもとで展開されてきたということを明らかにしたものである。ハートランドとは図1-1でいうピボットエリア（①）のことで，ほぼ，ソ連，ロシアの範域に相当するが，北を寒冷な北極海地域，南を高峻な山岳地域によって囲まれているため，周囲から近づくことが極めて困

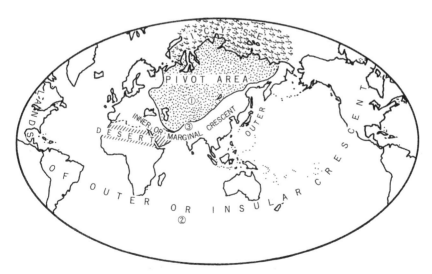

図1-1　マッキンダー（1904）のハートランドに関する地図
出所：曽村訳2008による

難な地域であり，それゆえハートランドと称された。ハートランドを取り囲むように内側の半月弧（③）があり，さらにその外側には，海洋の島々（国々）である外側の半月弧（②）がある。海洋の島々にあたる国としては，イギリス，東南アジアの島々，日本，アメリカ，オーストラリアなどが含まれ，アメリカ大陸やオーストラリアですら島として捉えられている。ハートランドの国々は大陸国家といわれ，その国力はランドパワーであり，外側の半月弧の国々は海洋国家といわれ，その国力はシーパワーである。大陸国家は南進政策など常に海洋への出口（特に不凍港）を求めて行動を起こすが，海洋国家は大陸国家の海洋進出を阻止するための行動をとる。その結果，内側の半月弧付近で国際情勢が緊迫し，たびたび衝突が起きてきた。スパイクマン（1944）はこの地帯を「リムランド」と呼び重視した。大陸国家（ロシア，ソ連）の海洋へのルートは限られている。基本的には，① バルト海ルート，② ヨーロッパ陸ルート，③ 黒海ルート，④ インド・アフガニスタンルート，⑤ シベリア・ウラジオストックルートであり（奥山2020），このたびのロシアのウクライナ侵攻は黒海ルートをめぐる戦いである。日露戦争時のロシアの行動は⑤のルートに関わるもので，日本と衝突した。アフガン戦争は④のルートにおける戦いであった。アメリカを中心とする海洋国家の政策は，冷戦時代は共産圏封じ込めであり，今日現在は，「自由で開かれたインド太平洋」「QUAD（クアッド）」「AUKUS（オーカス）」などの枠組みである。

（2）戦後の地理教育とマッキンダーの地政学

1947（昭和22）年に最初の社会科学習指導要領が出され，高校社会科の選択科目「人文地理」の教科書が出版された。教科書は1社検定本として1社のものだけだった。それが人文地理委員会（中心メンバーは石田竜次郎）著の教科書「人文地理」である。1951（昭和26）年の学習指導要領改訂以後は多種の教科書が出版されるようになる。1954（昭和29）年発行の「人文地理」教科書10社について調べたところ，内容はバラエティに富んでいることがわかった（山口2016）。そのうち，帝国書院本（岩田孝三著），大日本雄弁会講談社本（以下，講談社；花井重次著）は政治地理的内容が充実している点に特徴があり，講談社

本では下記のようにマッキンダー理論（ハートランド理論）が本文及び2つの図（地図）によって大きく取り上げられている（地図は略）。

> 「……これら二つの国家群の性格を検討してみると，自由民主主義圏は海洋中心的なものが強く，共産主義圏は大陸中心的なものが強い。…イギリスの地理学者マッキンダーは第一次世界大戦前すでにこうした点に注目し，南北アメリカはユーラシア大陸を世界島とみたばあいに，それに附属する島嶼にすぎないといっている。…マッキンダーによれば，ユーラシア大陸を世界島と称するのは，これを世界の陸地の中核と考えるからで，世界島を支配するものは世界を掌握することができるというのである。…「二つの世界」の冷たい戦争が起こっているのもこの線である。世界島たるユーラシア大陸の支配を確立するため，海洋勢力と大陸勢力との間に激しい争奪戦が続くといったマッキンダーの所説はこうした線に沿って展開されているもののように見られる。……」（pp. 257–259）。
>
> 「図218　欧米圏とソビエト圏…マッキンダーのいう世界島とそれに附属する島の関係を読みとること。ソビエト圏の世界島において占める位置を示す。」
>
> 「図219　マッキンダーの世界島と心臓地…ハートランドといい，最も防御しやすい。ただ，東ヨーロッパからはいりやすいため，ここが死命を制するという。」

昭和20〜50年代のいくつかの高校「人文地理」「地理」の教科書について，マッキンダー理論に関わる内容の有無について調べた。マッキンダー理論関係の内容としては，「マッキンダー理論そのもの（ハートランド）」「大陸国家・海洋国家」「海への出口」「世界の不安定地域」などを取り上げた。「世界の不安定地域」は，スパイクマンの「リムランド」とも関係するものである。その結果が表1-4である。これを見ると，昭和20，30年代にマッキンダー地政学の内容が取り上げられていることがわかる。40年代，50年代以降はほとんど見られなくなる。ただし，40年代には，民間会社発行の学習指導要領解説書においてマッキンダーやスパイクマンの理論が取り上げられていた（木谷1971，宮地1975）。

地政学批判が強くなされていた時期に，なぜマッキンダーの地政学が教科書

表1-4　3社の教科書におけるマッキンダー理論関係の記述の有無

	講談社（大日本雄弁会講談社）			教育図書	
発行年	昭和29年	34年	35年	昭和31年	35年
書　名	人文地理	人文地理	高等人文地理	人文地理	人文地理
著　者	花井重次	花井重次	花井重次	佐々木清治	飯本信之 菊地利夫 野村正七
A　マッキンダー理論（ハートランド）	○	○			
B　大陸国家，海洋国家	○	○	○	○	○
C　海への出口	○	○		○	○
D　リムランド	○	○		○	○

	帝国書院							
発行年	昭和29年	32年	38年	47年	47年	50年	52年	61年
書　名	人文地理	人文地理	新詳高等地理B	新詳高等地理B	高等学校新地理	新詳高等地理B	高等地理A	高等地理
著　者	岩田孝三	岩田孝三	佐藤久 石井素介 戸谷洋 西川治	佐藤久 石井素介 戸谷洋 西川治	帷子二郎 佐藤久 西川治	上野福男 佐藤久 谷岡武雄 西川治	佐藤久 西川治	佐藤久 谷岡武雄 西川治 村田喜代治 髙橋彰 田嶋久
A	○	○			○			
B								
C								
D	○	○						

注：○印が記述あり

に取り上げられたのであろうか。3つの理由が考えられる。

　第1の理由は，岩田孝三（東京学芸大学教授）を中心とする岩田学派ともいうべき人脈の活動である。戦前に政治地理学，地政学（岩田1942）の単著を刊行していた岩田は，戦後の早い時期から，政治地理学，マッキンダー理論について考察し（岩田1952，1958，1968a），新教科として出発する社会科教育が国際理解，国際関係を重視していることを踏まえ（保柳1952），そのなかに政治地理的内容を取り入れていこうと考えていた（岩田1968b，1968c，日本地理教育学会1955）。岩田がその発足に中心的に関わった日本政治地理学会（昭和35年発足）は，当初から地理教育・社会科教育での活動を重視していた（岩田1960）。岩田学派のうち，地理教育に関わった代表的な人物は椙村大彬（椙村1968，1977），木谷正夫，宮地忠明らである。椙村は昭和30・31年の学習指導要領改訂時の文部省教科調査官であった（椙村1977）。昭和30-31年の文部省学習指導要領策定

委員会（教材調査研究委員会）中高社会部会には，岩田孝三，青野壽郎，木谷正夫，班目文雄，横山昭市がいた（横山2002）。木谷は昭和35年度文部省教材等調査研究会中学校高等学校社会小委員会委員，昭和45年高等学校学習指導要領の「解説編社会」（昭和47年度）の作成協力者であった。宮地は1989（平成元）年の高等学校学習指導要領の「解説地理歴史編」（平成元年）の作成協力者，平成11年の高等学校学習指導要領の「解説地理歴史編」（平成11年）の作成協力者であった。前記の講談社の教科書「人文地理」の著者花井重次は，昭和24年～38年の間，文部省高等学術局の視学官等を歴任している。花井は，初代の内田寛一に続く日本地理教育学会第2代会長であり，岩田は第3代会長であった。また，花井・木谷（1951）『絶対人文地理』，花井・岩田共編（1954）『世界地理：新観』，花井・椙村・木谷（1966）『標準地理』などの著書もある。以上のような人脈と経歴のもとに，高校の教科書，解説書のなかに政治地理的内容，マッキンダー理論が取り入れられていったものと思われる。

　第2の理由としては，昭和20年代の学習指導要領は「試案」であったため，内容をかなり自由に書くことができたという事情が考えられる。1954（昭和29）年の高校「人文地理」の教科書の内容がバラエティに富んでいたのは，これが一因であったといえよう。そのようなかで，岩田，花井らは政治地理的内容を重視し，高校教科書にマッキンダー的内容を取り入れていったものと思われる。

　第3の理由としては，わが国では地政学といえば，もっぱらドイツ系の地政学，ゲオポリティークのことであった。そのため，英米系地政学のマッキンダー理論は地政学であるとは認識されず，教科書に取り上げられても議論が起こらなかったのではなかろうか。たとえば，前記の高嶋の地政学批判の論考には河野収（1981）『地政学入門』，曽村保信（1984）『地政学入門』が参考文献として掲載されている。その両書では，マッキンダーの地政学が大きく取り上げられ，曽村はマッキンダーが地政学の開祖であると述べている。にもかかわらず，高嶋の論考では，マッキンダーの地政学は全く取り上げられていない。高嶋らの視野はゲオポリティークだけに局限されていたため，高校教科書記載のマッキンダー的な考え方に注意を払うことがなかったものと思われる[1]。

岩田は1970（昭和45）年，東京学芸大学を定年退職し，岩田が会長を務めてきた日本政治地理学会は1970年代に解散し，そのため，昭和50年代以降は，教科書，民間の解説書等にマッキンダー的内容が見られなくなったのではないだろうか。

　ところが，近年，地政学的関心が高まりつつあるように思われる。2008（平成20）年告示の中学校学習指導要領「社会」の地理的分野，および2018（平成30）年告示の高校学習指導要領「地理歴史」の科目「地理」において，「海洋国家」という語句が登場した（山口2009）。これは，マッキンダー的というよりも常識的な意味合いのものであろうが，「海洋国家」という語句が登場したのは事実である。近年，学習指導要領において領土問題に関する内容が重視されているのも，地政学的関心と無関係ではないように思われる。全国地理教育学会第14回例会（2015）では，「地理教育と地政学的視点」と題するフリートーキングが行われた。私はつい最近，ロシアのウクライナ侵攻と関わって雑誌『社会科教育』（明治図書）に地政学に関する小文を書いた（山口2022）[2]。

③　地理教育における地政学の意義

　私は，地理教育における地政学の意義は次の２点であると考える。

> A：「国家とその空間的基盤（土地，国土）の重要性」という考え方ができること。
> B：「世界における国際政治情勢，国際紛争等における地理的要因の重要性」という考え方ができること。

　このように述べると，それは戦時下の悪の地政学への逆戻りで，反動的な考え方であるとの批判が直ちに寄せられるであろう。以下では，このことに関して少し論じたい。

　まずAについて述べる。人間はただ一人で存在しているのではなく，何らかの集団，社会のなかで存在している。今日，人間が最も安全に安定的に存在できる社会集団は国家社会ではなかろうか（ハゾニー2018）。民族などの他の社会集団もあろうが，国家社会ほど安全に安定的に生活できる場はない。人々が

40

国家を求め，世界において国家の数が増え続けてきたのはそのためであろう。その国家は土地という基盤の上に立脚している。それが国土，領土である。土地，国土がなければ国家として存立することは不可能に近い。このような人間存在のあり方から考えるとき，国家とその空間的基盤である土地，国土はきわめて重要なものとなる。国家や国土の重要視に対しては，超国家主義，全体主義，侵略主義，大東亜共栄圏構想につながるのではないかという危惧，批判があるだろう。しかし，それは戦時下の時代状況，思想状況のなかでのことであって，今日の民主主義社会においてはそのようなことは制御可能である。

　いっぽうで，国家よりも重要なものは一人ひとりの人間，つまり個人であるという見解がある。個人主義，市民主義である。その考え方は世界市民，地球市民の重視という見解になっていくであろう。私は，地球市民とは現実に存在するものなのか，という疑問をもっている。国家的国民的基盤をもたない市民，地球市民とはどのような人間なのか想像がつかない。国家社会重視と個人（市民）重視は，ナショナリズムとコスモポリタニズム（普遍主義）という思想・イデオロギーの違いとして捉えることもできよう。

　つぎにBについて述べる。Bに対しては，それは自然決定論であり，自然決定論は悪の地政学の理論的根拠になったものだという批判がなされるであろう。しかし，地理的要因が決定的要因だといっているわけではない。地理教育において国際政治情勢，国際紛争等を取り上げる際には，様々な要因を考慮する必要があり，その1つとして地理的要因（位置，空間，地形，気候など）にも留意する必要があるということである。

　これらを踏まえたうえで，A，Bが地理教育における地政学の意義であると私は考える。

—— ◆ ◆ ◆ ——

　かつて世界の2つの超大国であったアメリカ（アメリカ合衆国）とソ連との対立は，「資本主義・自由主義」対「社会主義・共産主義」という政治経済体制イデオロギーの対立といわれた。いわゆる東西「冷戦」である。1991年，ソ連が崩壊してロシアになると，このイデオロギーの対立図式は意味を持たなく

なり，それにかわって登場したのが，ハンチントンの「文明の衝突」（ハンチントン1996）であったが，このたびのロシアのウクライナ侵攻により，これもまた現実の国際情勢・国際紛争を十分に捉え得るものではなくなった。そこで今度は，「民主主義」対「権威主義（専制主義）」という対立図式が取り沙汰されている。しかし，この図式は冷戦期のものと大きく変わるものではない。つまり，政治学の理論や思想だけでは，現実に起きている国際情勢・国際紛争を十分には捉えきれないということである。そこで注目されてきたのが地政学的な解釈である。マッキンダーは，世界の国際情勢・国際紛争の歴史を地球的規模で捉え，地理的条件が重要な意義を持つことを明らかにした。ラッツェルは国家の重要性とその基盤たる国土・領土（生活空間，生存圏）の重要性を論じた。ロシアによるウクライナ侵攻は，マッキンダー理論に基づけば，「大陸国家・ランドパワー」と「海洋国家・シーパワー」との対立として捉えられ，ラッツェル理論からすれば，国家・領土をめぐる闘争として捉えられる。

アメリカ一極体制後の多極化世界，ロシアのウクライナ侵攻などといった最近の国際情勢の変化とも関わって，近年，さまざまな立場からの地政学関係図書が溢れるばかりに刊行されている。地理教育・社会科教育においては現実に生起している国際情勢・国際紛争に眼を向ける必要があり，その際，地政学的な理解・解釈が役立つと思われる。本稿では，地理教育における地政学の意義として，上記A，Bの2点を提示した。地政学ブームのなかで，地理教育，社会科教育が地政学的内容を，広くは政治地理的内容をどのように扱っていくのか（八田2002），今後の課題である。

注
1）このことに関して興味深いのは，岩田の政治地理学の著書（岩田1958，1968a）において，マッキンダー理論は「地政学」の項ではなく「政治地理学」の項に入っていることである。岩田自身もマッキンダー理論を地政学ではなく政治地理学的研究として位置づけようとしていたのではなかろうか。ただし，これはあくまで私（山口）の推測にすぎない。
2）『社会科教育』誌に「地政学」と題する論考が掲載されたことは，管見の限り，これまでなかったように思われる。

参考文献

飯塚浩二 1949「ゲオポリティクの基本的性格」飯塚『人文地理学説史』日本評論社, pp. 175-216

飯塚浩二 1968「科学あるいは科学者の祖国―カール・ハウスホーファーの死―」飯塚『地理学方法論』古今書院, pp. 173-196

岩田孝三 1942『地政学』朝日新聞社, 全225頁

岩田孝三 1952「戦後日本の政治地理学」内田寛一先生還暦祝賀会編『内田寛一先生還暦論文集 上巻』帝国書院, pp. 129-140

岩田孝三 1960「日本政治地理学会の発足について」『政治地理』第 1 集, p. ii

岩田孝三 1958『政治地理』帝国書院, 全324頁

岩田孝三 1968a「概説」木内信蔵監修『朝倉地理学講座12 政治地理学』朝倉書店, 全222頁, pp. 1 -18

岩田孝三 1968b「国家の地理的学習とその扱い方」木内信蔵・班目文雄編『講座社会科地理教育 第 3 巻 人文地理の教材と指導』明治図書, pp. 179-191

岩田孝三 1968c「国家・国家群の地理学習と, その取り扱い方」『政治地理』第 3 集, pp. 161-171

奥山真司 2004『地政学』五月書房, 全323頁

奥山真司 2020『サクッとわかるビジネス教養地政学』新星出版社, 全159頁

木谷正夫 1968「地域論の対象としての国家・国家群―高校地理「国家・国際関係」の背景―」『政治地理』第 3 集, pp. 120-143

木谷正夫 1968「今後の地理教育と政治地理」『政治地理』第 1 集, pp. 201-212

木谷正夫 1971「ソ連とヨーロッパ」大島・島田・森末・井上・尾留川編『高等学校学習指導要領の展開社会科編』明治図書, pp. 254-259

木本力 1969「地理教育から見た戦争責任」地理教育研究会編『教師のための地理教育論』大明堂, pp. 127-133, 1975.11. 原著は『歴史地理教育』158号

河野収 1981『地政学入門』原書房, 全235頁

柴田陽一 2016『帝国日本と地政学―アジア・太平洋戦争期における地理学者の思想と実践―』清文堂, 全421頁

庄司潤一郎・石津朋之 2020『地政学概論』日本経済新聞出版, 全367頁

曽村保信 1984『地政学入門』中公新書, 全219頁

水津一郎 1974『近代地理学の開拓者たち』地人書房, 全235頁

椙村大彬 1960「大陸および州ということばの空間概念―政治的世界の中における日本の位置―」『政治地理』第 1 集, p. 59-99

椙村大彬 1968「政治地理学・地政学の概念と, 地理学と政治科学の交界領域」『政治地理』第 3 集, pp. 1 -43

椙村大彬 1977「社会科地理教育の歩み―昭和30年度, 31年度の指導要領改訂について―」『地理』22巻 3 号, pp. 29-33

スパイクマン, N. J. 著, 奥山真司訳, 原著 1944訳書 2008『平和の地政学』芙蓉書房出版社

全国地理教育学会 2015「第14回例会報告」『地理教育研究』第16号, pp. 54-62

高木彰彦 2020『日本における地政学の受容と展開』九州大学出版会, 全329頁

高嶋伸欣 1984「よみがえった地政学と地理教育」地理教育研究会編『続教師のための地理教育論』大明堂, pp. 151-161

日本地理教育学会 1955『新地理教育』金子書房, 全275頁

ハゾニー, Y. 著, 中野・施解説, 庭田訳, 原著 2018訳書 2021『ナショナリズムの美徳』東洋経済

八田二三一 2002「中等教育における政治地理的事象の考察」高木彰彦編『日本の政治地理学』古今書院, pp. 126-139

花井重次・岩田孝三共編 1954『世界地理：新観』研数書院

花井重次・木谷正夫 1951『絶対人文地理』研数書院

花井・椙村・木谷 1966『標準地理』三省堂

ハンチントン, S. 著, 鈴木主税訳, 原著 1996訳書 1998『文明の衝突』集英社, 全554頁

星野朗 1984「地理教育の革新と平和への課題」『地理教育』13号, pp. 4-19

保柳睦美 1952『国際理解と社会科における地理教育』古今書院, 全348頁

マッキンダー, H., 曽村保信訳, 原著 1904訳書 2008「地理学からみた歴史の回転軸」『マッキンダーの地政学―デモクラシーの理想と現実―』原書房, pp. 251-284

宮地忠明 1975「国家と世界」榊原康男編『高校教科指導全書地理A・B』学事出版, pp. 109-133

山口幸男 2009「海洋国家に関する地理教育論的考察―マッキンダーのハートランド論への注目―」『地理教育研究』第4号, 全国地理教育学会, pp. 12-13

山口幸男 2015「ハウスホーファー『太平洋地政学』の地理教育論的考察」『地理教育研究』第16号, 全国地理教育学会, pp. 9-16

山口幸男 2016「昭和26年度版高校社会科『人文地理』教科書にみる地理教育思想」『地理教育研究』第19号, 全国地理教育学会, pp. 11-20

山口幸男 2022「地政学×地理授業マッキンダーとラッツェルの地政学的思考について考えよう」『社会科教育』No. 762, pp. 38-41

山崎孝史 2017「地政学の相貌についての覚書」『現代思想』45巻18号, pp. 51-59

横山昭市 2002「日本政治地理学の軌跡」高木彰彦編『日本の政治地理学』古今書院, pp. 1-20

ラッツェル, F. 著, 由比濱省吾訳, 原著 1882／1891訳書 2006『人類地理学』第一巻・第二巻, 古今書院, 第一巻全399頁, 第二巻全604頁

第4節　私の地理教育論
　　　―草原和博の地理教育論の問題点―

　私は,「わが国における各種地理教育論と社会科地理教育の意義」(山口1998) において, わが国の地理教育論を下記の5つに類型化した (表1-5)。

1　地理科地理教育 (地理科独立論)

2　マルクス主義社会科地理教育 (批判的社会科地理教育)

3　社会科学科地理教育

4　社会科地理教育 (公民育成社会科地理教育)

5　地理歴史科地理教育

　このうち,「5　地理歴史科地理教育」は高校社会科が解体され,「地理歴史科」が誕生したことを受けて便宜的に設定したもので, 本質的な意味はあまりない。したがって, 類型は正しくは1〜4の4つとなる。「2　マルクス主義社会科地理教育」については,「地理教育研究会」所属のH氏から誤解されや

表1-5　各種地理教育論の特質比較

項目 ＼ 類型	1　地理科地理教育	2　マルクス主義社会科地理教育（批判的社会科地理教育）	3　社会科学科地理教育	4　社会科地理教育（公民育成社会科地理教育）
教育内容の対象	地理・自然	人間・社会・地理	人間・社会・地理	人間・社会・地理
教育目標	知的側面	知的側面（態度的側面）	知的側面のみ	知的側面・態度的側面
自然地理の扱い	自然地理の体系的教授	環境としての自然，自然そのものは理科	環境としての自然，自然そのものは理科	環境としての自然，自然そのものは理科
学問との関係	地理学と不即不離，地理学教育	社会科学的地理学，社会科学	地理学・社会科学の理論・法則	地理学，社会科学
日本国憲法との関係	希薄	強い	希薄	強い
目指す人間像	地理学者	社会変革者	社会科学者	市民・公民

注：「5　地理歴史科地理教育」は略

すいとの私信が寄せられた。そこで、「批判的社会科地理教育」という名称も使うことにした。「3　社会科学科地理教育」については、地理教育論として成立するかどうかは疑問であると述べたが、これに対し、森分、草原両氏から反論があり、論争となった（草原・森分1999，山口1999，森分・草原2000，山口2001）。「地理教育論として成立するかどうか疑問である。」と論評したのだから、森分、草原両氏が反発されるのも無理はない。このことに関しては、別の事情もある。それは、私自身の地理教育論は「4　社会科地理教育（公民育成社会科地理教育）」であり、地理教育論としてのその優位性を論じたのだが、草原も自身の地理教育論を「社会科地理」と称しており、氏の「社会科地理」が否定されかねないと思ったようである。この点から、草原はいくつかの論文を書いている。本稿では次の2つの論文（論考Aと論考B）を取り上げ、草原の地理教育論、および「社会科学科地理教育」の問題点について再論する。

論考A：草原和博「『社会科地理』をめぐる論争の構図」『鳴門教育大学研究紀要　教育科学編』第20巻，pp. 171-183，2005．3．

論考B：草原和博「地理教育の社会化―わが国の地理教育変革論の体系と課題―」『社会系教科教育学研究』第18号，pp. 1-10，2006．

1 草原の論考 A について

　論考 A において，草原は地理教育論と一般的にいわれているものを「地理主義教育論」とラベリングする。「地理主義教育論」という用語概念は従来聞いたことがなく，草原の独創と思われるが，草原自身の地理教育論（「社会認識教育としての地理教育」）の特徴を際立たせるために，あえて名付けたものであろう。「地理主義教育論」とは，研究の内容・視点において「地理的見方・考え方（地理認識）」に固執する地理教育論のことであるらしい。また，地理主義教育論はカリキュラム編成からは，系統地理的学習，地誌的学習に分けられると述べているが，これはごく一般的にいわれているところのものである。前述の私の地理教育論の類型の「1　地理科地理教育」「2　マルクス主義社会科地理教育」「4　社会科地理教育」の3者はすべて「地理主義教育論」に該当するもののようである。これに対して草原自身の地理教育論は，「地理」に固執する地理教育ではなく，「地理」から解き放された地理教育のことのようであり，それを「社会認識教育としての地理教育」と称し，また「社会科地理」と称している。前述の私の地理教育論の類型の「3　社会科学科地理教育」にあたるものである。

　「社会認識教育としての地理教育」の代表的具体例として草原はアメリカの「インディアナ州社会科カリキュラム」(1996)を取り上げ，考察している。インディアナ州社会科は第1学年から第8学年（必修）までがいわば総合社会科に相当するもので，カリキュラムのスコープ（視点）は，「市民性と政治」「歴史的見方」「地理的関係」「経済」「世界文化」「個人と社会」「時事」「探究技能」「市民の理念と実践」の9つからなり，9つのなかの1つとして地理的視点が位置づけられている。このような位置づけの地理教育を草原は「社会認識教育としての地理教育」としているようである。そこでは，地理的な内容や視点の独自性・自立性は否定されているようである。地理的な独自性・自立性を認めると，草原が忌避する「地理主義教育論」になってしまうからであろう。第9〜12学年では選択科目として「合衆国政治」「世界地理」「経済学」「心理学」「社会学」「合衆国史」「世界の歴史と文明」の7つの科目があり，いわば分科社会

科となっている。そのうちの科目「世界地理」の内容構成をみると，草原が否定する地理主義教育とほぼ同じものである。いや，わが国の場合よりも一層地理的（地理主義的）であるとさえいえる。しかし，草原はこれも「社会認識教育としての地理教育」であるとしている。

インディアナ州社会科はわが国の学習指導要領社会科と類似のカリキュラムと思われる。わが国の社会科の場合，第1～6学年（小学校）は総合社会科，第7～12学年（中学校，高等学校）は分科社会科であり，分科社会科においては，地理，歴史，公民等の分野・科目が，社会科（地理歴史科，公民科）のなかにありつつ，自立的な傾向をももって存在している。わが国で地理教育と呼ぶ場合，分科社会科における地理を含んでいる。インディアナ州社会科の選択科目の地理（「世界地理」）は，わが国の分科社会科における地理とほぼ同じであり，したがって「社会認識教育としての地理教育」と位置づけるのは難しい。インディアナ州社会科は，草原のいう「社会認識教育としての地理教育」（第1～8学年）と「地理主義教育」（第9～12学年）とが集成されたものといえよう。

草原のいう「社会認識教育としての地理教育」とは，総合社会科のなかでの地理的部分のことのようにも捉えられる。このような「社会認識教育としての地理教育」においては，地理教育としての系統的なカリキュラムを編成することは不可能である（草原の論においては，系統的な地理教育のカリキュラム自体があってはならない。地理主義教育論になってしまうからである）。このようなことから，私は「3　社会科学科地理教育」，即ち草原のいう「社会認識教育としての地理教育」「社会科地理」は地理教育論として成立するかどうかは疑問であると述べたのであるが，この見解は今も変わらない。ただし，総合社会科のなかでの地理的な学習は重要であり，そのあり方，方法などを考察していくことは地理教育の立場からしてもきわめて大事な領域である。なお，私のいう「4　社会科地理教育」は，分科社会科のなかの地理教育とともに，総合社会科のなかでの地理教育（地理的学習）も重要な要素として含むものである。

　草原は論考 B において，表1-6 に示したように，横軸を認識対象によって
2区分し，縦軸を認識内容によって2区分し，地理教育論を計4つ（A〜D）
に類型化している。ただし，草原の言う「認識対象」と「認識内容」の区別は
わかりにくく，論考 B では，認識内容とは「視点」のことであると明確に述
べているので，表1-6 の横軸，縦軸の区分の名称については，私が修正した
ものを記してある。A〜D の類型名，①，②等の論考タイトル名は，草原のま
まである。

　表1-7 は，それぞれの地理教育論の類型の性格を，横軸，縦軸を組み合わ
せて簡潔に説明したものである。類型 A は「地理的内容を地理的視点から扱
う学習」，類型 B は「社会科学的内容を地理的視点から扱う学習」，類型 C は
「地理的内容を社会科学的視点から扱う学習」，類型 D は「社会科学的内容を
社会科学的視点から扱う学習」となる。このうち，類型 A は草原のいう「地
理主義教育論」に相当するものであろう。類型 B と類型 C は「地理主義教育
論」的側面と「社会認識教育としての地理教育」的側面の両面を有する交叉的
なものといえる。類型 D の「社会科地理」は，「社会科学的内容を社会科学的

表1-6　草原による地理教育の類型（一部，山口が修正）

内容・対象 視点	地理的内容 （草原：認識対象の固有性）	社会科学的内容 （草原：認識対象の社会化）
地理的視点 （草原：認識内容の固有性）	A　地理科 ① 地形の地理学研究（自然地理学） ② 工業立地の地理学研究 ③ 広島市の地理学研究（都市地理学） ④ 工業立地の地理学研究（判断力の育成） ⑤ 観光開発の地理学的研究（参画力の育成） ⑥ 人間行動の地理学研究（生き方の反省）	B　地理科社会 ① 民族紛争の地理学的研究（中央アジア） ② 住民対立の地理学的研究（矢作川流域）
社会科学的視点 （草原：認識内容の社会化）	C　社会地理科 ① 人口移動の地理学の研究（現代史）	D　社会科地理 ① 貧困の社会科学的研究（開発経済学，マラウイ・アフリカ） ② 民族紛争の社会科学的研究（地理学・政治学・社会学，アフリカ） ③ 社会構造の社会科学的研究（地理学・経済学・政治学・宗教学，南米）

表1-7　内容，視点に基づく各類型の性格の説明（山口による）

	地理的内容	社会科学的内容
地理的視点	A　地理科 地理的内容を地理的視点から扱う学習	B　地理科社会 社会科学的内容を地理的視点から扱う学習
社会科学的視点	C　社会地理科 地理的内容を社会科学的視点から扱う学習	D　社会科地理 社会科学的内容を社会科学的視点から扱う学習

視点から扱う学習」であり，草原が理想とする「社会認識教育としての地理教育」そのものであろう。そこでの社会科学的内容とは社会構造，社会問題のことのようなので，Dは「社会構造・社会問題の社会科学的学習」，あるいは「政治経済社会構造の学習」というべきものである。

　問題となるのは，Dの「社会構造・社会問題の社会科学的学習」（草原のいう「社会科地理」）である。表1-7の類型の説明文では，A～Cには多かれ少なかれ「地理」という語句が入っていて，地理教育論・地理学習論として位置づけられるが，Dの説明文には「地理」という語句が入っていない。そこで，Dが地理教育論といえるのかどうかという疑念が生じる。ただし，一定の場所・空間における社会構造・社会問題（政治経済社会構造）を取り上げている点で，地理的要素が全くないわけではない。そこで強いて「地理」の用語を付ければ，「一部地理的な社会構造の学習」「一部地理的な政治経済社会構造の学習」ということになろう。そのように名付けたとしても，Dの本質が「社会構造・社会問題の社会科学的学習」「政治経済社会構造の学習」であることに変わりはない。目標・対象はあくまで政治経済社会の構造であり，その一部に地理的要素を考慮するというものである。当然，Dの立場から地理教育の系統的なカリキュラムを編成することは不可能であり，系統地理的学習，地誌的学習などの地理カリキュラムも成り立たないであろう。つまり，本格的な地理教育として成立することはない。しかし，草原は，原理的にはDこそ最も卓越した地理教育であり，初等中等教育においてはDが求められると主張している。地理教育といえるかどうかわからないものを地理教育の中心におくことは不可能である。この点が草原自身の地理教育論（D）の問題点である。

その他にも問題点がある。表1−6の草原の類型では，地誌学習に関するものが欠けている。地誌学習は地理学習の中心となるものであるから，疑問である。また，Dは「社会科学的内容を社会科学的視点から学習するもの」で，「社会構造の社会科学的学習」といえるものであったが，そこには，自然的条件に対する考慮がほとんどないように思われ，この点も問題点といえよう。また，表1−6の論考の事例（①②③など）をみると，「○○地理学研究」とか「○○社会科学研究」となっている。本来なら，「○○学習」，「○○教育」と例示すべきであろう。草原は，「学習」とはイコール「学問研究」のことであると捉えているように思われ，この点も問題点といえる。また，2つの論考には明記されていないが，森分，草原のいう「科学的」とは「自然科学的」ということであり，両氏の社会科教育，地理教育は社会的事象を自然科学的な観点から捉えようとする「科学主義」的認識論に立脚していると思われる（森分1976）。この点も問題点といえよう。

——◆　◆　◆——

　草原のいう「社会科地理」とは，社会科学的内容を社会科学的視点から学習する「一部地理的な社会構造の学習」であり，「一部地理的な政治経済社会構造の学習」のことである。また，総合社会科のなかの地理的な学習のことを指しているようにも思われる。

　氏の地理教育においては，地理教育としての主体性・自立性は拒否され，したがって地理教育としての系統的なカリキュラムを編成することは不可能である。そのような地理があっても良いし，それなりの意義はあるだろうし，それを「社会科地理」と呼ぶのも自由であるが，既に述べてきたように，それが本格的な地理教育論として成立することはないであろう。ましてや，それが「卓越する地理教育」であり，「初等中等教育において求められる地理教育である」などとは到底いえないであろう。

　草原と私の違いを端的に述べれば，草原の研究テーマは「社会認識教育論」（「社会科学科教育論」[1]，あるいは「政治経済社会構造の教育論」）であって，地理教育論ではない。これに対し，私の研究テーマは「地理教育論」であるという

50

ことになる。

注
1）森分・草原らの「社会認識教育論」というのは「社会科学科」教育論のことである。「社会科学科」教育論は，さまざまな「社会科教育論」のなかの1つのタイプである。その「社会科学科」のなかで扱われている地理のことを，私の類型化では，「3　社会科学科地理教育論」としている。

参考文献
草原和博・森分孝治 1999「社会科地理の本質をめぐって―山口論文への疑問―」『社会科教育研究』81，pp. 42-44
草原和博 2005「『社会科地理』をめぐる論争の構図」『鳴門教育大学研究紀要　教育科学編』第20巻，pp. 171-183
草原和博 2006「地理教育の社会化―わが国の地理教育変革論の体系と課題―」『社会系教科教育学研究』第18号，pp. 1-10
森分孝治 1976「現代アメリカ社会科カリキュラム研究の示唆するもの」『社会科教育学研究』2，pp. 5-43
森分孝治・草原和博 2000「再び社会科地理の本質をめぐって―山口回答論文への注文―」『社会科教育研究』84，pp. 63-66
山口幸男 1998「わが国における各種地理教育論と社会科地理教育の意義」『社会科教育研究』79，pp. 1-8
山口幸男 1999「地理教育の再検討と新学習指導要領―草原・森分両氏の拙稿への質問に対する回答―」『社会科教育研究』82，pp. 32-35
山口幸男 2001「三たび地理教育論について―森分・草原両氏の注文への回答―」『社会科教育研究』86，pp. 36-37

第2章
地球的課題克服への「地理教育の役割」を考える

[西岡 尚也]

　地理教育の第一目標は「正しい世界観（世界認識）」の形成であると私は考えている。しかもその世界観は「健全」でなくてはならない。21世紀の地理教育では過去の「誤った世界観」を「改善」する必要がある。本章では核兵器・脱亜論・宇宙からの視点を題材に私が考える地理教育の役割を述べてみたい。そのためには土台として，以下の3点が大切だと考えられる。ここでは地理教育で「地球的な課題」に取り組む前提として①②③の意義を考えてみたい。

　　①「広い視点」からの思考ができる。
　　②「異文化」への寛容な態度を身につける。
　　③「ひとつの地球」という世界観の形成。

　第1節では，平和や核兵器について地理教育でも取り扱う必要性を訴えた。第2節では，「脱亜論」を教材にすることで世界地誌学習に有効であることを述べた。第3節では，「広く大きな視点」から地球全体を考えることの意義をあげた。第4節では，2006年度末に発生した日本における「高校世界史未履修問題」を通してわが国の社会科教育のあるべき姿を考察してみたい。

第1節　「核兵器禁止条約（TPNW）」の地理教材化への試み

① 批准しない日本政府

　2020年10月24日ホンジュラスが加わり「核兵器禁止条約（TPNW）」の批准国（地域）が50に達したと国連が発表した。そして90日後の翌年1月22日にこの条約は発効した。

　この条約では，前文で「核兵器使用による被爆者の受け入れ難い苦しみに留

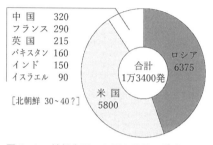

「核兵器禁止条約」の要点
① 核兵器の使用で起こる壊滅的な人道上の結末を深く懸念している。
② 被爆者の受け入れ難い苦しみに留意している。
③ 核兵器の使用，使用の威嚇を禁止している。
④ 核兵器の開発，実験，保有を禁止している。
⑤ 核兵器の移譲を禁止している。
⑥ 核兵器開発への支援を禁止している。

出所：『京都新聞』2020年10月26日付

中国　　　320
フランス　290
英国　　　215
パキスタン 160
インド　　150
イスラエル　90

[北朝鮮 30～40？]

合計
1万3400発

ロシア
6375

米国
5800

図2-1　核保有国9カ国と世界の核兵器数
出所：ストックホルム国際平和研究所『シプリ年鑑2021』

意する」と明記され，上記の要点①〜⑥のとおり核兵器の「開発や実験」「保有」「使用」などを全面的に禁止する画期的な「人類史上初の条約」となった。

　しかし核保有国9カ国（図2-1）と，その「核の傘」に入る日本やNATO諸国は，この禁止条約には「消極的」である[1]。こんな中で「唯一の戦争被爆国」にもかかわらず「核兵器の抑止力[2]」に依存する日本の動向に対する，世界からの注目が一挙に高まっている[3]。

　わが国において「核兵器禁止条約」を紹介した論考には，冨田（2017），池上（2018），川崎（2018a・2018b），安斎ほか（2018）などがある。しかし社会科地理教育の立場からの考察はまだ少ない。この背景には日本の地理学会・研究会が伝統的に「核兵器問題」や「平和教育」を，避けてきた傾向があると考えられる[4]。「核兵器禁止条約の発効」で地理教育も変化しなければならない。

　本節では，小・中・高校の社会科教育で「平和学習」がどのように実施されているかを，「社会科の学習指導要領」から読み解きながら整理した。その結果を踏まえ，「地理分野での教材化」を試みた。手法としては世界地図を用いて「当初の批准50カ国・地域（2020年10月24日段階＝ホンジュラス批准まで国々）」の分布に注目した。なぜこれらの地域では「核兵器廃絶」への意識が高いのか，地球上における「核兵器への地域差や温度差」がなぜ生じるのかを，地理教育の立場から考察していきたい。

② 日本国憲法・教育基本法・学習指導要領にみる「核兵器」・「平和」

（1）日本国憲法・教育基本法の表記を「核兵器」・「平和」で読んでみる

日本国憲法と教育基本法には，次の①〜⑤がある（部分的に抜粋）。

① 日本国憲法前文には，「日本国民は，恒久の平和を念願し，…平和を維持し…国際社会において名誉ある地位を占めたいと思ふ。われらは，全世界の国民がひとしく恐怖[5]と欠乏から免れ，平和のうちに生存する権利を有することを確認する。」

② 日本国憲法第9条には「日本国民は…国際平和を誠実に希求し，…戦争と武力による威嚇[6]又は武力の行使は，永久にこれを放棄する。（2項）…戦力は，これを保持しない。国の交戦権はこれを認めない。」

③ 教育基本法前文には「日本国民は，…世界の平和と人類の福祉の向上に貢献することを願うものである。」

④ 教育基本法第1条には「教育は，人格の完成を目指し，平和で民主的な国家及び社会の形成者として必要な資質を備えた心身ともに健康な国民の育成を期して行われなければならない。」

⑤ 教育基本法第2条五には，「…国際社会の平和と発展に寄与する態度を養うこと。」…と書かれている。

これらを「核兵器」を念頭において読めば，①では「核兵器保有国の存在を認めること」は，「恐怖を免れず」に，この権利「平和のうちに生存する権利」が奪われる状態になる。また②では「核兵器を使用しなくても保有すること」がすでに「威嚇」となるので，保有国に依存することも否定される。

同じく③〜⑤では「核兵器保有」そのものが，教育の目標である「人類の福祉の向上」「健康な国民の育成」「国際社会の平和と発展」にとってプラスとならず，「人格の完成」の弊害になることが明白になってくる。

（2）社会科学習指導要領にみた「核兵器」「平和」の表記

わが国の学校教育は，日本国憲法・教育基本法を基盤にし，編纂された「学習指導要領」を基準に実施される。ここでは「学習指導要領社会科の目標」に

着目した（以下の下線・波線は筆者が加筆）。

　小・中・高校の「社会科関連科目の学習指導要領目標（第1款目標）」は，以下①～④のように，ほぼ同じ「表現」＝「平和で民主的な社会の形成者としての公民的資質を養う」となっている（下線，波線は筆者が追記）。

　すなわち①　小学校では，「…国際社会に生きる平和で民主的な国家・社会の形成者として必要な公民的資質の基礎を養う」。②　中学校では，「…国際社会に生きる平和で民主的な国家・社会の形成者として必要な公民的資質の基礎を養う」。③　高等学校地歴科では，「…国際社会に主体的に生きる平和で民主的な国家・社会を形成する日本国民として必要な自覚と資質を養う」。④　同公民科では，「…人間としての存在のあり方生き方についての自覚を育て，平和で民主的な国家・社会の有為な形成者として必要な公民としての資質を養う」と表記されている（なお③④は新課程でも同様に表記されている）。

　このことから小・中・高校の「社会科の目標」の土台には共通理念があり，校種を越えて「目標は統一」されていることがわかる。したがって社会科の3分野「地理・歴史・公民」は，この目標達成をめざして教育内容・教科書・教材・副教材・教材研究が工夫されることになる。

　つぎに，「核兵器」と「平和」の2つのキーワードに着目しその登場（記載）回数を検討した。ただし表2-1の数字は，前述の①～④の「目標」部分は除き，「内容」と「内容の取扱い」に記載された回数である。この結果各学年・各小教科での「核兵器」と「平和」の状況（内容取り扱いへの重要度）を，明らかにできると考えたからである。

　●小学校では，「核兵器」が全く登場せず，「平和」は6年生になって3回登場するのみである。小学校段階で「核兵器」という用語に全く触れていないことは，学習する子供たちにはマイナスになると私は考える。なぜなら小学生に「核兵器」を教えることは，発達段階からも可能であり，できる限り低学年でも「核兵器」について触れることが，その後の学習効果を増やすことになる。したがって3～6年生には学習指導要領に「核兵器」を記述するべきである。

　同様に「平和」についても3～5年生に記載するべきである。なぜなら学習

指導要領に「単語」としてあげることは，波及的に「教科書・教材・副教材・教材研究など」にその理念・哲学・概念が拡大することになり，日本社会全体で「核兵器」「平和」への興味・関心が高まるからである[7]。

●中学校では，公民的分野において「核兵器」が1回，「平和」が8回登場する。けれども地理と歴史的分野では見られない。これでは中学校社会科の「目標」にある，「広い視野に立って，社会に関する関心を高め，諸資料に基づいて多面的・多角的に考察し，…公民と

表2-1 「社会科」学習指導要領に登場する「核兵器」「平和」の回数

学校	分野・学年		核兵器	平和
小学校	社会科	3年生	なし	なし
		4年生	なし	なし
		5年生	なし	なし
		6年生	なし	3回
中学校	社会科	地理的分野	なし	なし
		歴史的分野	なし	なし
		公民的分野	1回	8回
高等学校 (旧課程)	地歴科	世界史A	2回	1回
		世界史B	1回	1回
		日本史A	1回	2回
		日本史B	1回	2回
		地理A	なし	なし
		地理B	なし	なし
	公民科	現代社会	1回	1回
		倫理	なし	1回
		政治経済	なし	1回
高等学校 (新課程)	地歴科	歴史総合	1回	4回
		日本史探究	1回	3回
		世界史探究	1回	3回
		地理総合	なし	なし
		地理探究	なし	なし
	公民科	公共	なし	1回
		倫理	なし	1回
		政治経済	なし	1回

注：それぞれ分野の冒頭「1目標」にある「平和」は含まない。
出所：文部科学省（2008）『小学校学習指導要領解説 社会編』117〜122頁／『中学校学習指導要領解説 社会編』139〜150頁／『高等学校学習指導要領解説 地理歴史編』144〜157頁／『高等学校学習指導要領解説 公民編』80〜85頁／（2019）『高等学校学習指導要領解説 地理歴史編』391〜428頁／『高等学校学習指導要領解説 公民編』201〜216頁をもとに筆者作成

しての基礎的教養を培い，国際社会に生きる平和で民主的な国家・社会の形成者として必要な公民的資質の基礎を養う。」が十分に達成できないと考えられる。とりわけ「広い視野に立って」「多面的・多角的に考察」するには，公民的分野だけでなく，地理的分野・歴史的分野でも社会科としての視点や手法を用いることで，学習者の理解がより深まるからである。そうでなければ目標の「公民的資質の基礎を養う」への到達が不十分になってしまう。

したがって地理および歴史的分野においても学習指導要領に「単語」として「核兵器」「平和」を記載する意義は非常に大きい。その結果小学校との連携で，

小〜中学校（義務教育）における平和学習に波及的な効果が期待される。このことが日本社会全体で「核兵器」や「平和」への関心を高め、議論を深める「下地」となる。そしてそれが最終的に『…核兵器などの脅威に着目させ、戦争を防止し、世界平和を確立するための熱意と協力の態度を育てる。（公民的分野、2内容（4）ア)』のである。

繰り返すが公民的分野と同様に、中学校社会科学習指導要領では地理的・歴史的分野においても、「核兵器」「平和」の用語を載せるべきだと私は考える。

●高校においては、旧課程の世界史A・B、日本史A・B、現代社会では「核兵器」「平和」が登場する。中学校の歴史的分野では「核兵器」「平和」の両方がまったく記載がなかったことと比較すれば、高校歴史分野（旧課程）での記載は「評価」したい。

しかしながら、「核兵器」の語句は地理A・Bではどちらも登場しない[8]。しかも世界史Aで2回あったのが、新課程の世界史探究では1回に減っている。また公共では、旧課程の現代社会にあった「核兵器」が消滅した。

新課程（2022年4月スタート）で、公民科から「核兵器」が完全に消えたのは不可思議である。くしくも国連における「核兵器禁止条約」の発効（2022年1月）とほぼ同時期であることを考えると、核大国アメリカによる社会科教育への「圧力」、もしくは日本政府の「忖度」であると私は推測している[9]。過去をふり返れば第二次世界大戦後アメリカの「圧力」で、社会科が日本に誕生したのと同じ「圧力」が背後に存在するように思う。ただし当時は「非戦への圧力」であったが今回は「反核兵器や核兵器廃止への圧力」である。残念であるが、「外圧」に翻弄されるのが日本の社会科教育現場である。

そしてさらに表2-1では旧課程に連続して、地理的分野には全く「核兵器」「平和」の単語記載がないのは問題である。高校地理は「社会科としての地理教育」なのに、なぜ「核兵器」「平和」の重要用語がないのか、納得がいかない。

同様に倫理および政治経済において「核兵器」が登場しないのも、不自然である。特に地理的分野において中学校段階・高校段階のいずれにも記載がない

のは，私には大きな疑問である。

　世界の大きな潮流のなかで，「核兵器禁止条約」が締結に向かう今こそ，小学３年生〜高校すべての学年で社会科学習指導要領には「核兵器」「平和」の記載回数を増加してほしい。小・中・高校のいずれの段階においても，全体目標で平和教育を唱える社会科である以上，これは当然のことである。

③　大学生への意識調査

　私は講義受講生への意識調査を実施した。方法としては批准国50カ国となった国連発表のNHK・民放のTVニュース（2021年10月25日放送）を見せてその感想を自由（無記名可能，Ｂ６用紙）に記述してもった（回答数132人）。結果は図２-２のようになった。

　最も多かったのは「反対である」62人（47.0％）となった。大学生の約半数が「日本政府にも批准してほしい」という意見をもっている。しかし逆に約３分の１の37人（28％）が「批准しない政府に賛成」である。これに「わからない・判断できない」の33人（25％）を加えると，過半数70人（53％）が，「批准しないほうがよい」もしくは「わからない・判断できない」となる。ただし，回答で日本の立場について何も触れていないものは「わからない」に分類した。以下に回答にあった主な意見を抜粋してあげる（「です・ます調」は，「である調」に修正，長文は意味を変えずに要約した）。

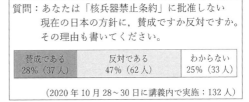

質問：あなたは「核兵器禁止条約」に批准しない現在の日本の方針に，賛成ですか反対ですか。その理由も書いてください。

| 賛成である 28％（37人） | 反対である 47％（62人） | わからない 25％（33人） |

（2020年10月28〜30日に講義内で実施；132人）

図２-２　大学生の意識調査

（１）批准しない日本政府に「賛成である」の理由（５つを抜粋）

　　1-①：日本は世界中で唯一の核兵器による被爆国なので，このことはしっかりと受け止めるべきだ。しかしながら，自国に軍隊がなく（自衛隊はあるが），アメリカに「核の傘」で守ってもらっているのだから，これからもアメリカの方針に従うべきだ。そしてアメリカをうまく利用していけば良い。

1-②：核廃絶は確かに実現してほしいし，この条約の発効は素直に喜ばしい。しかし日本政府の批准しないという方針は，正しい判断である。なぜならこの条約には，核保有国が参加していないので実効性がない。このような条約に日本が参加して，アメリカの信頼を失うことは何の意味もない。

1-③：私は現状維持の状態で良いと思う。正直，アメリカが日本を守ってくれているおかげで，平和に暮らせている。現時点では批准国が50しかないが，発効後に参加する国がふえた段階で，改めて日本は態度を決定すれば良いと思う。

1-④：私は核兵器禁止条約には反対である。なぜなら核保有国どうしが圧力をかけることで，バランスが取れている。この条約ではそんなバランスが崩れると思う。したがって日本にはバランスを崩さないためにも参加しないで欲しい。日本は唯一の戦争被爆国なので，「核のバランスによる世界平和」を崩してしまわないためにも，批准しない方がよい。

1-⑤：私は「核兵器はなくすべきではない」と思う。核兵器をなくしてしまえば，一時的には戦争も少なくなり争いも減る。しかしそこには欠点が必ずある。なぜなら必ず核兵器を隠して持ち続ける国が出てくる。どこの国も「戦争で勝ちたい」という意志で動くから，あらゆる手段で勝ちに行くと思う。その時には最終的に核兵器が使用される。そうしないためにも今のままの「抑止力」に頼る方がよい。ゆえに日本は批准するべきではない。

（2）批准しない日本政府に「反対である」の理由（5つ抜粋）

2-①：アメリカの守りは抑止力でしかないが，その抑止力があるからこそ，中国や北朝鮮から攻め込まれないという考えがある。しかし実際には，いざというときにアメリカが日本を守ってくれるかどうかわからない。最近そのような不安の方が大きくなってきた。最終的に世界から全ての核兵器がなくなればそんな不安も減少する。日本はこの機会に条約に参加して，中心となってリーダーシップを出して活躍してほしい。

2-②：批准しない日本の考えは変更してほしい。被爆者の思いや考えを，日本政府は大切にするべきである。日本が勇気を出して条約に参加することで批准

国は必ず増える。その結果抑止力に頼る今の状態は変えられる。日本はこれを機会にアメリカとの関係を見直し，国の守り方を変えるべきだ。唯一の戦争被爆国日本は，先頭に立って広島・長崎の経験を世界に伝えなければいけない。

2-③：日本は批准しなければいけない。そもそも北朝鮮が日本を攻撃することはないので，核の脅威に怯える必要はない。日本は戦争被爆国として堂々とこの条約に参加してほしい。

2-④：私は日本もこの条約を批准し協力する方が良いと考える。強いアメリカに頼って自分たちの国の地位を保ち，守ってもらっている日本が恥ずかしい。これでは世界から日本は見下されて尊敬されない。世界を見れば小さな国が大国から「独立」しているケースも多い。日本は自分の意見をしっかり持ってアメリカから独立してほしい。そのことで日本が進む新たな道が見つかると思う。

2-⑤：日本はすぐに批准し，勇気を持って核保有国に対し発言してほしい。核兵器の悲惨さを体験した日本人が説得しないと，核兵器は永遠になくならず世界は変わらない。この条約の発効で日本の責任は以前より重くなると思う。

（3）「わからない・判断できない」の理由（5つ抜粋）

3-①：核兵器の恐ろしさを一番伝えなければならない日本が，まだ批准していないのはおかしい気がする。しかしアメリカに守られているうちは，日本の意志は通せないのでしかたがない。今の私には判断できないが，この発効を機会に日本が「意見の言える国」になってほしい。

3-②：アメリカは今後も核兵器を保持していくだろう。だからアメリカと良好な関係を築いていくために，この条約には日本は参加できないと思う。条約の理想には私も賛成であるが，今の私には日本がどうすれば良いのかわからない。

3-③：世界唯一の戦争被爆国である日本が批准しないことには疑問を感じる。しかしアメリカとの関係・安全保障を考えると，簡単に日本政府が批准できないこともわかるので，今の私には判断できない。

3-④：核兵器をなくすことはとても大切だし，日本に批准してほしい。しかし「核の傘」がなくなればどんな影響が日本にあるのかわからないので，正直に

いえば私には決められない。

3-⑤：ニュースを見て被爆された方の喜びが伝わってきたので，核兵器が禁止される必要も理解できる。しかし現実は日本はアメリカに守ってもらっている立場にあるので，私には判断できない。

　上記の（1）〜（3）は代表的な意見であるが，全体を読んでみると，「保有国が批准していないので実効性に欠ける」という意見が多くみられた。また「広島・長崎」という「地名」をあげていたのが全体で21人（16％）あった。その一方で「どうして批准国が，この50カ国・地域なのか」「なぜ批准国が50しかないのか」という「疑問」が全くみられないのは，たいへん残念であった。

　なぜならこの50カ国・地域を「世界地図で考察する視点」が受講した大学生にはゼロであるからである。ちなみにアンケートをしながら「50番目に批准したホンジュラスはどこにあるか？」と質問したが，誰も答えられなかった。

　このことは前述した「社会科の学習指導要領」だけではなく，過去の日本の地理学分野で「核兵器や平和」が取り上げられていないこととも結びついている（注4参照）。地理的分野で「核兵器」「平和」を取り上げ，教材化しなければいないと私は考える。

　以下では「50カ国・地域」に共通した「地理的・歴史的背景」について考察を試み，これらの地域を「教材」にするためのヒントを示した。

④ 「批准50カ国・地域」の地理教材化
（1）批准国が「第三世界諸国」に多い理由は？

　今回「核兵器禁止条約」を批准した国・地域の分布（2020年10月時点）では，「南の国々」＝「第三世界諸国」が圧倒的に多い（図2-3）。逆に北半球の先進諸国は少ない。

　このような「核兵器をめぐる世界平和への意識の地域的な格差」があるのはどうしてか。このことに注目して，社会科教員にはぜひ教材にしてもらいたい。「南の国々」＝「第三世界諸国」は，歴史的には冷戦構造に組み入れられなかっ

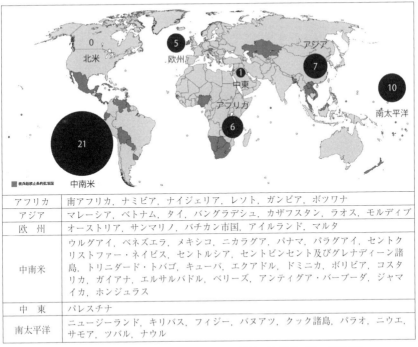

アフリカ	南アフリカ，ナミビア，ナイジェリア，レソト，ガンビア，ボツワナ
アジア	マレーシア，ベトナム，タイ，バングラデシュ，カザフスタン，ラオス，モルディブ
欧 州	オーストリア，サンマリノ，バチカン市国，アイルランド，マルタ
中南米	ウルグアイ，ベネズエラ，メキシコ，ニカラグア，パナマ，パラグアイ，セントクリストファー・ネイビス，セントルシア，セントビンセント及びグレナディーン諸島，トリニダード・トバゴ，キューバ，エクアドル，ドミニカ，ボリビア，コスタリカ，ガイアナ，エルサルバドル，ベリーズ，アンティグア・バーブーダ，ジャマイカ，ホンジュラス
中 東	パレスチナ
南太平洋	ニュージーランド，キリバス，フィジー，バヌアツ，クック諸島，パラオ，ニウエ，サモア，ツバル，ナウル

図2-3 核兵器禁止条約を批准した国と地域（各地域ごとの批准順）

た新興国がほとんどである。逆に冷戦に組み込まれた国に「批准できない国」が多い。

　さらに冷戦時代の欧米列強植民地では，第二次世界大戦後も「核実験場」となってきた体験がある。フランス領の南太平洋島嶼地域やサハラ砂漠（現アルジェリア），イギリスの実験場があったオーストラリアなどでは，「核兵器反対」への住民意識が高い。

　そしてここでは「第三世界」の名称がフランス革命の「第三身分」に由来する（室井1997，p. 28）ことにも触れてほしい。植民地支配（欧米列強への苦い従属）を経験させられた，途上国の民衆が，将来の世界変革の主体となってほしいという期待が込められているのである。「第三世界」の名称は語源として「世界全体（旧体制）を変革するパワー」に期待した呼び名であることを忘れない

で，教材にしていきたい（西岡2007，p. 105）。

（2）21カ国＝ラテンアメリカ諸国に多い理由は？

　まず思い出されるのは，キューバ危機（1962年）である。この核戦争直前の事件は，周辺諸国に今回の批准を促した。キューバ危機から5年後の1967年にはトラテロルコ条約（中南米核兵器禁止条約）が締結された（図2-4①）。この経験は，周辺諸国に今回の批准を促した。同様にフォークランド戦争（1982年）やグレナダ侵攻（1983年）も，米・英の核保有国への反発要因であると推察される。

　さらに図2-3を詳細にみれば，中南米諸国ではウルグアイが第一に批准した国であることがわかる。ウルグアイは「世界で1番貧しい大統領」の，ペペ・ホセ・ムヒカ（1935〜）と無関係ではない（くさばよしみ2014）。ぜひ，彼の思想にリンクさせて教材にしたい。「アメリカ合衆国の裏庭」にされたことへの歴史的な反発が中南米諸国には伝統的に存在する。

　古くは宗主国スペインと闘ったシモン・ボリバル（1783-1830），さらにはアルゼンチンのチェ・ゲバラ（1928-1967）や，キューバ革命のフェルデル・カストロ（1926-2016）らの思想の影響が，この地域にはみえてくる。ラテンアメリカに反核兵器運動が集中しているのには，このような地理的・歴史的背景が考えられる。

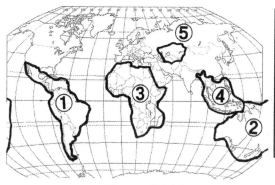

①トラテロルコ条約（1967年）
　（中南米核兵器禁止条約）
②ラロトンガ条約（1985年）
　（南太平洋非核地域条約）
③ペリンダバ条約（1991年）
　（アフリカ非核兵器地帯条約）
④バンコク条約（1995年）
　（東南アジア非核兵器地帯条約）
⑤中央アジア核放棄地帯条約
　（2006年，通称セメイ条約）

図2-4　地域単位で核放棄を決めた条約締結国
出所：ボニフェス，P. ほか（2016，p. 60）を参照に筆者作成

（3）10カ国＝太平洋諸国に批准国が多い理由は？

　南太平洋の島嶼諸国には，アメリカ，フランス，イギリスの核実験場に近い要因が考えられる（前田1991）。それだけにこの地域は核兵器・放射能問題に敏感である。1954年には日本のマグロ漁船第五福竜丸が，ビキニ環礁で行われたアメリカ軍の水素爆弾実験の放射性降下物（死の灰）を浴び，乗員が約半年後に死亡している。このような背景から，1985年にはラロトンガ条約（南太平洋非核地域条約）が締結され地域単位で反核兵器運動が盛んである（図2-4②）。

（4）アフリカ諸国に少ない理由は？

　フランスは旧植民地であったアルジェリアのサハラ砂漠で核実験（1966～96年）を実施してきた。これは地域住民にとっては脅威となり，1991年ペリンダバ条約（アフリカ非核兵器地帯条約）が締結された（図2-4③）。

　南アフリカ共和国はかつてアパルトヘイトの国であったが，それに勝利したネルソン・マンデラ（1918-2013）の母国である。彼の人道的思想は現在も国政への影響は大きいといえる。しかしながらアフリカ大陸全体では，同じ第三諸国であるラテンアメリカ諸国と比較して批准国はまだ少ない。

（5）オーストリアの地理的位置に注目

　オーストリアはヨーロッパの中央に位置し，1955年の主権回復時に永世中立を宣言し国連に加盟した。東西冷戦時代には北大西洋条約機構（NATO）とワルシャワ条約機構（WTO）に挟まれ，大きな軍事衝突があれば核兵器の犠牲者になる危険もあった。当時，旧ソ連はオーストリアのインスブルックに，米国は同じくグラーツ近くのハンガリー領側に核兵器を落とす用意があったとされている（『朝日新聞』2020年10月25日付デジタル版）。このような地理的位置がオーストリア国民を反核兵器運動に向けている。

　またチェルノブイリ原発事故（1986年）では，飛来した放射能汚染物質の脅威を経験している。こんな「東西どちらの軍事同盟メンバーでないこと」が，オーストリアがヨーロッパで最初の批准国となった理由と考えられる。

（6）カザフスタンにあった核実験場

　中央アジアのカザフスタン東部は，旧ソ連時代の核戦略の拠点だった。ウス

チノカメノゴルスクには核燃料工場が，セミパラチンスクに旧ソ連時代の「核実験場」があり，今も放射能汚染が残存している。このことから核兵器や放射能には住民の反対世論が高い（京都高等学校社会科研究会編2003, pp. 38-39）。2006年には「中央アジア核放棄地帯条約」（通称セメイ条約）が，中央アジア5カ国で締結されている（図2-4⑤）。

ウクライナには旧ソ連崩壊以前，核兵器が配備されていたが，1991年独立後には全てをロシアに自発的に搬出した。そして「模範的非核国」となった。しかしながらロシアの侵攻（2022年2月）後は，プーチン政権から「核使用」の脅しを受ける側になり，NATOの支援を受けるなど「翻弄」されている。

（7）その他のアジアの国

ベトナム，バングラデシュ，パレスチナは，それぞれ隣国の中国・インド・イスラエルなどが核保有国であることへの警戒から，反核の政策が実施されてきたといえる。1995年には「バンコク条約（東南アジア非核兵器地帯条約）」（図2-4④）が結ばれている。この点からみれば，明確に核保有国に反対できない日本はアジアの国では「特異な外交」を歩む国に見えてくる。

⑤　世界平和への理論と思想

ここまで社会科教育・地理教育の立場で「核兵器」「平和」について述べてきたが，最後に過去の世界平和と理論と思想について整理しておくことにする。なぜならそのことが「平和学習教材」の作成にも役立つと考えるからである。

（1）カントの世界平和思想

18世紀の哲学者であり地理学者でもあったカント（1724-1804）は，著書『永遠に平和のために』の冒頭で，「…将来の戦争の種をひそかに保留して締結された平和条約は，決して平和条約とみなされてはならない（第1章，第1条項）。」（カント1985, p. 13）と述べている。日本政府が支持している1967年NPT（核拡散防止条約）では5大国の核保有を認めているが，これはカントのいう「将来の戦争の種」であると考えられる。

またカントは「…人間の自然状態は，むしろ戦争状態である。…それゆえ平

和状態は創設されなければならない」としている（カント1985，p. 27）。そして「…自然状態でかれ（核保有国）が私のそばにいるということで，…すでに私に危害を加えている。…私はかれ（核保有国）からたえず脅かされている…これは平和状態ではない。」（波線は筆者）とも述べている。したがってNPTの唱えてきた核保有国と共存状態の上に成り立たせようという世界平和では，平和状態は創設されないことになる。ゆえに「核兵器禁止条約」のほうがカントの平和状態に近づくと考えられる。

さらにカントは「…この地球という球体の表面では，人間は無限に散らばって広がることができないために，共存するしかない…」「…世界の遠く離れた大陸がたがいに平和な関係を結び，やがてはこの関係が公的で法的名ものとなり，人類がいずれはますます世界市民的な体制に近くなることが期待できるのである…」（萱野2016，pp. 25–26）とも述べていて，将来の「国際連盟」「国際連合」「EU」などの「地域統合」を予測している。

もちろんカントが予想した「地域統合」には，図2–4にあげられた「地域単位で核放棄締結条約」も含まれるのである。その意味で今回の「核兵器禁止条約」には，カントの目指した「永遠平和の思想」が活かされている。小中高の社会科教員には，このようなカントの理想を，自らが受け継ぐのだという自信と気概をもって平和教育に臨んでほしい。

（2）新渡戸稲造の世界平和思想

カントの世界平和思想の影響を受けた日本人で，国際連盟の事務次長を務めたのは，新渡戸稲造（1862-1933）である。第一次世界大戦後に大国となったアメリカ合衆国は，「国際連盟でも戦争は防止できない」として連盟に加盟しなかった[9]。これに対して新渡戸は，「…小国を律する方法で大国のまとまらぬのは，分かりきったことである。しかし，国際紛擾はかくして収まるということが確定すれば，大でも小でも同筆法を応用する途が開けて，後日一般に通用せらるるに至ろう。…われわれ人類の眼が前についている限り，希望，信仰，創造の霊覚，妙智をもって将来を瞥見すれば，古人も『和をもって貴とす』と述べた理想が必ず実現さるるであろう。」（新渡戸2002，pp. 244-246）と述べて

いる。

　たとえ小国の集まりであろうが、このような方法で国際紛争が収拾できるという事例を重ねていけば、大国もやがてはそれに従い理想が実現される、というのが新渡戸の考えである。

　これを「核兵器禁止条約」に応用していけば「核兵器保有国」が批准していなくても、かつ「小国ばかりの批准国」であっても、将来には必ず「核兵器禁止条約」の理想は実現されていくことになる。

　新渡戸がいうように人類の未来は希望に満ちているのである。社会科教師には「世界平和の理想」を実現させる使命がある。日本国憲法・教育基本法に従い、勇気を持って教材研究・教育実践を行ってほしい。

６　まとめと今後の課題

　大学生が最も多くあげた意見は、「当事者である核兵器保有国（９カ国）がいずれも、批准していないので条約には実効性がない」であった。私たちはこの条約のもつ「人道的かつ人類的な側面」への理解をさらに深め、支持を拡大するための行動をスタートしなければいけない。その際には今まで以上に、教材研究・教育実践に工夫して取り組む必要がある。それが世界で唯一の戦争被爆国の社会科教員の役割であると私は考えている。

《追記》2022年６月、第１回「核兵器禁止条約」締結会議がウィーンで開催された。注目はNATO加盟国からノルウェー、ドイツ、ベルギー、オランダが「オブザーバー参加」したことである（日本は不参加）。その後、批准国は91カ国にまで増えている（原水爆禁止日本協議会ウェブサイト、2022.12.27.閲覧）。

※本稿は全国地理教育学会第14回大会（2020年11月22日：オンライン開催）で、一般口頭発表した内容をもとにしている。さらに拙著（2021）「核兵器禁止条約（TPNW）と社会科教育―大学生への意識調査と地理教材化への試み―」『大阪商業大学教職課程研究紀要』第４巻第１号、pp. 1－21掲載の内容をもとにして、加筆して執筆したものである。

注
1）核保有国9カ国のうち，「5大国」（米・露・中・英・仏）は，5カ国のみに核保有を認める核拡散防止条約（NPT）を1967年に結んで，「5大国」以外への核兵器拡散を防止しようとした。この条約には191カ国（2015年現在）が加盟しているが，インド・パキスタン・イスラエル・南スーダンが未加盟国で，北朝鮮は2003年に脱退している。
2）日本の場合の抑止力とは，日米安全保障条約が日本国憲法の制約下にある自衛隊の「軽武装」をおぎなう抑止力として，日本の領土内に米軍の駐留を認めていることをいう（山崎2010，p. 188）。
3）このような状況でも外務省関係者は「改めて批准する考えはない」ことを強調している（『朝日新聞』2020年10月26日付）。
4）例えば，過去に出版された『朝倉地理学講座12　政治地理学』（木内1968）では，核兵器や世界平和に対する記載は全くない。ここには戦前の日本の地理学・地理教育が軍国主義政策に加担したことへの「罪悪意識」が存在するのかもしれない。もしそうであるなら，今こそ「核兵器禁止条約」を地理教材化することは，日本の地理教育が世界平和に貢献するチャンスといえる。
5）ここでの恐怖には「核兵器」の「保有や使用への恐怖」も含まれていると考えられる。
6）核兵器保有国が非保有国に与える恐怖も「武力による威嚇」であると考えられる。
7）教員側の視点からも，「核兵器」「平和」の単語が教科書や副教材に記載されていけば，学習者の発達段階に応じて，教師自らの教材研究や教材開発・工夫が容易になる。「核兵器禁止条約」への関心が世界中で高まっている今こそ，小学3年生〜高校の全学年・全社会科教科で，学習指導要領に「核兵器」「平和」の記載回数を増加してほしい。
8）2022年から登場した「地理総合」「地理探究」でも，学習指導要領には「核兵器」「平和」の用語が全くない。
9）今回の「核兵器禁止条約」でも，当事者である核保有国＝9カ国（図2-1）はこの条約に「反対」を唱え「妨害」すらしている。とりわけアメリカ合衆国はこの禁止条約を真っ向から否定し，批准取り下げを迫る書簡を参加国に送りつけている（『京都新聞』2020年10月26日付）。なぜなら禁止条約が大きなうねりとなれば，「核抑止論」の正当性が揺らぎかねないからである。これらの批准国や反核団体への「脅迫」＝圧力工作からは，逆に「核保有大国（アメリカ）」の「焦り」や「危機感」が透けて見える。

参考文献
安斎育郎ほか 2018『核兵器を使いこなす』かもがわ出版
池上彰 2018『核兵器がなくならない本当の理由』SBクリエイティブ
川崎哲 2018a『核兵器はなくせる』岩波ジュニア新書
川崎哲 2018b『新版核兵器を禁止する―条約が世界を変える―』岩波ブックレット
カント著，宇都宮芳明訳 1985『永遠平和のために』岩波文庫
木内信蔵編 1968『朝倉地理学講座12　政治地理学』朝倉書店
京都高等学校社会科研究会編 2003『新アジアに強くなる75章』かもがわ出版
くさばよしみ 2014『世界でいちばん貧しい大統領のスピーチ』汐文社
菅野稔人 2016『100分で名著，カント永遠平和のために』NHK出版
帝国書院編集部編 2017『標準高等地図―地図で読む現代社会―』帝国書院
ティム・マーシャル著，大山泉訳 2020『地政学でわかる私たちの世界―12の地図が語る国際情勢―』評論社
冨田宏治 2017『核兵器禁止条約の意義と課題』かもがわ出版

西岡尚也 2007『子どもたちへの開発教育―世界のリアルをどう教えるか―』ナカニシヤ出版
新渡戸稲造『東西相触れて』タチバナ教養文庫，(2002)
ボニファス，P. ほか，佐藤絵里訳 2016『最新世界情勢地図（増補改訂版）』ディスカバー21
前田哲男 1991『非核太平洋・被爆太平洋―新編棄民の群島―』筑摩書房
室井義雄 1997『南北・南南問題』山川出版社
山崎孝史 2010『政治・空間・場所―「政治の地理学」にむけて―』ナカニシヤ出版

第2節 「脱亜論」からスタートする世界地誌の実践

1 地歴連携の教材の有効性

高校では1982年4月以降，それまで1つであった社会科は，地理歴史科（以下，地歴科）と公民科の2つに解体分割された。当時高校教員であった私は現場の大混乱を経験した（西岡1999a）。にもかかわらず，その一方では「地理と歴史の連携」（以下，地歴連携）への期待も高まった。

公民分野ではいち早く従来の政治・経済・倫理社会の内容を「連携」させて，教科書「現代社会」が登場した。しかし地歴分野では，地理・日本史・世界史の「連携」で，教科書が編纂されることにならなかった。

その後，帝国書院編集部編『地歴高等地図』（1997年3月検定済み，1998年4月から使用）が誕生した。これは地歴連携の趣旨から編纂された画期的な地図帳＝教科書[1]になった（図2-5）。しかしながら当時この地図帳以外に，地歴「連携」の教科書は出版されなかった。

そして2022年4月から導入された「新高校学習指導要領改訂」では，公民科では新教科書「公共」が登場した。けれども今回の改訂でも，地歴科においては，地理分野と歴史分野では連携の視点からの教科書は執筆されていない。

私は高校社会科分割（1982年以降）世代教師が増えたことを危惧している。なぜなら彼らの意識には「高校社会科」というくくりは存在していない。

現実に現場高校教員（社会科分割世代以後）のなかには「私は歴史分野を大学で専攻し地歴科免許を取得した。そして地歴科で採用されたので，免許がない公民科分野は教えられないのは当然だ。同様に大学で専攻していない地理は苦手なので教えたくない…」と主張する場合がふえている。また「私は公民分

図2-5 『地歴高等地図』の表紙 左から，1989年版，2011年版，2020年版（帝国書院）

野の領域を大学で専攻し公民科免許を取得した。そして公民科で教員に採用された。免許のない地歴科分野は専門外で，教えられないの当たり前である。」という声を現場から聞くことが増えている[2]。もはやこの世代の教員には「社会科教師」という「認識」をもつ者は残念だが少なくなってしまった。年齢の若い教師ほど「社会科領域の分裂」は進んでいる。

　しかも前述のとおり2022年4月からも地歴連携の教科書は編纂されず，「地理総合」と「歴史総合」は分割したままで，「交わること」はないまま全国の高校で教えられことになった。これでは科目名「地歴科」の趣旨とはほど遠く，「地理と歴史の隔たり」は旧態依然のままである。これを放置すれば「地理未履修問題」が再度発生する可能性があると私は心配している[3]。

　なんとか地歴連携さらには公民分野を含む本来の「社会科」のあり方を考えたいと私は思うようになった。ここでは世界地誌と世界史を結びつける教材として，私が高校と大学で試みた「脱亜論」を用いた授業実践を紹介しながら，地歴連携を模索してみたい。

　アジア地誌を脱亜論からスタートする

（1）高校「地理 A」での実践例

　私は高校教員時代（1981～2000年）に，世界地誌を教える際，どのようなスタート（導入）をすれば，学習者の関心・興味をひきつけられるかを考えた。通常日本の中学・高校の地理教科書では世界地誌は，順番としてアジア州が最初に教えられる。

　毎年生徒諸君を観察してわかったことは，「アジア地誌」学習に興味をもってスタートができないと，その後の学習意欲に結びつかず，ひいては地理全体，さらには世界への興味関心が減少してしまうことであった。ゆえに「アジア学習」には大きな意味がある[4]。このような高校生の反応を経て，地理と世界史を毎年担当するうちに，私が思いついたのが，アジア地誌の導入に福沢諭吉の「脱亜論」を用いることであった。

　ヒントになったのが当時使用していた世界史教科書（1981年文部省検定），土井正興ほか編『新世界史』三省堂（1982，p. 218）のコラム記事である。この教科書には単元「明治維新と東アジア」で，「列強のアジア侵略（図 2 - 6）」と，本文とは別に囲み記事コラムとして「福澤諭吉の脱亜論」（下線は筆者が加筆）が掲載されていた[5]。

> 福沢諭吉の「脱亜論」
>
> 　明治維新前後の日本の指導者層の中には，<u>清国と手を結んで欧米勢力のアジア侵略に対抗しようとする考え方</u>が，かなりひろくあった。特に自由民権派の一部には，日本の近代化を進めるとともに，朝鮮・清国の近代的改革に期待し，これを連帯しようとする主張であった。福沢諭吉も，はじめ朝鮮・清国の改革への期待を表明していた。しかし1885年，清仏戦争で清国が敗れ，フランスがインドシナを占領するなど，<u>西欧のアジア侵略が激化する</u>と，それに危機感を抱いた福沢は，「脱亜論」を主張するようになった。
>
> 　"日本には隣国の開明を待って，ともにアジアを興（おこ）すの猶予（ゆうよ）あるべからず，むしろその位（くらい）（おくれたアジアの一国としての地位をさす）を脱して西洋の文明

図2-6 列強のアジア侵略 日本は欧米と同じ「列強」とし
て表記されている。
出所:『新世界史』三省堂 (1982, p. 218)

国と進退を共にし, その支那・朝鮮に接するの法も, 隣国なるが故にとて特別の
会釈 (遠慮の意味) に及ばず, まさに西洋人がこれに接するの風に従つて処分
するのみ" (時事新報の論説)

　こうした議論はその後の日本の近代化の方向や日本とアジアの関係のあり方
に, きわめて大きな思想的影響を与えた。

　新人教員の私にも, コラム記事と図2-6をリンクしたという, 教科書執筆
者の「意図」が容易に理解できた。うまく工夫されている画期的な世界史教科
書であった。「これは地理でも使える」と思いついた。それ以後は毎年, 地理
でも世界史でも, 必ず「脱亜論」に触れることになった。こんな試行錯誤の続
いた教材であったが, 期待以上に高校生諸君の反応がよかった[6]。

地理におけるアジア学習のスタート時点（導入）で，「脱亜論」に触れることは，学習者の関心・興味を促す大きな効果があると確信している。高校における地歴連携のみならず，大学でも「脱亜論」は優れた教材になるのである。また高校・大学のみならず，中学校でも工夫すれば，学習者の地理（世界地誌）や歴史（世界史）への関心を高める効果が期待できる。

　さらに，この実践の利点は「脱亜論」を通して，当時のわが国近隣諸国との関係や外交政策について，考えるきっかけになる。この点からも「脱亜論」を教材にする意義は大きいと考えられる。

　（2）大学「地理学」講義での実践例

　私は20年間の高校教員を経て，大学教員に転職（2000年10月以降）した後も，担当した教養科目としての地理学，人文地理学概論，地域地理学や，また教職関連科目の地誌学，社会科教育法などでは，必ず「脱亜論」に触れながら講義を試みてきた。

　さらに高校（50分授業）よりも大学（90分講義）では，時間的な余裕があるので，配布する資料，プリント教材を増加した。また説明も「脱亜論全文（慶應義塾版，福沢著作集）」や「板書の工夫」（図2-7）を行っている。

　加えて「脱亜論」（『時事新報』1885年3月16日付）を唱える以前の福澤は，「興亜論」の立場であり，慶應義塾に朝鮮からの留学生を多く受け入れていたこと。また「金玉均と福澤諭吉の関係」などの説明を試みた。ただし大学では，「脱亜論」を全ての学生が，これまで「学習経験がない」という前提で講義を行ってきた（図2-8）。

　「脱亜論」は長い文章（社説記事）で，しかも古い語句もあるが，最後の段落まで一気に読んでみる意味は大きい。福沢の文章は「七五調」であって教員が音読する価値がある[7]。そして何よりも，ユーモアや比喩があって読み物としてもおもしろく，学習者の興味を引く「優れた文章」である。

③　脱亜論を学んだ大学生への意識調査の実施

　学生諸君には事前にレポートのテーマ：「あなたは脱亜論について賛成です

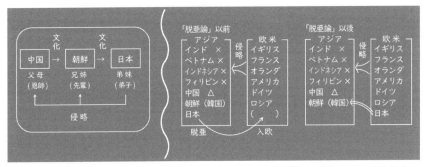

図2-7　板書の工夫　「脱亜論」前後の中国・朝鮮・日本の関係（左）と日本の立ち位置の変化（右）；筆者作成

●脱亜入欧への地理教育

当時日本政府は「脱亜入欧」をめざし、欧米列強の仲間入りをして「富国強兵」をめざしていた。このような政府にとっては、国民に「文明開化」に向かって明確な目標を示す必要があったと考えられる。すなわち、福澤・内田のめざす欧米中心の世界地誌の涵養は、日本政府の国家目標と一致していたのである。

清仏戦争で清国の敗北が明らかになった一八八五年、福澤は「脱亜論」と題した論説を新聞「時事新報」に書いた。次は日本が欧米列強の植民地としてねらわれているという「危機感」を持ったことが、彼を「興亜」から「脱亜」へ動かしたのである。

福澤は当初（一八八五年清仏戦争以前）日本は、朝鮮や清国と組んで、アジアの連合により欧米の侵略と対抗できると考えていた。〈今永 一九七九、一七二～一七三頁〉。また福澤は門下生の井上角五郎（一八六〇～一九三八年）を朝鮮に派遣して、現地で新聞を出して民衆を「開化」しようと考えた。〈齊藤 一九七六〉。そして朝鮮における一八八四年甲申政変の指導者、金玉均（一八五一～一八九四年）らとの交流はよく知られている

しかし最終的には、アジアの国と組んで欧米列強に対抗する「興亜」より、欧米列強と同様にアジアに侵略する「脱亜」の路線を選択した。以後この路線を突き進んできたのが近代日本であり、ある意味では今日においても「欧米志向」は続いているのである。〈佐藤 一九九二〉。

福澤諭吉（1834～1901）

「時事新報」に掲載された「脱亜論」（『沖縄タイムス』2006年1月24日付より）

図2-8　「興亜論」から「脱亜論」への転換

出所：西岡（2007, pp.44-45）

か，反対ですか，その理由も書きなさい」を伝えておき，講義の最終にレポート試験を実施し，自由に意見を書いてもらった。他のテーマには関心が低い学生が多いなか，このレポートには多くの意見が書かれてきた。特に講義内で用いた，「興亜論」と「脱亜論」のどちらに賛成かという問いかけもよかったのではないかと思っている。わかりやすい「二項対立」の手法が，現在日本の外交姿勢とも重なってくるという意見もみられた。

　調査対象は，2年間の地理学Ⅱ（後期）受講生578人である。結果は，脱亜論に賛成が398人（68.9%），反対が115人（19.9%），不明・回答なし65人（11.2%）であった（図2-9）。

　このことから当時の日本を取り巻く状況下では，福沢諭吉が唱えた脱亜論に，約70%の大学生が賛成する意見を持っていることがわかった。同時に約20%が反対ということも明らかになった。残念だが約10%は不明・回答なしで，10人に一人は無関心であった。以下には，そのなかから各4人分の特徴的な感想意見を抜粋した（長文は意味を変えずに筆者が要約した）。

質問：あなたは当時（1884年）の「脱亜論」について，賛成ですか／反対ですか。その理由も書きなさい。

講義名・実施日	賛成	反対	不明・未回答	合計
地理学Ⅱ（後期） 2019年1月30日	273人 （69.8%）	73人 （18.7%）	45人 （11.5%）	391人
地理学Ⅱ（後期） 2020年1月28日・29日	125人 （66.8%）	42人 （22.5%）	20人 （10.7%）	187人

（事前に質問を提示して，講義内に記入してもらった）

［2年間の合計；578人］　　不明・未回答 65人（11.2%）

賛成 398人（68.9%）	反対 115人（19.9%）	

図2-9　「脱亜論」についての調査結果

（1）「脱亜論」に賛成とその理由

　① 福沢がこの当時に脱亜論を発表したのは，すごく先のことを予測した考え方だと感じた。清仏戦争で清国が敗北したことで，次は日本かもしれないと考えたことがわかる。これは広い視野からの判断であり，私は脱亜論に賛成する。現にサッカーでも日本で活躍した選手がヨーロッパのチームに移籍することが多い。もし興亜論なら日本のチームやアジアのチームに所属することになり活躍舞台が限定される。スポーツでも広い視野をもった選手は，アジ

アを出て各国チームに移籍することが多くみられる。そういった観点からでも脱亜論には賛成したい。

② 「脱亜論」の記事を読めば，この思想には価値観や文化・教育や宗教，技術力など全ての視点が含まれている。また，大陸の国で外敵・異民族に国境が接する中国・朝鮮などと，周囲が海に囲まれた島国の日本では立場が違うので，「興亜論」でいう「融和」は不可能なレベルにあった。もし「興亜論」で強制的に協力を呼びかけても，民族浄化の方法になる。その結果「興亜論」に進んでも，大量の流血が必ず起きたと思う。

③ 歴史をみれば中国を中心に朝鮮を経由して，様々な文化が日本に伝わり，それが栄えた部分も多くあった。当時欧米列強が迫り来るなかで，「興亜論」をいっても，植民地にされれば元も子もない。実際に今も沖縄県の問題（アメリカによる基地占有）があるが，日本全体では，私たちは欧米語ではなく日本語で教育が受けられ，植民地にされることもなかった。これを考えれば私は「脱亜論」に賛成したい。

④ この時代には，アジアが欧米列強の支配を受けつつあったことや，福沢の教え子らが朝鮮での革命に失敗し暗殺された。こんな要因が重なり「興亜」から「脱亜」への転換が福沢のなかで起こったのだと思う。そして「脱亜論」の思想でたくさんのアジア人に悪影響や犠牲をもたらした。しかしながら貧しい国も多いアジアで，現在まで日本が豊かな国として存在していることも事実である。また第二次大戦中に，東南アジア・太平洋地域を一時的であるが，欧米の植民地から解放したことも事実で，そのことがきっかけで多くの独立国が誕生したことから「脱亜論」は間違いではなかったと私は思う。

（2）「脱亜論」に反対とその理由

① 「欧米志向」と「アジア軽視」の意識や主張をさす意味では，私は脱亜論には反対である。西洋文化を取り入れることも大切であるが，現代において中国は，欧米以上に経済力で世界に大きな影響をもたらす大国になった。また韓国は日本に文化的に韓流ブームをもたらしている。このように今の

日本にとって，中国・韓国は切り離すと大きな「マイナス」がある。したがって，将来的には「脱亜」の方向はめざしてはいけないし，私は反対である。

② 今日の日本の繁栄は「脱亜論」のおかげだし，もし「興亜論」の考えを継続していたら，多くのアジア諸国のように，欧米の植民地にされていたと思う。しかしながら今の日本は「経済的な豊かさ」だけで，実情は戦後ずっとアメリカのいいなりのように思う。私は日本にはもっと，アジア地域との交流関係を深めて，良い意味でアジアと手を組んでいってほしい。いつまでもアメリカの言いなりではなく，日本独自の意見を持つべきであると思う。

③ 幕末から明治初期の段階で，「脱亜入欧」をめざしたことは正しかった。なぜなら当時はアヘン戦争や不平等条約をみても，欧米の国力がアジアより優れていたのは明白であった。しかし，昭和時代に入り日本はアジア諸国との良好な関係構築を怠り，かつての欧米列強と同じ道に進んでしまった。これは「脱亜論」の延長であった。つまり私は「興亜論」と「脱亜論」のどちらか一つに絞って，アジア諸国との関係を築くのではなく，歴史や時代の時勢に応じて，「臨機応変」に対応していくことが肝要だと考える。したがって現在の日本が「脱亜論」の方向に進むのは絶対に反対である。

④ 私は脱亜論に反対である。当時の文明開化や富国強兵など明確な目標に向かって進む考えには賛成したい。しかし，欧米列強と同様にアジアに侵略するのには賛成できない。この脱亜論の考え方が第二次大戦までの侵略行為にもつながっていったといえる。もしアジアの国々と手を組んで欧米列強に対抗していれば，第二次大戦後アジアの人々から見た日本は，良い方向に変わっていたかも知れない。

（3）全体の感想として書かれた意見
① このテーマを学習するまで，私は「脱亜論」を福沢諭吉が列強に近づくために唱えた意見だとは知らなかった。当時は周辺のアジア諸国からは良くない

考えだと思われたかも知れない。しかし技術が進歩した欧米文化を取り入れることで，近代化が遅れていた日本の発展につながったと思う。「脱亜論」を学んだことで，今後は周辺のアジア諸国を大切にすることにより，多くの国に期待される日本になっていけるのではと思うようになった。

② これまで「脱亜論」という語句は聞いたことがあったが，その意味や誰の考えなのかは知らなかった。この講義で「脱亜」とはアジアを出ることだと知った。また「興亜」の意味も習って，興亜の方がボランティア感があるので良いと思った。しかし当時の日本にはそんな余裕がなく，自国のことで精一杯だった。日本人はどうして最初はアジアの文化や歴史を尊敬してきたのに，明治以降は見下げるようになってしまったのだろう。こんなことを考えられるようになった。このことは私にとって大きな進歩になった。

③ 私は，脱亜論は必要なかったと思う。脱亜論は時事新報という新聞に掲載の「無署名社説」だったことも知った。（福沢自身が直接唱えたかどうかは，疑問視する見方もある）。日本は欧米文化を取り入れてきたが，それに流されて，文化だけではなく外交戦略も欧米に学んでしまった。いずれにせよ今は先進国になった日本は，自国だけを優先せず，他の国のために何ができるかを考える方を，先にしなければならない。そして今後の日本のあり方は，欧米に流されるのではなくて，アジア文化を積極的に取り組むことで，アジアとの関係も良い方向に改善できると思う。その結果日本は，世界からも尊敬される国になれると思う。

④ 地理の講義で脱亜論や興亜論について学ぶなかで，脱亜論に賛成か反対かものすごく悩んだが私は賛成派である。他国とのつながりを増やして日本にもいろんな価値観を入れてほしい。その一方で日本はこれから経済力で大きくなっていく中国とは，いい関係も保ってほしい。

4 　今後の課題—地理教育で脱亜論を教材化する意味は大きい

　長年大学で教職課程の地理を教えてきた荒井（2021）は，高校で地理を履修していない学生には地理に暗記科目といった否定的イメージが強いとしてい

る。またその原因としては，120時間もあった中学校地理で「網羅型地誌が中心：中学校教科書を見てほしい」とも述べている（荒井2021, p. 46）。

　中学・高校で「地理」を学ぶ場合，世界地誌単元では，国々の場所，位置，資源や人口の分布などが紹介される。いわゆる「地名物産地理」「網羅型地誌」（荒井2021, p. 46）といわれる地誌になる。これは地図帳でも，「一般図」が先行的に記述され，その後に「主題図」が掲載される（西岡2013, pp. 136-137）。地理だけではなく，歴史分野＝世界史も担当した私の高校教師時代の体験では，残念であるが「地理好き」よりも「歴史好き」の生徒が多かった。相変わらず「地理＝暗記科目」というネガティブなイメージを拡大してしまうのに，私自身が苦戦していた。

　これに対して「歴史がおもしろい」のは，History＝story（物語）があり，具体的な人物や民衆の登場（ストーリー）が学習者には人気のあるきっかけになっている。その一方で「地理が単調」なのはGeography＝graphy（描く）であり，網羅・羅列的（薄っぺらい）側面が強い。歴史のようなストーリー性がどうしても少ないといえる。

　地理分野の「描く」各地域の特色や個性はおもしろいかもしれないが，それだけでは，その地域の「人物」や「民衆」の物語は，見えてこないのである。

　地歴科が登場した当初，学部で「歴史地理学」を学んだ私は，地理の発展を期待した。しかしながら，これはうまくいかなかった，その原因は，歴史と地理双方の教育（担当者）が，自分の専門性に閉じこもり，境界を越えて交流をしなかったからである。当時高校教員であった私は，経験からそのことを感じた。

　このままでは今回新設の「地理総合」「歴史総合」（必履修化）は，さらに拍車をかけるのではないだろうか。いわば，地歴科の解体分割状態が再び高校社会科現場で発生しそうである。将来10年後に，2006年末から2007年に発生した，「世界史未履修問題」（西岡2008）が，再発しないようにしたい。加えて「地理未履修問題」も新たに発生する危険性は十分にあると私は危惧している。今回提示した授業実践である「脱亜論」を教材にすることで，これが避けられるの

ではないかと考えている。

　いずれにしても残念であるが，大部分の大学生にとっては，「中学時代の地理は暗記科目」の印象が多く，「社会科全体」におもしろさを感じられなかったケースが多い。このような状況から，私は特に「世界地誌」をどうすれば「おもしろい」と感じてもらえるかを，今後も考えていきたい。

　とりわけ教職課程の「社会科教育法」や「地歴科教育法」においては，将来中学や高校で社会科教員をめざしている大学生には，地理と歴史に「壁」を作ってほしくない。幸いにも大学では社会科教員免許関連科目として「地誌学」が必履修科目になっている。世界地誌のスタート段階で，「脱亜論」を学ぶことには大きな意義があるといえる。

※本稿は拙著「脱亜論からスタートする世界地誌教育の実践―大学生の感想にみる地歴連携教材の有効性―」『大阪商業大学教職課程研究紀要』第5巻1号，pp. 33-48，2022をもとに加筆修正を加えたものである。

謝辞　熱心にアンケートに取り組み，貴重な感想・意見を回答してくれた大阪商業大学の学生諸君に感謝します。

注
1）小中高で使用される地図帳は文部科学省検定済みの教科書である。
2）私の経験では教職課程を受講する大学生において，公民科免許で高校教員を志望する場合にこの傾向が顕著である。「公民科教員は地歴を教える必要がない」などと平気でいう大学生をみていると，こんな教員に，必修科目という理由だけで「地理総合」を教えられることになる高校生は気の毒である。
3）私は，2006年度末に発覚した「世界史未履修問題」の原因は，地理分野と歴史分野の連携がなかった点であることを指摘した（西岡2008）。これをきっかけに，世界地誌と世界史分野を結びつけた教材の必要性を強く望むようになった。
4）アジア地域に重点を置くことで，学習効果が期待できることは，京都高等学校社会科研究会編1995でも報告されている。
5）当時の世界史教科書で「脱亜論」が登場したのは，私の知るかぎりではこの教科書以外になかった。また近年では「脱亜論」が無署名社説の文章であることから，福沢が直接執筆していないという研究もある（平山2008，2012）。これに反対する立場で安川（2000，2006）が「脱亜論」は福沢自身の主張であるとしている。
6）このときの高校地理での実践や，板書例，受講生の反応・感想は，西岡（1999b）にまとめられている。
7）「七五調リズム」の文章の代表が，福沢諭吉（1869）『世界国尽』である。これは，世界地理の教科書にも用いられていた。当時の，わが国における「ベストセラー」であった（荒木ほか2006，

pp. 56-58)。

参考文献

荒井正剛 2021「おもしろさと学びがいを感じる地理教育を！」『地理』66巻11号, p. 46

荒木一視ほか 2006『小学生に教える地理—先生のための最低限ガイド—』ナカニシヤ出版

京都高等学校社会科研究会編 1995『アジアに強くなる75章』かもがわ出版

寺尾隆雄 2008「日本史授業の中の地図利用—日本史と地理の接点を考える—」『地理教育研究』No. 1, pp. 74-78

寺尾隆雄 2009「日本史教師の眼からみた中学校新学習指導要領（地理的分野）」地理教育研究 No. 4（臨時増刊号）pp. 10-11

寺尾隆雄 2016「景観・鳥瞰図・地図を導入に用いた日本史地歴連携授業の実践」『全国地理教育学会全国大会発表要旨集』第10号, p. 8

寺尾隆雄 2017「新学習指導要領中学校社会科歴史的分野改訂における地歴連携の一考察」『地理教育研究』No. 21, pp. 34-35

土井正興ほか著 1982『新世界史』三省堂

西岡尚也 1999a「新学習指導要領にみる地理教育軽視の方向—高校「地理歴史科」における地理を例として—」『岐阜地理』第43号, pp. 152-156

西岡尚也 1999b「脱亜論からの世界地誌スタート」『地理』44巻8号, pp. 38-44

西岡尚也 2007『子どもたちへの開発教育—世界のリアルをどう教えるか—』ナカニシヤ出版

西岡尚也 2008「高校世界史未履修問題にみる社会科教育の課題—大学生へのアンケートと新聞報道を中心に—」『社会科論集2008　高嶋伸欣教授退職記念』琉球大学教育学部社会科教育講座, pp. 65-77

福澤諭吉 2002『世界国尽窮理図解』福澤諭吉著作集第2巻, 慶応大学出版会

福澤諭吉 2003『時事小言　通俗外交論』福沢諭吉著作集第8巻, 慶応大学出版会

平山洋 2008『福澤諭吉—文明之政治には六つの要訣あり—』ミネルヴァ書房

平山洋 2012『アジア独立論者福沢諭吉—脱亜論・朝鮮滅亡論・尊王論をめぐって—』ミネルヴァ書房

安川寿之輔 2000『福沢諭吉のアジア認識—日本近代史像をとらえ返す—』高文研

安川寿之輔 2006『福沢諭吉の戦争論と天皇制論—新たな福沢美化論を批判する—』高文研

山口幸男 2011「地理教育における歴史的要素の扱いに関する考察—歴史地理の時代の到来か—」『地理教育研究』No. 8, pp. 1-8

第3節　新教科「地理総合」で地球的課題はどう教えればよいのか
—新学習指導要領の「大観し理解する」の考察—

2022年4月から全国の高校で新しく「地理総合」「地理探究」が誕生した[1]。高校における地理分野としては, 40年ぶりの新小教科の誕生であり, しかも「地理総合」は必履修科目となった。高校で地理は必履修科目から約50年間除外（1973年4月〜2022年3月）されてきた[2]。これはグローバル化する現在, 世界的にも高校教育で地理が必履修科目でないのは「異常な状況」であった。いう

なれば日本は「地理教育の途上国」であったが，高校における「地理教育の氷河期」が，ようやく終焉を迎えることとなった。

　この地理総合に関しては，従来地理教育を軽視しがちであった日本地理学会でも，「新ビジョン（中期目標）」で第2の柱に「地理教育の振興」をあげ，「高校地理必修化に対して当学会の果たすべき役割は大きい」とし，「高校地理教育必履修化」の意義を高く評価している（公益社団法人日本地理学会2018，p. 6）

　これに呼応する形で地理総合をめぐる出版も，碓井(2018)，井田(2018, 2021)，大野（2021），宮地（2022），山本（2022），奈良県高等学校地理教育研究会（2022）など盛んである。2022年4月から使用される新しい教科書や地図帳（地図帳も検定教科書）もそろい，これからどんな授業実践が展開されるのかにも注目して行きたい。さらには高校以前の小・中学校における地理教育への関心が高まり，小・中・高における地理教育の連携も，今まで以上に議論されていくことに期待したい。そのことが日本全体の地理教育の発展になる。

　本節では地理教育のテーマ（単元）のなかから，現代社会において最も緊急となっている「地球規模の課題とその解決」に焦点を当て，現行「地理Ａ」と新教科「地理総合」の学習指導要領（目標）を比較し，地理総合の可能性について考察していくことにする[3]。

① なぜ今，地理必履修化に大きな意義があるのか

　いうまでもなく近年の「地球規模の課題」には，気候変動・地球温暖化に象徴される環境問題の深刻化があげられる。そして課題の「グローバル化」に対応できる人材育成のためにも，高校レベルにおける地理教育の必修化は，歴史的必然の結果である。私は地理を高校で学び，大学で地理学を専攻した。そして高校（1981〜2000）・大学（2000〜現在）の教員を仕事とし長年社会科・とりわけ地理教育に関わってきた。この間，機会あるごとに「日本人の世界地図認識欠如の問題」を指摘し，高校における地理教育必履修の必要性を訴えてきた（西岡1999, 2005）。

　とりわけ2006年10月富山県立高岡南高校から発覚した，高校世界史を中心と

する「必修科目未履修問題」は，全国の公立・私立高校663校（10万4202人＝全国高校3年生の9％）に拡大した（『産経新聞』2006年11月23日付）。当時全国の高校数は5408校であるので，663校は実に12.2％を巻き込む大きな社会問題[4]になった（西岡2008）。このときにも「地理を学ばない生徒に世界史を教えることは困難である」という現場の声があった。高校社会科で地理分野の学習をしない「地理的空間認識」が不十分な学習者に，「歴史的時間認識」を教えようとしても，生徒側・教師側の双方に「困難が発生」してしまったのであった。しかしこのような現場の声は注目されなかった。

　皮肉にもこのことは高校社会科分野における，現行（2021年入学生）の学習指導要領が唱える「世界史のみの必修」には，教育現場の実態を顧みなかった文科省の判断ミスが存在したことを証明したのである。今からでも遅くないので大いに反省し，この教訓を今後に生かしてほしい。

　このような「苦い経験」を生かす意味からも今回の地理総合では，何が新たに目標に加えられたのか。そして約50年ぶりに地理が必修科目となる，本当のねらいや意義はどこにあるのか。この点に着目しながら新旧学習指導要領（目標）を詳細に比較してみたい。

2 　学習指導要領の現行「地理A」と新教科「地理総合」の比較
　（1）現行「地理A」の目標にみる「地球規模の課題」の表記
　地球規模の課題にかかわる，現行の高等学校学習指導要領では地理Aにおいては下記のような項目があげられている（波線は筆者が追加）。

> 地理A：2内容，（1）ウ　地球規模の課題の地理的考察
> 　環境，資源・エネルギー，人口，食料及び住居・都市問題を地球的及び地域的視野からとらえ，地球的課題は地域を越えた課題であるとともに地域によって現れ方が異なってくることを理解させ，それらの課題解決には持続可能な社会の実現を目指した各国の取り組みや国際協力が必要であることについて考察させる。
> （文部科学省2012年6月初版，2016年9月改訂版「高等学校学習指導要領」p. 154）

この部分を読めば，地理Aでは，地球規模の課題について，① 環境，②資源・エネルギー，③ 人口，④ 食料および住居・都市問題の4つに着目し地球的および地域的視野から捉えることとしている。また地球的課題は「地域を越えた課題」であるとともに，「地域によって現れ方が異なる」ことを理解させることが大切であるとしてきた。

　そしてこれらの課題解決には「持続可能な社会」の実現をめざした「各国の取り組み」や「国際協力」が必要であることを考察させるとしている。

（2）新教科「地理総合」の目標にみる「地球規模の課題」の表記

　下記は新教科「地理総合」の高等学校学習指導要領（2018年3月告示）からの抜粋である（波線は筆者が追加）。

> **地理総合：2内容，B（2）地球的課題と国際協力**
>
> 　空間的相互依存作用や地域などに着目して，課題を追究したり解決したりする活動を通して，次の事項を身に付けることができるよう指導する。
>
> 　ア　次のような知識を身に付けること。
>
> 　（ア）世界各地で見られる地球環境問題，資源・エネルギー問題，人口・食料問題及び居住・都市問題などを基に，地球的課題の各地で共通する傾向性や課題相互の関連性などについて大観し理解すること。
>
> 　（イ）世界各地で見られる地球環境問題，資源・エネルギー問題，人口・食料問題及び居住・都市問題などを基に，地球的課題の解決には持続可能な社会の実現を目指した各国の取組や国際協力が必要であることなどについて理解すること。
>
> （文部科学省2018年3月告示「高等学校学習指導要領」）

　一見してわかることは，字数は増えたものの基本的な内容には，地理Aと大きな変化はみられない。地理総合でも地球的課題について，① 地球環境問題，② 資源エネルギー問題，③ 人口・食料問題，④ 居住・都市問題の4つに分類している点は，地理Aと基本的には同じである。

　さらに地理総合には，これらの地球的課題解決に「持続可能な社会づくりに

必須となる地球規模の諸課題や地域諸課題を解決する力をはぐくむ科目」（碓井2018，p.154）として大きな期待が寄せられている。

しかしながら，地理Aにも同様な期待はあったはずである。その証拠に，前掲の地理A学習指導要領の目標にも「持続可能な社会の実現」という表記がすでに登場している。

地理教育である以上，空間認識＝「地理的ものの見方・考え方」が，重要になってくるが，これに関しても大きな表記の違いは見当たらない。このように一見すれば地理Aと地理総合は同じ目標のように読み取れる。

しかしながら地理Aにはなかった語句として，各地の課題を「大観し理解すること」と表記されている。私は，この「大観し理解すること」の部分に注目したい。これこそ地理総合のキーワードであると考えているからである。

（3）「大観し理解する」という新たな地理教育の領域

従来の地理学・地理教育では地球表面（平面）を部分的に「地域区分」して，その地域（部分）を説明記載するという手法が一般的だった。しかしながら私は，「地球規模の課題」の理解には「地球全体（平面でなく球体）認識」「トータルな地球認識」が必要であるとこれまで主張してきた（西岡2016）。

これまでの地理学・地理教育では「地域区分」[5]にこだわり，その地域を部分的に考察・理解することに固執してきた。しかしながら地球的課題・地球規模の課題は，「トータルな地球認識」＝球体としての地球全体を，全人類が共通認識・理解しなければ議論が進まないのである。これは「宇宙船地球号」概念と同じ空間認識である。

地理総合の学習指導要領「地球的課題と国際協力」で，新たに加えられた「大観し理解する」という目標は，従来の地理学・地理教育の手法である，地球表面を「地域区分」し，部分的に考察する「地理的なものの見方・考え方」とは大きく異なる概念・視点である。すなわち「大観」は，文字どおり解釈すれば，「大きく観察する」「大きく捉える」の意味であり，「地球を全体（球体）として理解する」という意味になる。しかし「大観」は従来の地理学・地理教育用語ではなじみの薄い用語である。どちらかといえば「政局を大観する」など，

世の中の動きを大きく捉えるというニュアンスがある。

　これと似た地理用語としては鳥瞰図や俯瞰図で使用されてきた「鳥瞰」「俯瞰」がある。これは文字どおりの意味として，鳥の視点で上空または高所から「地表を見下ろして描いた地図」という意味である。

　この「俯瞰」に関しては，安倍晋三首相（当時）が好んで用いた「地球儀を俯瞰する外交」を，首相官邸ウェブサイトの特集ページ[6]で公表している。しかしこれは地理学・地理教育の概念からは大きな誤りである。なぜなら地球儀は「地球を俯瞰して作成されたもの」＝教材（地理教材）である。すでに「俯瞰された地球儀」を俯瞰することには意味がない。できれば「地球を俯瞰する外交」に修正するほうがよい。もしくは今回の新しい学習指導要領にしたがって，「地球を大観する外交」にしてもらえば，地理総合の「大観」にも結びつき今後の地理教育のためにも大歓迎である。

　私は，この「大観」をこれまでの地理用語「鳥瞰」「俯瞰」を遙かに越えた，「宇宙からの地球（球体としての地球）を認識する概念」（地理用語）に加えるべきだと考える。

　さらにいえば地球規模の課題は「政治・経済問題」にもリンクしてくる。したがって「（世界政治を）大観し理解する」という切り口で，地理教育がこれまで深入りしなかった政治や経済問題（西岡2007，p. 113）まで，踏み込んだ学習が可能になる。

　具体的な例をあげれば「COP21地球温暖化防止会議（パリ協定）の形骸化」がある（『読売新聞』2018年10月9日付夕刊）。地球環境問題に関しては前トランプ米大統領に象徴されるように，「自国のみの利益優先」では決して解決できないのである。

　すなわち「トータルな地球認識がなければ地球規模の課題は解決できない」ということが，学習指導要領においても認識されたのである。私はこの点を高く評価したい。そして今後の地理教育にこのような「大観し理解する」の概念が浸透することで，将来の人類の世界認識や世界観形成に大きな変化が生じることを期待したい。

③ 宇宙からの視点と地理教育教材の可能性

　地理学は天文学ではない。したがって「宇宙の始まりと終わり」がどのように考えられ説明されるかという領域は，天文学に任すべきであると私も考える。けれども「地球を大観し理解する」「地球全体を視野に入れたトータルな地球認識」としての「空間認識」は，地理学・地理教育の対象にするべきだというのが，私の主張である。なぜなら今日「トータルな地球認識が形成されないために，地球規模の課題が解決されにくい」という実態がみられるからである。

　私は，このような視点に立って「宇宙からの地球写真」[7]と「宇宙飛行士の言葉」[8]を教材にした講義（授業）を実践してきた。以下はその受講生への「アンケート」と，その感想である（資料1〜4）。とりわけ「宇宙飛行士の言葉」を追体験する教材で学生諸君の世界観・価値観・人生観が大きく転換する「学習効果」が感想には多くみられた（資料3，4）。これらは今後地理総合における「大観し理解する」の教材として有効であると考えられる。

資料1　アンケート（2018年前期「地理学」で，6月12，13日に実施，308人回答）

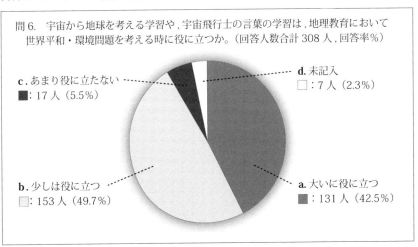

資料2　アンケートの結果（問6をグラフに集計）

問6.　宇宙から地球を考える学習や，宇宙飛行士の言葉の学習は，地理教育において
　　　世界平和・環境問題を考える時に役に立つか。（回答人数合計 308 人，回答率%）

c.あまり役に立たない
■：17 人（5.5%）

d. 未記入
□：7 人（2.3%）

b.少しは役に立つ
□：153 人（49.7%）

a. 大いに役に立つ
■：131 人（42.5%）

資料3　アンケートの回答（問5抜粋）

◎世界中の人間が手を取り合い，美しい地球を守るべきではないかと感じた。
◎一度宇宙から地球を見てみたくなった。
◎地上を視点にしてると，人類の抱える環境問題や国際問題は難しいことのように思えるが，宇宙を視点にしてそれらを考えれば小さな問題に過ぎないと感じた。
◎宇宙から地球を見たとき，ふだん感じないことを感じるのだなと思った。
◎自分たちは本当に小さな世界に住んでいるのかもしれない。しかし私はまだ世界を小さいとは思えないので，自分を大きくしていきたい。
◎地球で生まれたら，上下関係がない一人一人が人間ということだと思った。
◎人と人が争い，肌の色が違う理由で，差別したりするのはおかしいと思った。地球環境を壊さないように少しでも改善していかなければいけないと思った。
◎人間は宇宙船地球号を故障させてしまう原因であるので，早く自己中心的な態度をやめ，他の船員たちと仲良くする必要があると感じた。人間は他の船員に迷惑をかけていることをもっと自覚するべきでだと思う。
◎地球は一つなのに戦争をしてしまってバカバカしいし，自分たちの便利のためにきれいな地球を壊していることが残念だ。環境に対して意識しなければならないと思う。
◎正直きれい事だと思う。ルールを関係なく国々が勝手なことをすると今以上に平和じゃなかったと思う。
◎小さなことに悩んだり，友達とケンカしたりすることがものすごく小さいことに感じた。
◎人間は狭い視野でしか世界を見ていなくて，宇宙という大きな視野で見ると戦争なんてすごく無意味なことなんだと感じた。地球だけの視野だけでなくもっと広い視野を持つべきだと思った。
◎この美しい地球を守り，維持することに共感した。
◎自分が今立っている地球から離れて，地球を外から見ることによって，考え方が壮大かつスケールの大きな視点で見ることができる。
◎宇宙から見た地球は国境なんかないのに人間が勝手に作って，戦争をしているのは本当に悲しいことだと感じた。
◎確かに肌の色などが違っても，私たちは地球人の一人である。しかしその人が育つ環境や教育のせいで，差別やイジメがうまれてしまうのが今の世界である。これを変えるには自分の考えを捨て，全く違う考え方を知ることが大切であると感じた。
◎どれだけ敵対している国どうしでも，もっと視野を広げるとみんな同じ人間だと思った。
◎本当にそう思う。同じ人間同士でどうして争うのか。
◎宇宙飛行士が言っていることは正しい。同じ地球人という言葉はいい言葉だと思う。
◎国境線で区切るのではなく，いろんな国に行ける日が来てほしいと思った。
◎宇宙飛行士ならではの意見だ。地球上で生活する人間は自分が思っている以上に，地球のことを知らないのだということを痛感させられた。
◎地球が生まれ，生命がなかった地球に，76億人が住むようになったのは奇跡である。宇宙には他にもあるかもしれないがたった一つの地球で未だに戦争があることはとても悲しく感じた。
◎地球は宇宙ではたった一つの小さな星に過ぎない。他にこんな星があるのかなと思う。

資料4　アンケートの回答（問11抜粋）

◎これまで地理といったら地図というイメージがあったが，宇宙なども勉強でき役立つことがあると思った。宇宙飛行士の話を聞いて自分のことだけでなく，周りの人のことまで見られる広い視野で生きていかなければならないと思った。

◎地球を見るということを考えたことがなかったが，宇宙から地球を見ると国，国境，文化，宗教などの違いは何も見えてこない。しかし地球上にいるとそういう違いが見える。それは同じ地球人同士が勝手に相手と違う部分を見つけ，それを悪く思ったり嫌がったりする。これはすごくちっぽけな問題である。元々なかったものを作り出した人類はバカげていると感じた。

◎今の世の中は素晴らしい技術があるのに，戦争や金儲けばかりに使って，必要以上の幸せを追求しようとしている。大量生産・大量消費で無駄な浪費をしている。地理学や地球のことを学ぶことで，こういった現状を変えようと思える人を育てていく必要があると思う。

◎世界の広さを知り，地球にとっての人類の存在の大きさを知ることができる。地球上にまだ存在する未知の部分だけではなく，宇宙という途方もない未知が存在するという事実を知れた。世界に対する個人の小ささを知ることができた。

◎これから人生を生きる上で，地理学は役立つと思った。宇宙から地球を考える，宇宙飛行士の言葉を読んで，人間の存在，宇宙から見た地球は非常に小さいということに気づかされた。

◎自分たちが宇宙から見ると本当に，自分たちが思っている以上に小さな存在だと思った。これからも少しずつ地球のことを考えようと思った。また，もっと自分の視野を広げないといけないと感じた。

◎地理学を学んで世界の色々な歴史や国ができた経緯を学べて，以前から興味があったことだったが，さらに興味を持った。今まで日本地理や日本史しかやっていないので世界についてふれる内容に興味を持った。日本はちっぽけで小さな所で，ちまちま過ごしていると思うと，いろんな国へ行ってみたいと思うようになった。

◎地理に対して興味が少しわいている気がするが，これから先のことは「地理学」が役立つとは思っていない。最終的には完全に忘れて，日常を過ごすことになるからである。

◎地球の写真を見てこの星に生まれてきて生きていることが，よくよく考えれば不思議なことなんだと思った。

◎自分が知っている世界は宇宙から見るとものすごく小さなもので，もっと広い視野で世界を見ていきたいと思った。自分という存在は小さなものだと思った。

◎これまでは視野が狭かったと思う。もっと世界に視野を広げていきたい。自分がイライラしている時に，世界でいろんなことが起こっていると思えば，自分はちっぽけだと気づいた。もっと世界が知りたい。もっと世界に飛び立ちたい。

◎私は地球儀や世界地図を見るよりも，実際に宇宙飛行士の言葉を聞く方が心に響いた。どれだけお金を稼いでも宇宙から見れば非常に小さいと思えるようになった。よい経験になったので憶えておきたい。

◎世界はこんなに広いのに，今まで僕が見ていたものが小さすぎて，ちょっと情けなく，笑えてきた。世界のように広い心を持ちたい。

4 まとめと今後の課題

　本稿では，2022年4月から高校地理分野で，40年ぶりに必修科目となる地理総合について，新旧学習指導要領の目標の表記を比較する手法での考察を行った。しかも「地球的課題に限定した目標」の語句表記の比較をしただけである。しかしその結果，地球的課題を「大観し理解する」という新たな視点が盛り込まれていることがわかった。

　私は，この「大観」の視点はこれまでの地理教育になかった「世界観」「地球観」を，新たに人類にもたらすのではないかと期待している。なぜなら地球規模の課題を理解し考察していく基本には「世界地図や地球儀で物事を把握する手法」＝「地理的なものの見方・考え方」が必要である。そして今日最も必要な世界認識は，国家（国益）を越えた「地球市民意識（地球益）」の形成である（西岡2007，p.143）。

　環境問題をはじめとした地球規模の課題解決は，国益よりもはるかに大切で，最優先されるべきである。なぜなら「人類の生存」も「一国の利益」も，突き詰めていけば地球という場所（空間＝自然環境）があるから「私たちの存在」＝「持続可能な社会」そのものが存在可能なのである。この最も根本的なことを，地理教育をとおして私たちは再確認しなければならない。

　「宇宙から見た地球写真（映像）」「宇宙飛行士の言葉」の教材化には，まだまだ課題も多い。しかし2022年4月から全国の高等学校で必修科目となる地理総合には，このような役割があることを考えることが大切である。この講義（授業）は，まだ試行段階であり今後さらなる工夫・改善が必要である。皆様からのご感想ご指摘を頂戴したい。

　※本稿の内容は，全国地理教育学会2018年度中国四国支部大会（於：香川大学教育学部，2018年7
　　月15日）で，口頭発表したものを骨子として加筆修正まとめたものである。

　注
　1）高校では2022年から，「地理総合」と，選択科目「地理探究」の2教科が新設されるが，ここ
　　　では必修科目となる地理総合に焦点を当てて考察する。
　2）1973年4月〜2022年3月までの約50年間を意味する。この間には一部の高校では「選択科目の

地理」が存在したしたものの，わが国では成人（ほぼ60歳以下）の年齢では，大部分が高校時代に地理を学ばなかった，地図帳にもふれなかったことになる（西岡2014, p. 57）。

3）高校における地理関連科目には，このほかに現行「地理B」，また新教科の「地理探究」があるが，ここでは単位数・内容が比較的近いと考えられる地理Aと地理総合を比較して検討する。

4）当初文科省は「未履修者の卒業は認めない」とし，補習を強行しようとしたが保護者・受験生からの猛反対を受けた。そしてこれを苦に自殺した校長も出た。最終的には補習は軽減され，未履修者も卒業が「超法規的」に認められた（西岡2008）。

5）「地域区分」および「地理区」という概念は，地理学の本質上きわめて重要な地理学独特なものである（日本地誌研究所『地理学辞典』p. 454, 1973）。

6）「地球儀を俯瞰する外交」https://www.kantei.go.jp/jp/feature/gaikou/index.html（首相官邸・特集ページ）には，これまでの，のべ訪問国・地域：145カ国，飛行距離：地球32周とある（2023年1月23日閲覧）。

7）宇宙からの写真／映像に関しては，NASAのウェブサイト，およびISS（国際宇宙ステーション）関連のYouTubeを紹介し，その写真や画像を抜粋し教室での教材として使用した。https://www.nasa.gov/topics/earth/overview/index.html（NASA Live）などのウェブサイト。

8）宇宙飛行士の言葉は，過去の宇宙体験者が発した言葉を4つのテーマに分類し，合計40人分の言葉から抜粋したもの（西岡2018）をプリントにし教材として配布した。

参考文献

井田仁康編 2018『教科教育におけるESDの実践と課題―地理・歴史・公民・社会科―』古今書院

井田仁康編 2021『高校社会「地理総合」の授業を創る』明治図書

碓井照子編 2018『地理総合ではじまる地理教育』古今書院

大野新ほか編 2021『地域と世界をつなぐ「地理総合」の授業』大月書店

奈良県高等学校地理教育研究会 2022『地理総合の研究』帝国書院

宮地秀作監修，鈴木斎彦ほか 2022『新しい高校教科書に学ぶ大人の教養　地理総合』秀和システム

山本晴久 2022『高等学校「主題」と「問い」でつくる地理総合』明治図書

公益社団法人日本地理学会 2018「新ビジョン（中間報告）2018年2月3日」新ビジョン・タスクフォール委員会作成，常任理事承認，p. 6

西岡尚也 1999「新学習指導要領にみる地理教育軽視の方向―高校「地理歴史科」における地理を例として―」『岐阜地理』第43号，pp. 152-156

西岡尚也 2005「手書き世界地図にみる世界地図認識の課題―地理教育の視点から―」『琉球大学教育学部紀要』第67号，pp. 35-49

西岡尚也 2007『子どもたちへの開発教育』ナカニシヤ出版，p. 13

西岡尚也 2008「高校世界史未履修問題にみる社会科教育の課題―大学生へのアンケートと新聞報道を中心に―」『社会科論集2008』琉球大学教育学部社会科教育講座，pp. 65-77

西岡尚也 2014「総括：地理で学んでほしいこと」『新地理』第62巻2号，pp. 57-58

西岡尚也 2016「宇宙からの地球認識をどう教えるのか―宇宙時代の地理教育における地球認識の考察―」『沖縄地理』第16号，pp. 99-106

西岡尚也 2018「宇宙からの視点と地理教育―宇宙時代の世界認識形成を考える―」『地理教育』47号，pp. 68-74

文部科学省 2014『高等学校学習指導要領解説　地理歴史編（改訂版）』

第4節　私の考える社会科教育論
―何のために社会科を教えるのか―

① 「高校世界史未履修問題」と社会科教育の課題
―大学生へのアンケートから考えてみた社会科教育論―

　2006年10月末,富山県立高岡南高校から発覚した高校世界史を中心とした「必修科目未履修問題」（図2-10）は,またたく間に全国の公立・私立高校,663校（10万4202人＝全国の高校の3年生9％）に拡大し,大きな社会問題となった（『産経新聞』2006年11月23日付)[1]。全国の国公私立高校は5408校であるので,663校は実に12.2％を巻きこんだことになった。

　同様に世界史以外の必修科目（芸術,保健体育,情報）の未履修[2]や,中学校における技術・家庭でも未履修（国語・数学に変更）が次々に露呈してきた（『朝日新聞』2006年11月7日付)。極端なケースでは,使わない教科書を買わせて「組織的に隠ぺい」する悪質な例（『東京新聞』2006年10月27日付）や,オーストラリアへの「修学旅行の参加（7日間）」で世界史B（3単位＝1年間分）を履修認定していた例（『毎日新聞』2006年10月31日付）も報告されている。

　このときに驚いたのは「…大学受験に関係ない教科は教えなくてよいと考えていた…」という高等学校長や県教委教育長の弁解である。高校と県教委は「虚偽の内申書作成＝公文書偽造」に共謀して関わってきたのであった。

　これに対して当初,文部科学省は学習指導要領の「法的拘束力」を持ち出し,厳格な補習の実施を主張した（『読売新聞』2006年10月28日

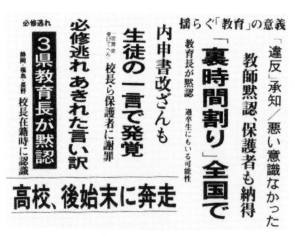

図2-10　未履修問題を報じる各紙見出し

付夕刊)。その後は「未履修高校生の救済」と「補習のあり方」についての方向に問題の中心が向けられた。けれども文科省は最終的には現場の反対（および特定政党の圧力・介入）に屈し，補習時間は大幅に軽減され，形骸化された（『産経新聞』2006年11月2日付）。

　これは一方で学習指導要領の「厳格さ」を理由に「日の丸・君が代」を，現場にもち込もうとする，同じ文科省の姿勢と大きく矛盾している（佐藤1997，松原2006）。いずれにせよ学習指導要領そのものの「無責任さ」「不平等さ」を暴露しただけでなく，教育行政全般への信用・信頼を大きく失墜させ，社会全体に不信感を残す結果となった。

　しかしながら「何のためにその教科を学び・内容を教えるのか」という教育の本質にせまる議論は，ほとんどされなかった。今回の事象は，特に高校の社会科分野（地理歴史科・公民科）との関連がある。これに関わってはすでに渋沢（2006a）や，高嶋（2007）で報告されている。私は以前に，学習指導要領の世界史必修（＝地理教育軽視）問題を報告した（西岡1999）こともあり，これら一連の問題を「何のためにその教科を学び・内容を教えるのか」を検討するきっかけにしたいと考えている。小稿ではこのような流れの中で，当時筆者が講義内で実施した。大学生へのアンケートをもとに，当事者である学生諸君の考えを明らかにしながら課題を考察したい。

② アンケートの実施と結果

　私は2007年4月，「世界史未履修問題」の渦中にいた新入生が入学したのを契機に，右記の内容のアンケートを実施（対象は新入生に限定せず，4～5月に実施）して150名の回答を得た。

　予想していたように，大学生はこの問題に関心が高いことがわかる（約90%＝「ある」「少しはある」の合計）。彼らが考える責任の所在は，高校（82人）が最も高く，次いで政府（67人），入試制度（42人）が続く。補習に関しては同情からか「気の毒だ」（55%）という意見が最も多かった（図2-11）。

　具体的な「意見」については次のようになった。以下は代表的な意見（抜粋）

3．この問題に関心はありますか？		5．責任はどこにあると思うか？　※複数回答	
ある	57人（38.0％）	政府〈文科省〉	67人（44.7％）
少しはある	76人（50.7％）	都道府県	36人（24.0％）
全くない	17人（11.3％）	高校	82人（54.7％）
		入試制度	42人（28.0％）
		受験生	3人（ 2.0％）
		その他	6人（ 6.0％）
4.出身校ではこれまで未履修問題があったか？		6．「補習」で苦労したことをどう思うか？	
あった	16人（10.1％）	当然である	19人（12.7％）
なかった	129人（86.0％）	気の毒だ	83人（55.3％）
その他	15人（ 3.3％）	しかたがない	41人（27.3％）
		その他	7人（ 4.7％）

図2-11　アンケート用紙（上）と結果（下）（回答150人）

である。なお，このうちで補習を受講したのは，未履修のあった高校出身者で2007年3月高校卒業生である。

（1）未履修が「あった」高校の出身者の主な意見

■受験生には何も知らされずに，高校側で「問題ない」と言っておきながら，後になって「未履修なので補習します。」と言われた。そして，私たちはセンター試験前に補習を受けさせられた。その結果，大変あせらされて苦しんだ。過去の先輩たちは補習をやっていないのに…，不公平だと思う。（学年，性別：出身／1年男子：佐賀県）

■文部科学省の大臣，その他の政府・行政の役人たちが何を考えているのかわか

らない。政府や役人が信じられない。補習は気の毒だ。（1年男子：茨城県）

■政府と文部科学省がきちんと直接指導して，調査をするべきだ。補習はしかたがない。（1年女子：岩手県）

■センター試験に必要な科目を重点的に勉強することは，高校や受験生には当然のことである。もし私が世界史を勉強していたら「センターで使わない科目は無駄だ」と感じていただろう。補習は気の毒だ，何のために勉強するのか…。大学入試がすべてになってしまうような，現在の社会や制度が良くないと思う。（2年女子：鹿児島県）

■高校の授業は大学受験のためだけにあるのではないはずだ。補習は気の毒だ。（1年男子：兵庫県）

■ゆとり教育で授業時間数が減っているのに，受験に必要な科目や範囲は，変わっていないからこんな問題が起きるのは当然だ。ゆとり教育はやめるべきだ。補習はしかたがない。（1年男子：愛媛県）

■政府が求める人材を得るための，「ペーパーテスト」での選抜システムを強要することをやめればいいと思う。未履修は世界史以外に情報の教科でもあった。補習は「運が悪かった」としか言えない。（1年男子：長野県）

■そもそも必修科目が設定されているのは，「これだけ学べば全てがわかる」のでなはく，「せめて最低限これぐらいは知っておいてくれ」といったものだと思う。したがって必修科目は高校ではなく，義務教育（小・中学校）段階で必要なものである。さらに必修科目が「必修」である理由があいまいで説得力がない。受験は「最小の労力」で「最大の効果」をあげようとするのだから，必修科目に労力がかかり，効果が少ないのなら，「未履修」は必然的な結果である。教育全体に対する責任を，政府（文科省）・都道府県（教委）・マスコミを含め，各人が無責任に放り出したような結果に思える。（3年男子：沖縄県）

■学校を指導する政府（文科省）に全責任がある。校長先生の自殺についてはマスコミの報道のしかたにも問題が多く気の毒だ。再発防止には問題を起こした高校側にのみ執着するのではなく，根底にある政府側の課題「なぜその科目が必修なのか？」「入試システムの問題点」を再検討すべきだ。補習は気の毒だ。

（2）未履修が「なかった」高校の出身者の主な意見

■未履修で受験に使う科目だけやっていたら点数が良いのは当たり前，まじめにやった人が馬鹿を見るのはよくない。（1年男子：静岡県）

■私は進学校でなかった。みんな世界史は「やりたくない」といいながらやっていた。当然苦手な人もいて赤点をもらい「落第」した人もいた。社会科の教科は受験以上に，日常生活に必要な科目で「知っていないとまずい」と私は思ってた。日本の大学は，もっと入試を簡単にして卒業を困難にした方がよい。補習は当然である。（1年女子：埼玉県）

■何も悪くない受験生が補習で苦労しないといけないのはおかしい。私が補習を受けなければならなかったら絶対に許せない。正直にいえば入試は入学に必要な学力を見るものであるのだから，受験に関係ない科目は習う必要はないと思う。（1年女子：岡山県）

■補習は当然で厳しくやるべきである。むしろ高校で必要な科目を学べなかったことについて，生徒は「抗議」するべきである。（1年女子：神奈川県）

■公立高校生は入学試験の競争ではかなり不利である。私立と戦うためには未履修は「妥当な判断」だと思う。補習は気の毒だ。（1年男子：兵庫県）

■原因は入試制度にある。例えば理系の生徒は，社会科科目を一つしか必要ないので世界史を選択しないことになる。しかし，入試勉強も大事だが本来の学習目的は，この複雑な社会をこれから生き抜いていく知識を得て能力を培うことである。自国以外の歴史を学ぶことは無駄ではない。入試をもっと簡単にして資格試験（高校入試レベル）にしたらよいと思う。（1年男子：宮城県）

■私はこの問題があるまで高校に「必修科目」があることを知りませんでした。時間割とかは，全て高校が決めているものだと思っていた。（2年男子：沖縄県）

■大学全入時代といわれているのに，多くの受験生が猛勉強をして「一流大」「有名大」をめざしている。そこまで追いつめれば「近道」を見つけようとするの

は当然である。高校で学ぶ意義は，本当に大学に受かるためだけでよいのだろうか。（2年男子：群馬県）

■学力を「点数」「数値」だけでとらえるようになってしまったから，今回のことが起きたのだと思う。「なぜ教育を受けるのか」「どうして教育するのか」このことをもう一度考え直さなければならない。補習は当然である。（2年女子：沖縄県）

■高校を卒業するために何が必要かを，入学時に高校生にしっかりと知らせておくべきである（特に必修科目）。知らせられていない生徒には対処のしょうがない。私自身，高校時代に地歴科では日本史しか学んでいないし，これに何の疑問もなかった。このニュースを聞いた時，初めて世界史が必修科目であることを知った。高校時代には幅広く授業を受ける機会があったのにできなかったことにショックを感じている。世界史を学びたかった。（3年男子：福島県）

■日本社会全体，「バレなければよい」というモラルの低下。（1年男子：長崎県）

■日本史や世界史を履修したからといって，何も変わらない。中学校で一応歴史は学んできた。わざわざ受験で大変な時に補習をしても意味はない。どうせ教師も生徒もやる気はないだろう…。（2年女子：神奈川県）

■受験のためなら，バレなきや「未履修でもよい」と思う。（2年男子：福島県）

■高校2年で世界史Aを習ったが，明らかに中途半端で受験に使えないから，生徒はみんな，何のためにやっているのか？　と考えていた。この問題が発覚したことにより「必修」だったことを知った。遅ればせながら母校に感謝している。何の説明もないと「無駄な授業」と思う生徒も多い。もし世界史を今後も必修にするのなら，
まだ受験に関係ない1年生にしてほしい。（3年女子：大阪府）

■一部だけやらないというのは不公平だ。教育の世界で「ウソ」「虚偽」「不正」「公文書偽造＝内申書」…が生じるような社会はどう考えても，子どもたちに良い影響を与えない。これは大きな問題だ。（1年女子：三重県）

（3）アンケート結果から見えてくること

　当然のことであるが，（1）未履修のあった高校出身者には「被害者」であるという認識が強い。当事者でもあるにもかかわらず「罪悪感」はほとんど見られない。また，その延長で補習についても「気の毒だ」という意見が多かった。私はこれらの学生が，他人事のような反応をしている点が大きな問題だと思う。

　これとは逆に（2）未履修がなかった高校出身者には，不満や不公平感を持つ者が多い。したがって補習についても「当然だ」という厳しい意見が多かった。興味深いのは「高校で学ぶ意義＝受験勉強だけではないはず…」など，全体的には（1）の学生よりも（2）の学生のほうが，今回の事象を客観的・冷静に分析しているケースがみられた。したがっていわゆる有名進学校でない高校出身者のほうが，「良心的」なコメントが多い。

　残念なのは一部に「未解答」「未記入」「答えられない」があったことである。その理由は出身高校（旧担任）から，「母校のことは何を聞かれても一切コメントするな」という連絡があったという。卒業生を「同犯者」にして証拠隠滅をねらったケースである。

　これにより匿名アンケートにもかかわらず「真実」を書けなかった者も何人か存在した。私にはこんな高校の卒業生こそ最大の犠牲者としか思えない。母校に対する誇りや担任への信頼感を一挙に喪失したことだろう。このような旧担任の言葉は，おそらく彼らの今後の人生に「負の遺産」として心のどこかに残存していくであろうと考えられる。

③　補習「軽減」への課題―政党の教育行政への介入

　今回の事象に関して，伊吹文明文部科学大臣（当時）は，「学習指導要領に決めたとおりの授業は受けていただく。各都道府県に厳正に通知するつもりだ」と語り，文部科学省も必修科目を定めた学習指導要領の法的拘束力に沿った厳格な補習の実施，（「必修＝必ずやる意味」「履修＝授業を受ける意味」）を主張している（『読売新聞』2006年10月28日付夕刊）。

決められた時間の補習を受講しないと卒業できないという事態にまでなった。さらにすでにこの時点で合格が決まっていた受験生（推薦・AO入試など）にまで「虚偽履修なら不合格」にする大学まで現れた（『東京新聞』2006年11月1日付）。

　この文科省の見解は，きちんと履修をしてきた高校から噴出するであろう不公平感をおさえる意味から，そして何よりも学習指導要領の「法的拘束力」からも当然であった。けれども11月の段階で，2カ月後の1月にはセンター試験のある3年生受験生には，実際的には不可能なことであった。最大では350時間の補習が必要な高校も出現した（『産経新聞』2006年11月2日付）。

　このような文科省と，受験生とその保護者への対応の板ばさみに苦慮し，茨城県（10月30日）と愛媛県（11月6日）で，県立高校現役校長の自殺という最悪事態が発生した（『朝日新聞』2006年10月31日，11月7日付）。同時にこの間は文科省担当者にとっても，本来無理な補習のあり方について，また違法な卒業認定を合法に認めるという「裏技」をいかにもち出すか，「舞台裏で頭を痛めた＝苦悩の10日」であった（『産経新聞』2006年11月2日付）という。

　文科省内には，緊急的な「安易な措置は学習内容を定めた学習指導要領を形がい化する」という懸念が強くあったが，世論を意識した与党（自民党・公明党）からは「柔軟対応」「特別措置」を求めて圧力を強めた発言が出された。

　森喜朗元首相は「追試や授業の必要はない。世界史の本を読んで論文でも出してもらえばよい」（『毎日新聞』2006年10月29日付）といっている。公明党からも補習時間の上限を70時間からさらに削減するように教育再生委員会へ要求が出された（『産経新聞』2006年11月2日付：図2-12）。

　この背景には，早期解決をはかることで教育基本法改正案審議（当時の安倍内閣）への影響を避けたい自民党と，教育分野で発言力を誇示したいという公明党の思惑があったという（『産経新聞』同上）。明らかにこれは，現行の教育基本法第10条1項「教育は不当な支配に服することなく国民全体に対し直接に責任を持って行われるべきものである。」に違反している[3]。

　この結果超法規的な「補習70回とリポート」「校長裁量で50回程度」という

図2-12　教育内容より優先された特定政党の要望

出所：『産経新聞』2006年11月2日付

救済策が出された（『朝日新聞』2006年11月2日付）。いずれにしてもこれらは，特定政党による「教育行政への不当な介入」である。そして何より，このような介入に屈する形で，学習指導要領の規定を歪めた文部科学省の責任は大きいといえる（高嶋2007，p. 3）。

　特定の政党や政治家の圧力・介入で，教育行政が「公然と変更」されていったという今回の事象は，教育行政が意外にもろく崩れることを，将来にわたって教訓として残す結果になった。

　この点は伊吹文部科学大臣（当時）も「どんな案でも批判を受ける。大変不公平だと思う方が多いと私も思う。現実の行政を預かる立場では，自分の考える筋は通せなかった」と発言していて，矛盾点を残した結果になったことを認めている（『産経新聞』2006年11月3日付）。これら一連の経過は，私たちに「教

育行政と政治介入」を考えさせる，絶好の資料と教材を提供してくれたことになる。社会科教員には，これらの生きた教材を積極的に活用し「教育と政治」の授業を展開してほしい。

4　高校社会科解体＝「地歴科」誕生に問題の本質がある

中曽根内閣時代「社会科」を，戦勝国アメリカから押しつけられた民主教育の旗手として不愉快に感じていた政治家・研究者は，これを解体することで弱体化をめざした（高嶋1994，pp. 68-73）。その結果，政治の力で地理歴史科と公民科が誕生した（高嶋2007）。そして地歴科では世界史のみ必修となり，1994年4月以降地理は選択科目に格下げとなったのである。

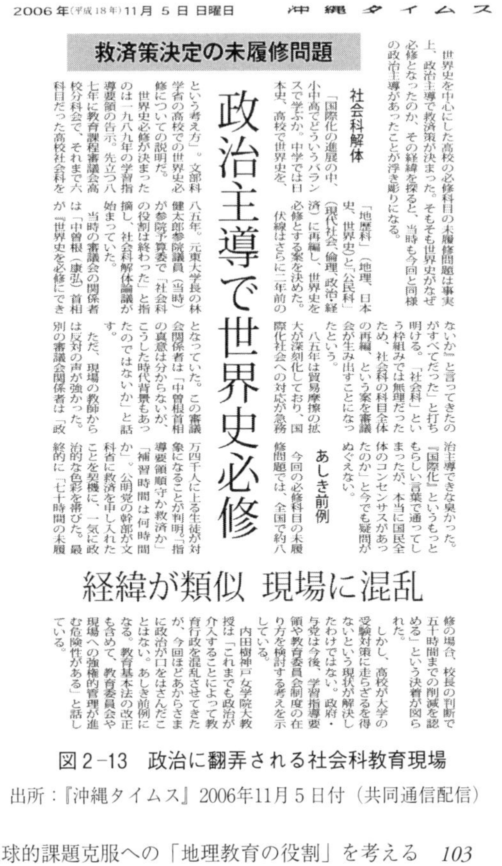
2006年（平成18年）11月5日 日曜日　沖縄タイムス

救済策決定の未履修問題

政治主導で世界史必修

世界史を中心にした高校の必修科目の未履修問題は事実上、政治主導で救済策が決まった。そもそも世界史がなぜ必修となったのか、その経緯を探ると、当時も今回と同様の政治主導があったことが浮き彫りになる。

社会科解体

「国際化の進展の中、小中高でどういうバランスで学ぶか。中学では日本史、高校で世界史を、という考え方」。文部科学省の高校での世界史必修についての説明だ。

世界史必修が決まったのは一九八九年の学習指導要領の告示。先立つ八七年に教育課程審議会高校分科会で、それまで六科目だった高校社会科を「地歴科」（地理、日本史、世界史）と「公民科」（現代社会、倫理、政治・経済）に再編し、世界史を必修とする案を決めた。

伏線はさらに二年前の八五年。元東大学長の林健太郎参院議員（当時）が参院予算委で「社会科の役割は終わった」と指摘し、社会科解体論議が始まっていた。

当時の審議会の関係者は「中曽根（康弘）首相が『世界史を必修にできないか』と言ってきたのがすべてだった」と打ち明ける。「社会科」という枠組みでは無理だったため、社会科の科目全体の再編、という案を審議会が生み出すことになったという。

八五年は貿易摩擦の拡大が深刻化しており、国際化社会への対応が急務となっていた。この審議会関係者は「中曽根首相の真意は分からないが、こうした時代背景もあったのではないか」と話す。

ただ、現場の教師からは反対の声が強かった。別の審議会関係者は「政治主導できな臭かった。『国際化』というもっともらしい言葉で通ってしまったが、本当に国民全体のコンセンサスがあったのか」と今でも疑問がぬぐえない。

あしき前例

今回の必修科目の未履修問題では、全国で約八万四千人に上る生徒が対象になることが判明。「指導要領順守か救済か」「補習時間は何時間か」。公明党の幹部が文科省に救済を申し入れたことを契機に、一気に政治的な色彩を帯びた。最終的に「七十時間の未履修の場合、校長の判断で五十時間までの削減を認める」という決着が図られた。

経緯が類似　現場に混乱

しかし、高校が大学の受験対策に走らざるを得ないという現状が解決したわけではない。政府・与党は今後、学習指導要領や教育委員会制度の在り方を検討する考えを示している。

内田樹神戸女学院大教授は「これまでも政治が介入することによって教育行政を混乱させてきたが、今回ほどあからさまに政治が口をはさんだことはない。あしき前例になる。教育基本法の改正も含めて、教育委員会や現場への強権的管理が進む危険性がある」と話している。

図2-13　政治に翻弄される社会科教育現場

出所：『沖縄タイムス』2006年11月5日付（共同通信配信）

今回の未履修問題のスタートはここから始まると考えられる。本来の社会科では，小・中・高校において地理・歴史・公民の3分野がバランスよく配置され教えられてきた。しかしながら政治主導で世界史必修が強行され，このバランスを崩したことが，重大な社会問題であることを今回の事象は証明したといえる（『沖縄タイムス』2006年11月5日付；図2-13）。

高校社会科教育は歴史科独立をめざす勢力に翻弄され，振り回されてきた（地教研1989）。とりわけ地歴科の必

修科目＝「世界史のみ必修」は他教科に比べて「異質」である（澁澤2006）。今まさにこの改善策が模索され，議論されている（工藤2007）。あらためて「社会科教育の役割」を考える絶好のチャンスが到来したといえる。

⑤ 私の考える社会科教育論（42年間の教員経験から）

社会科は敗戦国日本に，戦勝国アメリカがもち込んだ「新教科」である。したがって，戦前の日本にはない価値観の大転換をもたらした教科である。スタート時点では小中高において「民主主義思想」や「自由・平等の人権」を学ぶ先頭に立つ教科の役割を果たしてきた。別の言い方をすれば，児童生徒を「一人前の社会人に育てる」役割を担ってきた。当時の教師も誇りをもって社会科を教えていた。

しかし時間の経過とともに「社会情勢」に影響され，少しずつ「役割には変化」が起きた。現在では，教師も学習者もこんな「社会科の原点」を忘れてしまったように思う。

高校に限れば，① 1978年からの全国共通一次テストの開始，② 1989年告示の学習指導要領での社会科解体で「世界史必修」そして，③ 2023年からの「歴史総合」「地理総合」「公共」の必履修で教育現場は翻弄されてきた。

私は，1981年4月～2000年9月まで京都府立高校の教諭を経験した。60～70％の卒業生が就職していくなかで，「一人前の社会人に育てる」ための，社会科の役割と社会科教員のあり方を模索してきたつもりである。したがって入試指導というより「教養科目」として「何を教えるのか」が重要なテーマであった。進学校と違う職場での経験が，私の社会科教育論を形成した。

2000年10月大学に転職してからは「教員免許」に関わる科目を担当し，高校だけではなく，小学校・中学校を含めた教職課程の学生を教えることになった。幸いにも大学教員では，2つの職場＝国立大学の教育学部と私立大学を経験する機会を得た。

———◆ ◆ ◆———

ここまで本章で述べてきた第1～4節は，そのような大学生へのアンケート

を読み解く形で，社会科教育論を提案したつもりである。

　大学生の「感想・意見」には，多くのヒントが含まれると考えている。読者の皆様にはそこから何かを読み取ってもらえれば，私としてはたいへんうれしい。また，ぜひとも忌憚のないご意見，ご感想をお聞かせください。

※本稿の一部は，日本地理教育学会2007年度（第57回）大会（2007年8月4日，於：関西大学千里山キャンパス）で口頭発表したものである。アンケート実施には，琉球大学学生の皆様にお世話になった。

注
1）本文中の新聞の引用で日付のみのものは朝刊である。
2）例えば，宮城県の高校では「情報」を教えず「運動不足解消のため」として，「体育」に読みかえていた（『読売新聞』2006年10月28日付）。
3）教育基本法改正案（2006年4月28日）：第3章教育行政の第16条「教育は，不当な支配に服することなく，この法律及び他の法律の定めるところにより行われるものであり…」にも関わり，今回の措置はこの「不当な支配」に該当するといえる。

参考文献
地理教育研究会編 1989『国際化時代と地理教育』古今書院，Ⅱ章：社会科誕生から「解体」まで
佐藤文明 1997『プロブレムQ&A，「日の丸」「君が代」「元号」考―起源と押しつけの歴史を問う』緑風出版
西岡尚也 1999「新学習指導要領にみる地理教育軽視の方向」『岐阜地理』43，pp. 152-156
澁澤文隆 2006a「必修科目未履修問題を考える」『地理』51-12，pp. 10-16
澁澤文隆編 2006b『再発掘・心を揺さぶる地理教材1』古今書院
松原明 2006『2003年～2006年抵抗する教員たちのドラマ，君が代不起立』ビデオプレス
高嶋伸欣 1994『教科書はこう書き直された！』講談社
高嶋伸欣 2007「高等学校未履修問題―歪められた議論を突く―」『地理教育研究会報』415，pp. 2-3
工藤文三 2007「敬遠された『世界史』必修と改革への提言」『社会科教育』573，p. 9

第2章初出一覧
第1節：西岡尚也 2021「核兵器禁止条約（TPNW）と社会科教育―大学生への意識調査と地理教材化への試み―」『大阪商業大学教職課程研究紀要』第4巻1号，pp. 1-21
第2節：西岡尚也 2022「脱亜論からスタートする世界地誌教育の実践―大学生の感想にみる地歴連携教材の有効性―」『大阪商業大学教職課程研究紀要』第5巻1号，pp. 33-48
第3節：西岡尚也 2018「新小教科『地理総合』で地球的課題はどう教えればよいのか―新学習指導要領の『大観し理解する』の考察―」『大阪商業大学教職課程研究紀要』第2巻1号，pp. 1-13
第4節：西岡尚也 2008「高校世界史未履修問題にみる社会科教育の課題―大学生へのアンケートを中心に―」『琉球大学教育学部紀要』第72集，pp. 97-103

第 3 章

道徳教科化時代の社会科教育と道徳教育

［伊藤　裕康］

第1節　道徳授業の質的転換への社会科教育の役割

　道徳の教科化の動きと関わり，中央教育審議会（2014）は，次のように述べる（下線は筆者）。

> 　今後グローバル化が進展する中で，様々な文化や価値観を背景とする人々と相互に尊重し合いながら生きることや，科学技術の発展や社会・経済の変化の中で，人間の幸福と社会の発展の調和的な実現を図ることが一層重要な課題となる。こうした課題に対応していくためには，社会を構成する主体である一人一人が，高い倫理観をもち，人としての生き方や社会の在り方について，多様な価値観の存在を認識しつつ，自ら感じ，考え，他者と対話し協働しながら，よりよい方向を目指す資質・能力を備えることがこれまで以上に重要であり，こうした資質・能力の育成に向け，道徳教育は，大きな役割を果たす必要がある。
> 　このように，道徳教育は，人が一生を通じて追求すべき人格形成の根幹に関わるものであり，同時に，民主的な国家・社会の持続的発展を根底で支えるものでもある。

　平成27年の一部改正学習指導要領「特別の教科　道徳編」でも，平成29年の学習指導要領解説「特別の教科　道徳編」でも同文章は掲載されている。

　阿部・市川・土田・藤川（2016）は，道徳教育の目標を上位で規定する教育基本法及第1条の「教育は，人格の完成を目指し，平和で民主的な国家及び社会の形成者として必要な資質を備えた心身ともに健康な国民の育成に期して行なわれなければならない」を踏まえ，「道徳授業は民主主義社会の担い手を育成することを目的として行なわれるものである」とする。住友（2014）や河野

107

（2011）は，現代社会での道徳教育は，リベラルな民主主義社会を維持し，発展させる働きを担う主権者育成であるとする。これは，「人が一生を通じて追求すべき人格形成の根幹に関わるものであり，同時に，民主的な国家・社会の持続的発展を根底で支えるものでもある」ことに通底する。まず，道徳教育は，「人が一生を通じて追求すべき人格形成の根幹に関わるものであり，同時に，民主的な国家・社会の持続的発展を根底で支えるものでもある」ことを確認しておきたい。

　先の道徳教育の捉えから社会科が頭に浮かぶ人は多かろう。社会科は創設期から特設道徳設置まで道徳教育を主に担った。社会科での道徳的指導のあり方を探った桑原（2015）は，「社会科を市民的資質教育として位置づけたとき，授業実践において道徳的な指導を避けることはできない。それを一切排除した授業実践を想定することは難しい。」とする。的場（2018）も，「子どもの具体的な事例や自分の問題を正面から向き合う社会科の学習では，子どもの中に自然と道徳が生まれ，授業に現れる。そう思わせる授業に出会うことがある。」と述べる。

　平成29年版学習指導要領の設計図といわれた「論点整理」にあるように，教科化は道徳の「質的転換を図る」ことねらう。道徳と関係が深く，民主主義社会の形成者育成を図るため戦後に新設され，教科確立の格闘を長年してきた社会科を補助線に，教科化後の道徳を実のあるものにする手立てを考えてみよう。

① 社会科からみた「考え，議論する道徳」実現の課題

（1）教材開発が求められる「考え，議論する道徳」

　執筆当時社会科の教科調査官だった安野（2006）は，「子どもたちの実態や地域，学校の実情を踏まえ，どのような教材を用いるか。どのような単元を構想するか。どのような学習活動を展開するか。これら，社会科授業づくりが必要なあらゆる要素を，教師は自分の考えで決めていきます。社会科には，そうした授業づくりの専門的な力量が求められるのです。それが，社会科の授業づくりが難しいと言われる所以です」と述べる。安野がいうように，社会科は他

教科と比べて子供の生きる文脈を踏まえ，教師が自主教材開発することが求められる。おそらく，社会科は他教科に比べて自主的な教材開発の蓄積が多いであろう。

　道徳授業が着実に行われるために道徳の教科化がある。その方途に，副読本から検定教科書への位置づけの変化がある。このことで，「子どもの生きた文脈から離れて，教科書通りに授業が進められる」（西野2016）のではないかという危惧を生む。だが，従来から子供の生きた文脈から離れ，副読本通りに授業が進められる状況はよくみられた。今後の教科書活用は，「教科書を読む道徳でなく，教科書から『考え，議論する』道徳へ」（西野2016）と進むことが求められる。教科書が主たる教材というならば，さらに歩を進め，道徳教材の開発まで考えたい。

　教科化は，道徳授業の着実化と質的転換を目的とする。その観点からすれば，筆者は，手法ばかりに関心が向き，子供が深く考える中身の検討が疎かではないかと危惧する。何を考え，何を議論するかが問われるべきである。だが，「子供が深く考える中身は，既に『特別の教科　道徳』の学習指導要領に記述している」と反論されよう。しかし，道徳教育学者の貝塚（2016）は，「『考え，議論する道徳』を目ざし，道徳科の授業が，児童生徒が深く考える「アクティブ・ラーニング」の視点を取り入れた充実したものとなるためには，何よりも教師自身が道徳的な課題に対する「アクティブ・ラーナー」（主体的・能動的な学習者）となることが不可欠」と述べる。さらに，貝塚（2016）は，「『考え，議論する道徳』で求められるのは，教師自身が『アクティブ・ラーナー』として，主体的・能動的に授業するという自覚であり，『意識改革』である」と述べる。子供が深く考える中身の検討は，教師自身が「アクティブ・ラーナー」に成り行くうえで通るべき道だろう。教師自身が「アクティブ・ラーナー」に成り行く最たる道は，自主教材開発である。教育課程企画特別部会（2015）の論点整理も，「従来の経緯や慣性を乗り越え」と強い口調で，「道徳教育の質的転換が全国の一つ一つの教室において確実に行われる」ため，「答えが一つではない，多様な見方や考え方の中で子供たちに考えさせる素材を盛り込んだ教材の充

実」を求める。

「答えが一つではない，多様な見方や考え方の中で子供たちに考えさせる素材を盛り込んだ教材の充実」と聞けば，社会論争問題を教材化した社会科が念頭に浮かぶ。岩田（2001）は，「合理的意志決定を社会科学習の重要な一部とするならば，道徳も視野に入れることが不可欠である。」とし，次のように述べる。

> 道徳教育が徳目を教える教育から脱皮し，本当に生きる力を育成する立場に立つならば，社会科との関係を見直していくことができる。―中略―社会的論争問題が，道徳教育に計画的に配置され，開かれた論議がなされるなら，社会科における合理的意志決定能力の育成の場とほとんど変わらないものになっていく。悩み苦しみながら意志決定をしていくのが人間社会で生き抜くことであることを，子どもにわからせたい。それこそが生きる力の育成である（岩田2001）。

道徳教育でいわれる「教師自身が『アクティブ・ラーナー』として，主体的・能動的に授業するという自覚」は，社会科の不易につながる構えである。創設以来，心ある社会科教師は，「教師自身が『アクティブ・ラーナー』として，主体的・能動的に授業するという自覚」をし，自主的な教材開発を連綿としてきた。

（2）教材の批判的検討をし，道徳授業を構築する構えの必要性

労力が必要な教材開発だけでは，道徳の質的転換は難しい。良質な既存教材の活用や既存教材の改善も必要となってくる。この点における社会科の貢献について考えてみよう。

社会科は，戦前の社会系諸教科（地理や歴史，修身など）が国家に介入されて不幸な結果を生んだ反省に立ち，教科確立を図って来た。的場は，社会科の生みの親と言える重松鷹泰が，子供たちが易々と戦争のほうに行った戦前教育の反省から，社会科では問題解決学習を通して騙されない人間をつくりたいと言い続けていたことを述べている[1]。社会科は，従来から多面的・多角的に考えることが求められてきた。同時に，研究者に加え実践者も社会科とは何か

という論争を長年行ってきた[2]。社会科は，批判的思考による教科構築をしてきた経験がある。

国家介入と係わり，松下（2016）は，道徳教科化の危険性を次のように述べる（下線は筆者）。

> 「道徳」をどのようにして教科にふさわしいものにするかではなく，道徳の教科化にどのように対応すればよいのか，という転倒した問いがすでに生じつつある。たとえば，「道徳の評価とは何か」と問う前に，「道徳の評価をどうすればよいのか」について学校現場は悩んでいるということだ。そのような事態はどのような問題を引き起こすだろうか。―中略―
> 道徳とは何かを問わないまま，この授業研究（NHKが，2014年10月24日放送した「おはよう日本」の特集「道徳　子どもの心どう"評価"？」で紹介された授業，引用者補足）のように評価のやり方ばかりに目を向けると，再びかつての過ちをくりかえしかねない。道徳教育が人間を不当に苦しめる装置（戦前の道徳教育が国家に利用されたこと―引用者補足）にならないようにするためには，「道徳とは何か」を問うことが何より必要である。その問いの探究を欠いたまま教科書や評価を導入すると，道徳科はこれまでよりずっと危険なものになりかねない。

道徳教科化に対する教師や教職志望学生の意識を探った越中（2017）は，「道徳教育でより重要なのは，"教師自身の道徳について学ぶという姿勢"（岩佐，2015，109）ではないだろうか」「問わなければならないのは『教科化のためにどうするか』ではなく，『道徳とは何か』ということではないだろうか」と述べる。

松下の危惧は杞憂といいきれない。道徳教育の現場で，「ねばならない主義」が横行していたからである（伊藤1992a，1992b，1993c，1994a，1994b，1994c，1994d）。「ねばならない主義」は，最後まで読めば答えがわかり考えさせられない読み物資料だから分断提示を試みると，最後まで味わうべきと禁止するという説得力がなくその意味もわからない様々な取り決めが横行し，それへの疑義も呈しない道徳教育現場の風潮を指している。「ねばならない主義」が道徳

の教科化で十分に解消されたかは怪しい。山崎（2016）は，道徳指導に大きな影響力をもつ人物が，学習指導要領解説を虚心坦懐に読まず，ある一文を墨守し，「『ねらいとする道徳的価値』の『達成』への固執」から「硬直した解釈」をし，道徳授業への通念ないし思い込みをもつことを示し，道徳教育の「負の遺産」と指摘する。道徳授業への通念ないし思い込みは，先の「ねばならない主義」と通底する。いまだ，道徳教育現場に，頑迷固陋なうえに時流には安易に乗る指導者の言説に囚われ，本質も考えずに実践する思考停止状態に気づかない状況があるなら，松下の危惧は杞憂といえない。

　山崎（2016）は，『私たちの道徳　中学校』所収の「言葉の向こう」を事例に，読み物資料の批判的分析を行い，以下のように述べる。

> 　つまり，「言葉の向こう」という教材文に提示された一連の「事実」からは，著者や『私たちの道徳』の編者の意図を超えて，例えば「他者への不寛容に対する『寛容』はあり得るか？」という―「言葉の受け手への気遣い」などより，はるかに深刻かつ重要な―道徳的問題が立ち上がってくるのである。
> 　いやしくも「考え，議論する道徳」というならば，教材文に提示された「事実」に関連するこのような問題の広がりを無視するわけにはいかないだろう。

　読み物資料から教科書会社が一義的に規定した解釈以上に多様な考えや価値を読みとる姿勢が，実践者にどれほどあるか。教科化された今，社会科が格闘してきた批判的思考をして教科構築する構えが，道徳実践者に求められる。

（3）諸学問の成果に照らして，教科にふさわしいものにする構え

　教材の批判的分析は徒手空拳では難しい。その際役立つのが，道徳教育に係る諸学問である。この観点から，社会科がいかなる貢献が可能か考えてみたい。

　松下が紹介した授業は，「ブラッドレーの請求書」の翻案である。「家の手伝いをしたたかし君がご褒美に500円を請求したのに対して，看病代や服の選択などをすべて0円とした『お母さんの思いやり』が授業で取り上げられた価値内容であり[3]，その思いやりをどのように評価するかが，教師たちの研究テーマであった」（松下2016）。だが，「この実践では商品交換と純粋贈与の区別が

自覚されないまま贈与が勧められた」ので，子供は好評価を得ようとトイレ掃除や玄関の靴揃えを行った（松下2016）。氏は，同実践を，「贈与が教師との取り引きの材料となり，商品交換の道具として利用された」とする（松下2016）。商品交換と純粋贈与の「混同は社会的に重大な結果をもたらしかねない。現代社会は，商品交換の場である市場の論理が社会全体を覆い尽くそうとしている一方で，贈与（贈与交換や純粋贈与）で成り立っている社会（家庭や友人同士のコミュニティ等）も失われずに残っている。この二つの社会や価値が一緒くたにされると，いわゆる無償の愛や友情が自己利益追求の道具として利用されたり，労働に対して正当な賃金を支払ってもらうことが卑しいことであるようにみなされたりしかねない」（松下2016）。授業で活用した教材が定番なだけに，商品交換と純粋贈与を混同した授業が多く輩出されることは，想像に難くない。

　山崎（2015）も「内容にかかわる諸科学の知見（場合によってはそれ以前の一般常識）が教材に反映されない―しばしば虚偽や偽非科学すら導入される―ことである」と述べる。極端な例に，『私たちの道徳』の小学校5・6年生用に，後世の創作を「伝統」と偽って喧伝された「江戸しぐさ」を，その虚偽の来歴込みで紹介したことをあげる。筆者も，某県全域で使用する道徳副読本改訂作業で，非科学的な教材の問題を感じた経験がある。低学年の副読本改訂作業中に，「勇気」という価値項目で，小さな動物が大きな動物に立ち向かう読み物資料があった。筆者がよくよく調べると，小さな動物は大きな動物の天敵だった。勇気でもなんでもない。この資料を外す意見を付した。改訂作業終了前に県外転出となり編集委員を辞した。改訂後の副読本を見ると，依然掲載されているではないか。まず，このような非科学的な読み物資料があることに驚いた。削除意見を付したにもかかわらず，そのような資料が掲載されつづけていることに，さらに驚いた。虚構でも価値項目を教えやすい教材ならばかまわないとでも思ったのか。もし，子供から，「この話はおかしい」と指摘されたら，どのように答えるのか。

　疑問符がつく教材を活用する道徳への批判は，従来から様々あった。宇佐美（1974, 1984）が代表的である。宇佐美（1974）が批判し，最近でも子供に忖度

を教えさせかねないと話題になった「星野君の二塁打」[4]や，宇佐美（1984）で批判され，2014年度日本道徳教育方法学会シンポジウムでも評価が割れた「手品師」[5]もいまだ定番資料である。これらの資料は，実践者がよほど創意工夫をしないと，実のある「考え，議論する道徳」授業にならない。付言すれば，「手品師」は，教科書になる直前の某社副読本が分断提示をセールスポイントにしていた。だが，「手品師」は，分断は駄目という「ねばならない主義」がいわれたはずである。あれだけ分断するなといっていたのはなんだったのか。道徳の教育現場は,本質を考えず簡単に時流に合わせ転換するきらいがないか。

　松下（2016）は，「諸学問の成果に照らして道徳教育の内容と方法を吟味することが教科化の前提」とする。戦前の非科学的な社会系諸教科を反省し誕生した社会科は，新教科なるがゆえに，「社会科とは何か」と問いつつ，教科確立の営為を営々としてきた。「特別の教科　道徳」では，諸学問の成果に照らして教科にふさわしくする構えを，社会科の営みから学べよう。例えば，歴史授業づくりでは，史実と違った教材化と係わり，「スパルタクス論争」が展開された[6]。道徳を教科として構築する営みの先に，道徳教育と倫理学などとで，このような論争が行われるまでになれば，道徳教育の質的転換は相当図られたといえる。

　（4）「すでにあるもの」から「つくりだすものでもある」という捉えへ

　松下（2016）が，教科化の前提に，「諸学問の成果に照らして道徳教育の内容と方法を吟味すること」をあげたのは，「特定の道徳観を押し付けて人々を苦しめるのでなく，多様な道徳観の存在を前提に，道徳についての理解や省察を深める場合にすることができるようになる」と考えたからである。このことと関わり社会科がいかなる貢献ができるか考えてみよう。

　現代社会の諸問題の解決に資する資質・能力の育成に大きな役割を果たし，民主的な国家・社会の持続的発展を根底で支えるうえで，「現代社会の諸問題に迫る道徳教育」の実現は不可欠であろう。その際，「自分自身も社会に参画し，役割を担っていくべき立場にあることを意識させたり，社会の在り方について多角的・批判的に考えさせたりするような，社会を構成する一員としての

主体的な生き方に関わる教育（いわゆるシティズンシップ教育）の視点に立った指導も重要となる」（道徳教育の充実に関する懇談会2013）。

　2014年度日本道徳教育方法学会は、シティズンシップ教育から道徳教育を「進化」させるための有意義な示唆を得て、道徳教育の枠組みの拡張を図るためのシンポジウムを行った。日本道徳教育方法学会（2014）は、道徳教育とシティズンシップ教育は教育基本法における教育の根本精神において目指す頂を共有し、主体性や社会正義を重視するシティズンシップ教育は、道徳教育といじめ問題でも連携した対処が求められると捉える。また、「『市民』を育てるということと『国民』を育てるということとの間には、単純な言葉の違いを超えた意味があるのではないだろうか」（日本道徳教育方法学会2014）とした後、「国民」を育てる道徳教育は、市民性や公共性、民主主義という重要な概念を「すでにあるもの」として捉え、「市民」を育てるシティズンシップ教育は、それらの重要な概念を「つくりだすもの」と捉える（日本道徳教育方法学会2014）。

　従来道徳教育を推進して来た者の多くが、市民性や公共性、民主主義という重要な概念を「すでにあるもの」としてだけ捉えるなら、「つくりだすもの」でもあるという捉えへと拡張すべきである。「すでにあるもの」としてだけの捉えでは、「自分自身も社会に参画し、役割を担っていくべき立場にあることを意識させたり、社会の在り方について多角的・批判的に考えさせたりするような、社会を構成する一員としての主体的な生き方に関わ」（中央教育審議会2014）れず、「児童生徒に特定の価値観を押し付けようとするものではないかなどの批判」（中央教育審議会2014）に十分応えられないからである。

　「すでにあるもの」という捉えで道徳教育実践が可能なのは、「社会のルールやマナー、人としてしてはならないことなど」だろう。それさえも、「これらの指導の真の目的は、ルールやマナー等を単に身に付けさせることではなく、そのことを通して道徳性を養うことであり、道徳教育においては、発達の段階も踏まえつつ、こうしたルールやマナー等の意義や役割そのものについても考えを深め、さらには、必要があればそれをよりよいものに変えていく力を育てることをも目指していかなくてはならない。」（中央教育審議会2014）。

「よりよいものに変えていく力」の育成は，「つくりだすもの」でもあるという捉えが必要である。現代社会と関わりつつ生きる個人としてのあり方に関する公共性形成の問題，道徳的な視点からの地球環境問題解決への取り組みという問題，民族・宗教対立が絶えない国際社会で多元的な価値への寛容さを育成するという問題などの現代社会の諸問題の解決に資する資質・能力育成に大きな役割を果たし，民主的な国家・社会の持続的発展を根底で支える道徳教育に迫る際，「つくりだすもの」という捉えは不可欠である。さらに，「自分自身も社会に参画し，役割を担っていくべき立場にあることを意識させたり，社会の在り方について多角的・批判的に考えさせたりするような，社会を構成する一員としての主体的な生き方に関わる教育（いわゆるシティズンシップ教育）の視点に立った指導も重要となる」（道徳教育の充実に関する懇談会2013）ならば，「つくりだすもの」という捉えは，なおさら必要である。「つくりだすもの」という捉えは，社会科教育では，「提案する社会科」などで培われて来ている。

「国民」を育てる道徳教育と「市民」を育てるシティズンシップ教育という道徳教育側の捉えも，問題をはらむ。グローバル化が進み，日本に居住するのは「国民」だけではない。国籍をもたないが社会を共に形成する人々は，増えはしても減りはしないだろう。これらの人を埒外に置いてよいのか。社会科は，グローバル化が進む社会のあり方に関わる研究の蓄積が一定程度ある[7]。

（5）当事者性の育成を図って「現代社会の諸問題に迫る道徳教育」の実現を

「すでにあるもの」から「つくりだすものでもある」という捉えに拡張する際に問われるのが，「つくりだす」その当事者である。この観点から社会科がいかなる貢献ができるか考えてみよう。

梶原（2011）は，「戦後『修身』が『社会科』に統合されたことの，本当の意味が見事に」「1冊のなかに先取りされている」（丸山1982，p. 325）[8]とされた『君たちはどう生きるか』を読み解き，「おじさんが視座転換を随時促すことで，コペル君の他者認識が行為（道徳）に連動しうるように，『教育』が進められていた。ここに，『科学と生活との結合』の具体的内容，道徳教育と社会科教育が統一された具体的な姿形を見出せる。これは，丸山が指摘するように『知

育』に対置される『道徳教育』でもなく『客観的な科学的法則を教えこめば，それがすなわち道徳教育にもなるというような直線的な考え方』でもなく，認識形成と行為（態度）形成とを統一する道徳教育である。」と述べる。「視座転換を随時促すことで，コペル君の他者認識が行為（道徳）に連動しうる」ことは，当事者性をもって物事を考えることである。なお，「当事者」とせず「当事者性」としたのは，当事者しか「差別の痛みは被差別者以外はわからない」という主張には十分に応えられず，学習者が非当事者とされかねないからである（伊藤2010）。当事者性なら，すべての人がもつことができる。視座転換を図る学習は，当事者と当事者性を峻別し，非当事者とされる者の当事者性を深め，当事者と意識していない潜在的な当事者（飯牟礼2007）の意識化も図る学習である[9]。

　「特別の教科　道徳」では，「『読み物道徳』」から脱却し，問題解決型の学習」が求められる。柴原（2015）は，道徳授業での「問題解決的な学習」を「① 道徳的（道徳上の）問題を，② 自己の問題として捉え，③ その解決を目指す学習であり，④ 道徳科の目標の実現やその時間のねらいに資する学習」と規定し，先の①〜④が1つでも欠ける学習は，「問題解決的な学習」とはなり得ないとして，この4点を道徳授業での「問題解決的な学習」の成立要件とする。

　では，道徳的（道徳上の）問題とは何か。貝塚（2016）は，「将来の社会を予測することが困難である社会において，社会の変化を受け身で対処するのでなく，自らの人生を切り開き，よりよい社会の実現と幸福な人生を創り出していくことが切実な課題であることは間違いない。そしてこれは，児童生徒だけでなく，教師自身が自らの生き方として向き合わなければならない道徳的課題でもある。」と述べる。しかも，道徳科設置の理由は，「答えが一つでない課題に対して道徳的に向き合う『考え，議論する道徳』へと『質的転換』を果たし，道徳教育の充実を図ること」（貝塚2016）であった。ならば，答えが1つでないそれなりの応えしかない現代社会の諸問題は，紛れもなく道徳的課題である。

　荒木（2016）は，伊藤（2010）を踏まえ，「考え，議論する道徳」において「考え議論するに値する問題」設定を検討し，「読み物資料を中心とする教材の吟

味と批判的な検討こそが，子どもの生活と教材との距離感を縮めていく作業，すなわち当事者性を高めていく作業であり，教材研究の本質である」とする。そして，荒木（2016）は，「今こそ，道徳の指導において『教材を教える』ことからの脱却をはかり，『教材を通じて社会道徳的な問題を私たちが解決していく』という当事者性を意識した道徳の授業づくりが大切になってくる。」とする。

② 「特別の教科　道徳」に求められる多面的・多角的な考察とは

　現代社会の諸問題を考える際，一面的な捉えでは問題の本質を捉えきれず，多面的・多角的な考察が求められる。吉野（2021）は，「多面的・多角的」が，「平成27年度の『教科化』に際して学習指導要領に盛り込まれた，『考え，議論する道徳』にふさわしい学びの特徴を示すキーワードである。」と述べる。教科化された道徳授業では，多面的・多角的に考えることが求められているのである。

　文部科学省は，「平成29年改訂の小・中学校学習指導要領に関するQ&A（道徳に関すること）」の「問11.（小・中学校）物事を多面的・多角的に考えるとはどういうことですか」について，以下のように答えている（下線は引用者）[10]。

> 　児童生徒が多様な感じ方や考え方に接し，多様な価値観の存在を前提にして，他者と対話したり協働したりしながら考えることです。物事を多面的・多角的に考える学習を通して，児童生徒一人一人は，価値理解と同時に人間理解や他者理解を深め，更に自分で考えを深め，判断し，表現する力などを育むのです。こうした指導のためには，物事を一面的に捉えるのではなく，児童生徒自らが道徳的価値の理解を基に考え，様々な視点から物事を理解し，主体的に学習に取り組むことができるようにすることが大切です。なお，実際の指導にあたっては「多面的」と「多角的」は必ずしも明確に分けられるものではないため，道徳科の学習指導要領及び解説においては，「多面的・多角的」とひとくくりで説明しています。

この説明は，問いに満足に答えていない。中黒で「多面的」と「多角的」を結ぶ以上，両者は不即不離ではあろう。だが，必ずしも明確に分けられないなら，多様とでもすればよい。2つのタームを使うなら，区別しないとおかしい。

　「考え，議論する道徳」実現に向けた学習のポイントを，文科省教科調査官の浅見哲也が，『教育技術　小五小六』4月号の特集で具体的に答えるとして，「浅見哲也教科調査官に聞く！　道徳授業の組み立て方のポイント」が小学館ウェブサイトに掲載されている（2019年3月31日配信）[11]。そこでは，次のように述べられている。

> 　「多面的・多角的」に考えるためには子供同士や先生との対話，教材の登場人物との対話など，様々な「対話」が求められます。
> 　そして，重要なのはその価値を実際の生活や人間関係とリンクさせて意識付けることです。「この意見はどんな考え方か」「誰と誰は同じで，誰とは違うか」など，対話や意見の違いを整理して板書にまとめましょう。価値理解だけでなく，人間理解や他者理解が進み，「多面的・多角的」な視点へとつながります。

　浅見の言説は立場になって考えることで，社会科なら「多角的」に考えることである。「多面的に考える」ことはわからない。「学習指導要領解説は『多面的・多角的に考える』学習の方向性が示されているが，『多面的・多角的』の定義自体は明記されていない。」（鈴木2019）ように，「多面的・多角的に考える」ことの文部科学省側の説明は完全ではない。これは道徳に限らない。伊藤（2019b）は，平成29年度学習指導要領小学社会第4学年内容2の飲料水の内容には，重要な人口減少社会下の持続可能な水道事業の視点が欠落することを指摘した。民主主義社会科下の教員は，学習指導要領に対しても批判的に考える姿勢が必要である。

　まず，「多面的・多角的に考える」対象は何かの検討が必要である。素直に平成29年の道徳科学習指導要領の目標を読めば，「物事を多面的・多角的に考え」とあり「物事」となる。だが，「道徳的諸価値についての理解を基に」が文章の前にあり，道徳的諸価値と無関係ではない。これを教師用指導書の発問

例から検討した吉野（2021）は，「多面的・多角的思考を巡らせるべきは『価値』そのものではなく，価値をめぐる付随的条件（価値をめぐる感じ方や自分の経験）としての『物事』」と結論づけた。続けて，吉野（2021）は，価値をめぐる付随的条件としての「物事」だけに多面的・多角的思考を行うことの危険性を指摘する。

> むろん，こうした条件の考察は価値理解を深めるためには有益である。しかし，価値そのものへ向かう思考の次元が排除されてしまうならば，道徳的価値は所与として無批判に受容されてしまう危険がある。こうした帰結が，道徳科が掲げる「考え，議論する」側面と相いれないことは明白である。

多面的・多角的な考察対象は，物事と価値の両方という立場に立ちたい。

道徳教育の有力な研究者の田沼（2016）は，「多面的・多角的」を，「複眼的な物の見方や推論から俯瞰的に捉えることである」「物事を一方向からだけでなく，多様に捉えることである。」，一見すると同じ円だが，円柱，円錐台，円錐，円を想定でき（田沼はこれを多面的とする），円柱も上・下から見ると円に見え，正面に立つと長方形に見え，転がすとドラム缶のように見える（田沼はこれを多角的とする）と述べ，「大本の一点からあちらの視点こちらの視点へと手を伸ばしながら全体像を構成すると説明できる。」とする。氏の説明は，多面的・多角的考察とは何かに全く答えていない。考察対象が「価値」なのか「物事」なのかを判別しようとする意識さえもない。

雑誌『道徳教育』722号の特別企画である野村（2018）の「『多面的・多角的』について整理する」は，手元の資料からの「多面的・多角的」の整理に役立つ情報提供であり，先見の言説に考察を加え整理してはいない。まず，教科調査官浅見哲也の「『多面的』とは学習対象が様々な面を持っていることを意味しています。『多角的』とは学習対象を様々な角度から考察し，理解することを意味しています。」を紹介する。この説明は，多面的・多角的とは何かが全くわからない。

つぎに，元道徳教科調査官の赤堀博行（帝京大学大学院教職研究科教授）の著

書『「特別の教科 道徳」で大切なこと』(2017) から紹介する。

> 「多面的」とは、「親切思いやりを例にすると、親切を様々な側面から考察し、理解することを指します。例えば、親切な行為が大切であること、実現が難しいこと、親切にできないこともあることなど、親切を様々な側面から見て考えることを、また、親切にする側、親切にされる側から考えることを、「多面的に考える」と説明されています。
>
> 「多角的」とは、中心となる道徳的価値（今の例で言うと「親切、思いやり」）と、関連する道徳的価値との関連を持たせて考える、と説明されています。例えば、親切な行為に関連して、行動に移す「勇気」、支えてくれた方々への「感謝」などの一定の道徳的価値から関連する他の道徳的価値に広がりを持たせて考えさせることです。

赤堀の「多面的に考える」は、中心となる道徳価値そのものの様々な側面からの考察と、立場をかえた考察である。「多角的に考える」は中心となる道徳的価値を他の道徳的価値と関連させて考えることである。赤堀の捉えは、「多面的・多角的に考える」ことに正対する。ただ、中心となる道徳的価値を教員が選定するのはよしとしても、それに拘泥し子供の多様な声が拾えず、中心となる道徳的価値を子供が所与として無批判に受容してしまわないかと危惧される。

最後に野村 (2018) は、道徳教育の有力な研究者である永田繁雄（東京学芸大学教職大学院教授）の「多面的・多角的」の捉えを、次のように紹介する。

> 多面的とは一つの考えや価値観を掘り下げること、多角的とは、自分の選択肢、主張を明確にすること、といった捉えを講演でお話しされています。
>
> 道徳的価値をボールに例えると、「多面的」は、子どもがボール（道徳的価値など）を外側から見て、その多面性を考え、深める、ということです。「多角的」は、子どもがボールの内側に入り、自分と道徳的価値を結びつけながら、生き方を考え、自分の選択をする、ということです。この考えによれば、多面的思考、

多角的思考のどちらを意図するかで，発問も変わることになります。

　現場で影響がある永田の捉え[12]を，いま１つみてみよう。永田（2019）は，「『多面的』思考と『多角的』思考を分ける発想も大事」とし，次のように述べる。

　社会科で従前より言われてきた視野に立つならば[13]，次のような区分が可能です。

　「多面的」な思考を促す発問…理由や原因などを「分析的」に見ることができる発問。例えば，主人公の気持ちや行為の意味を明らかにしようとする発問など。

　「多角的」な思考を促す発問…自身の意見に基づき「選択的」にアプローチできる発問。例えば，自分だったらどうするか，どのように考えるかを大事にした発問など。

　永田（2022）は，多面的思考は主に「みとめあい」とし，分析的思考とする。「主に，一つのことがら（道徳的価値など）について，見る立場を変えたり，多くの人の見方を生かしたりして，対比させ合い，深め，掘り下げること。」とする。多角的思考は主に「みがきあい」とし，選択的思考とする。「主に，一つのことがら（道徳的価値など）について，自己の考え方の主張や生き方の選択肢について，他の人と対立し議論し合うなどして，より明確にすること。」とする。永田の「多面的・多角的」の捉えは深化しているが，おおよそ，「多面的」に考えるは，物事に関わる考え方や価値を理由や原因などの観点から「分析的」にみて掘り下げることである。「多角的」に考えるは，物事に関わる考え方や価値を自分に引きつけて判断や意思決定することである。注目すべきは，「多面的思考（分析的思考）だけで進める道徳授業は，重い思考に陥りがち」となり，「多角的思考（選択的思考）は子供の意欲をかき立てる。自分事への大きな力になる。」とし，両者を活かしあう問題追求の大切さを指摘した点である（永田2022）。

　道徳教育の権威の一人，押谷（2018c）の現場教員の問いかけるに答える形

式で語った「多面的・多角的」の捉えは，以下のようである（下線は筆者）。

　　まず思考の軸を移動させるスキルを身に付けることが大切だと思います。私は，その軸を対象軸，時間軸，条件軸，本質軸の4つを挙げています。<u>対象軸を移動させるとは，相手の立場に立って考える，第3者の立場に立って考えるといったように対象を変えてその立場から考えるということです。時間軸は，今のことだけを考えるのではなく，このようなことが続けばどうなるのか，前はどうだったかというふうに時間をずらして考える</u>ということです。<u>条件軸とは，もしこのようなことがあるとすればどうなるかとか，このようなことと比較して考えるとどうなるかとか，このことをこの場面に応用するとどうなるかというように，条件を変えて考えていくことです。本質軸とは，なぜ，どうして，と問い続けること</u>です。そのことで思考が深まっていきますし，本質へと迫っていけます。―中略―

　　また，何が多面的で，何が多角的かという話も，よく聞きます。それはだめとかではなくて，一つの見方としてあっていいと思います。ただ，<u>これは多面的，これは多角的と固定的に考えてしまうと，しんどくなりますし，あまり意味がありません。多面的・多角的というのは，多様にという風に捉えられます</u>。それを具体的なスキルレベルまで考えていくことが必要だと思います。<u>多面的と多角的の違いに力点を置くよりも，どうすれば子どもたちがいろいろな考えをだしてくれるようになるかな，という単純なところから考えていただきたいと思います。</u>4つの視点移動っていうのはそのようなところから提案しています。

　押谷の「多面的と多角的の違いに力点を置くより」というスタンスは理解できる。だが，それも両者の違いを了解したうえでのことである。「多様」とすれば授業づくりが不明瞭になる。押谷（2018a）では，多面的・多角的の考察対象は，事象や状況とする。押谷（2018b）では，まず教材から感じたことや気づいたことである直感的思考を大切にし，それを深めるのが思考の軸による視点移動を行う分析的思考であるとして，多面的・多角的な考察を位置づけている。

道徳関係者のなかでも「多面的・多角的に考える」ことの共通認識はない。赤堀，永田，押谷の捉えが，「多面的・多角的に考える」ことに正対しており，授業づくりを考える際に有益と思われる。「多面的・多角的に考察」することに一日の長がある社会科のものの見方・考え方を敷衍し，赤堀，永田，押谷の考え方も踏まえ，道徳での「多面的・多角的に考える」ことを考えてみよう。

　社会科で「多面的に考える」は，社会事象を文化面，経済面，社会面，環境面などと様々な面から考えることである。社会科での「多角的に考える」は，様々な立場に立って考えることだった。このほか，社会科には時間軸や空間軸を拡張して考える，比較して考える見方もある。社会科の発問では，「なぜ疑問」の大切さも常にいわれ，if-then 発問もかねてより位置づけられている。

　以上のことから，道徳で「多面的に考える」を，授業で取り上げる物事とそれに関わる道徳的諸価値を教師と子供が選び出し，道徳的諸価値間の関係（対立，相補など）を掘り下げるとともに，1つの価値がもつ様々な側面から価値を1つひとつ吟味することとしたい。道徳で「多角的に考える」は，授業で取り上げる物事とそれに関わる様々な道徳的価値を様々な立場に立って考え，自分ならどうするかどう考えるかと判断し意思決定することとしたい。そして，この両者を往還して考えることが，道徳で「多面的・多角的に考える」こととしたい。往還のなかで，なぜと問いかけ，価値や物事を比較し，もし○○ならばと仮定して考える。例えば，尊厳死の問題の場合，生命尊重，家族愛，個人の尊厳等という道徳的諸価値があげられる。これらの道徳的諸価値を関連させて尊厳死の問題を考える。さらに，道徳的諸価値の1つひとつ，例えば生命尊重では，生命の連続性，有限性，偶然性という3観点から考えてみる。そして，本人から見て生命尊重とは，家族から見て生命尊重とは，医療従事者の立場から見て生命尊重とはどういうことかと考える。家族愛以降の道徳的諸価値も同様に行う。「多面・多角的に考える」ことに正対した道徳授業は，1時間単位では難しそうだが，複数の内容項目を自ずと扱うことになり，多時間扱いが可能となる。なお，「多面的に考える」ことに重きを置く授業や，「多角的に考える」ことに重きを置く授業があってよいと考えている。

③ 「特別の教科　道徳」の実践上の諸課題と「特別の教科　道徳」に活用す
　　べき社会科の視座

　ここで，「特別の教科　道徳」に活用すべき社会科の視座として，以下の4
点をあげる。

> ① 現代社会に生きる子供達の文脈を踏まえた教材開発
> ② 諸学問の成果に照らして，内容と方法を吟味する構え
> ③「すでにあるもの」から「つくりだすもの」でもあるという捉えへの拡張
> ④ 当事者性をもって答えが一つでない現代社会の諸問題を多面的・多角的に考
> 　えぬくこと

　4視座が，「特別の教科　道徳」を実践するうえでいかなる意味があるか考
察する。なお「特別の教科　道徳」の実践上の諸課題を平成29年版学習指導要
領の設計図といわれた「論点整理」から抽出する。下線は「特別の教科　道徳」
の役割上のポイント，波線は実践上の課題，点線は特設道徳の問題点である（い
ずれの傍線も筆者）。

　論点整理では，「学校における道徳教育は，自己の生き方を考え，a 主体的
な判断の下に行動し，自立した一人の人間として b 他者とともによりよく生
きるための基盤となる道徳性を養うことを目標とする教育活動であり，c『ど
のように社会・世界と関わり，よりよい人生を送るか』の根幹となるものであ
る」とする。つぎに，「このような資質・能力の育成を目指す道徳教育におい
ては，既に学習指導要領が一部改訂され，小学校では平成30年度，中学校では
平成31年度から，『特別の教科　道徳』（道徳科）が実施されることとなってい
る。本『論点整理』が目指す『これからの時代に求められる資質・能力の育成』
や，『アクティブ・ラーニング』の視点からの学習・指導方法の改善を先取り
し，『考え，議論する』道徳科への転換により児童生徒の道徳性を育むもので
あり，道徳的諸価値についての理解を基に，自己を見つめ，d 物事を多面的・
多角的に考え，自己の生き方や b 他者との関わりについても考えを深める学
習を通して，道徳的判断力，道徳的心情や道徳的実践意欲と態度を育てるもの

である」と述べる。

また，「道徳の特別教科化は，① これまで軽視されがちだったと指摘される従来の道徳の時間をe検定教科書の導入等により着実に行われるように実質化するとともに，その質的転換を図ることを目的としている」。そして，「考え，議論する」道徳科への質的転換は，「子供たちに道徳的な実践への安易な決意表明を迫るような指導を避ける余り道徳の時間を内面的資質の育成に完結させ，その結果，② 実際の教室における指導が読み物教材の登場人物の心情理解のみに偏り，③『あなたならどのように考え，行動・実践するか』を子供たちに真正面から問うことを避けてきた嫌いがあることを背景としている。このような言わば『読み物道徳』」から脱却し，問題解決型の学習や体験的な学習などを通じて，f自分ならどのように行動・実践するかを考えさせ，b自分とは異なる意見と向かい合い議論する中で，d道徳的価値について多面的・多角的に学び，g実践へと結び付け，更に習慣化していく指導へと転換することこそ道徳の特別教科化の大きな目的である」とする。

そして，「道徳の特別教科化の目的である道徳教育の質的転換が全国の一つ一つの教室において確実に行われることが必要であり，そのためには，h答えが一つではない，多様な見方や考え方の中で子供たちに考えさせる素材を盛り込んだ教材の充実や指導方法の改善等が不可欠である」と述べている。

論点整理とその補足資料は，道徳の時間が，① 各教科等に比べて軽視されがちであり，② 読み物の登場人物の心情理解のみに偏った形式的な指導でもあり，③ 自分ならどのように行動・実践するかを考えさせず，④ 児童生徒に望ましいと思われるわかりきったことを言わせたり書かせたりする授業であることを，課題にあげる。これらの課題は，既に伊藤が（1992a，1992b，1993c，1994a，1994b，1994c，1994d）で指摘したことである。

問題がある特設道徳を「考え，議論する」道徳科とし，「自分ならどのように行動・実践するかを考えさせ，自分とは異なる意見と向かい合い議論するなかで，道徳的価値について多面的・多角的に学び，実践へと結びつけ，更に習慣化していく指導へと転換する」ことをねらった。平成27年一部改正「学習指

導要領解説　特別の教科　道徳編」でも、「多様な価値観の、時に対立がある場合を含めて、誠実にそれらの価値に向き合い、道徳としての問題を考え続ける姿勢こそ道徳教育で養うべき基本的資質」を養うために、「『考える道徳』、『議論する道徳』へと転換を図る」と明言された。質的転換を図る方向性が、「論点整理」が目指す「『これからの時代に求められる資質・能力の育成』や、『アクティブ・ラーニング』の視点からの学習・指導方法の改善を先取り」している。

　「考え、議論する」道徳には、未来を生き抜くための資質・能力の育成が含意されているといわれる（富岡・光村図書編集部2015）。道徳教育が、現代社会の諸問題の解決に資する資質・能力の育成に大きな役割を果たすには、「考え、議論する」道徳の実現が求められている。

　下記の「特別の教科　道徳」の実践上の課題a〜hと、先の4視座①〜④とを関わらせると、以下のようになる。

> **「特別の教科　道徳」実践上の課題**（「論点整理」の波線）
>
> a：自ら考え理解する主体的な学習者をいかに育てるかという問題
>
> b：他者と議論し他者の考えを認め、他者と共に生きていく学習者をいかに育てるかという問題
>
> c：社会や人生に開かれた学びの保証の問題
>
> d：物事を多面的・多角的に考える学習をいかに展開するかという問題
>
> e：検定教科書を効果的に活用した授業を中心として実質化を図る問題
>
> f：他人事でなく自分事として考える授業をどう実現するかという問題
>
> g：道徳的実践力の問題
>
> h：答えが1つでない教材開発とその展開の問題

　①のように、現代社会に生きる子供たちの文脈が踏まえられた教材なら、当然、主体的な学習となりやすく（a）、他者と議論して考える姿が見られ（b）、社会や人生と関わった内容が取り上げられる可能性が高く（c）、他人事でなく自分事として物事を考える姿が予想される（f）。教師に教材開発の構えがあれ

ば，主たる教材としての教科書という位置づけとなり，効果的な検定教科書の活用を中心とした道徳授業展開が予想される (e)。

②のように，教師に諸学問の成果に照らして内容と方法を吟味する構えがつけば，その姿勢は子供たちにも影響しよう。子供たちも，道徳授業に主体的に取り組むようになると予想できなくもない (a)。諸学問の成果に裏打ちされた内容と方法ならば，社会や人生に開かれた学びにも繋がろう (c)。教師にも子供にも，道徳の学びが効果的なものと感じられ，道徳授業の実質化が図られる (e)。答えが1つでない教材開発をして展開すれば，当然，教師が諸学問の成果に照らし，内容と方法を吟味することが求められる (h)。

③は，問題eを除く他の問題が関連する。教師が「すでにあるもの」から「つくりだすもの」でもあるという捉えをもち合わせれば，子供たちは何事かを「つくりださせよう」として主体的な学習となろう (a)。他者と議論して考える姿も見られ (b)，社会や人生と関わった内容が取り上げられる可能性が高くなる (c)。道徳的価値を多面的・多角的に学ばないと解決も覚束なくなる (d)。子供たちが何事かを「つくりだす」のだから，自分事として物事を考える姿が現出される (f)。以上のことより，子供たちは道徳的な判断を迫られる (g)。

④のように，答えが1つでない現代社会の諸問題を，当事者性をもって考えぬければ，当然，社会や人生と関わった内容が取り上げられ (c)，多面的・多角的に考える学習となり (d)，他人事でなく自分事として物事を考え (f)，主体的な学習となりやすい (a)。答えが1つでない教材故に，子供たちは判断を迫られ (g)，他者と議論して考える姿も見られる (b)。答えが1つでない教材開発とその展開問題hは，④とストレートに関わる。

以上，「特別の教科　道徳」に活用すべき4つの社会科の視座は，「特別の教科　道徳」の実践上の諸課題と関わり，諸課題の解決に資することが予想される。

※本節は，伊藤裕康2019「道徳教育の質的転回と社会科教育」『道徳性発達研究』13巻1号の一部を削除し，②を加筆したうえで修正し，改稿した。

第2節　質的転換を図る道徳授業実現のための教科書教材の批判的検討

　副読本から教科書となり，教科書教材の重みはました。教育現場は，教科書どおりに授業をすることがほとんどであろう。まず，教科書教材の批判的検討が必要である。教科書教材の批判的検討の必要性は道徳に限らない。伊藤・山城（2020）は，中学校社会科地理的分野の教科書で大きく取り上げられるストロー現象が必ずしも起きているとはいえないことを，授業で検証した。数は少なかろうが，不適的な教科書の箇所は他にもあるかもしれない。大切なのは教科書を批判的に検討する姿勢の有無である。社会科を研究する者は，戦前の誤ったことを教えて不幸な結果を生んだことを反省し，学問の成果を踏まえた教材の観点から教科書を批判的に検討する姿勢を多かれ少なかれもっている。

　2021年6月に参観した教育実習生（以下，実習生）の授業での教科書教材が不適切と思えた。だが，指導教員も参観教員も感じていなかったことで，筆者は，「『道徳』授業は授業である」という言明が，教科化後も不成立であると感じた。同教材を活用した授業を検討し，不適切な教科書教材があることを示したい。

1　実習生の授業参観から抱いた道徳授業への疑問

（1）教育実習生が使用した教科書教材のあらすじ

　実習生の道徳授業で使用したのが，N社4年生の教科書教材「決めつけないで」である。「決めつけないで」のあらすじは，次のとおりである。

　毎年6月に学習発表会が行われる。今年は，げきをすることになった。話す時に言葉につまり，あまり人前で話すことがないちさとが主役をやりたいと言っているようだ。わたしとよう子は，「主役は無理だよね。」と言い合う。だが，放課後，ひたいに汗をにじませて何度も練習するちさとの様子を見たわたしは，初めから無理と決めつけていたことを恥ずかしく思う。次の日の役を決める話し合い，ちさとは立候補した。教室に驚きとともに「無理だよ。」という声があがる。わ

たしは、「ちさとさんが一生懸命練習していたことを知っています。ぜひ主役を
やってほしいです。」と発言し、ちさとに決まる。げきの練習が始まり何日かた
ち、ちさとがセリフをすらすら言えるようになった。最初は絶対に無理と思って
いたみんなも、「これなら大丈夫。」と思えるようになる。わたしは、ちさとをす
いせんしてよかったと思った。

（2）教科書教材「決めつけないで」に抱いた疑問

　同教材を一読し、すぐに幾つか疑問が浮かぶ。例えば、ちさとはなぜ主人公
を演じたいと思うようになったのか。ちさと以外に主人公を演じたいと思う子
供はいなかったのか。なぜ「他に主人公を演じたい人はいませんか」と教師は
聞かないのか。そもそも、普段のちさとを見ていて無理と思うことは悪いこと
か等々である。「公正、公平、社会正義」の観点からおかしいと思う点もある。

　「決めつけないで」は、タイトルから「決めつけてはいけない」ことを学ぶ
ことが容易にわかる。子供たちを「おやっ」と思わせる、「なぜだろう」と思
わせる意図は微塵もない。社会科では、著名な実践家の有田和正と長岡文雄と
が、問題が「切実になる」ことと「切実である」ことの違いで論争したように、
子供に問題を押しつけたり、無造作に与えたりしない。さらに、教科書冒頭に
「公平な態度とは」という投げかけがあり、「あなたは、仲のいい友達だけでな
く、誰に対しても同じ様に接する事ができていますか。」とある。タイトルや
この投げかけから、指導書冒頭に掲載したねらい「『わたし』の気持ちの変化
を考えることを通して、誰に対しても偏見をもつことなく、公正、公平な態度
で接しようとする態度を養う」ことに気づく子供もいよう。小学校道徳教科書
8社中4社に、この類の問いかけや目当てがあった。通常の授業なら、すぐに
考えさせたいことや調べさせたいことを示さない。子供が考えてみたい、調べ
なくてはと思う手立てをとって課題提示する。この点も、他教科との違和感が
ある。

（3）今は、「『道徳』授業は授業である」といえるのか

　実習生の授業を参観し、伊藤（1992b）で述べた「『道徳』授業は授業である」

が，いまだ実現できていないのかと思った。伊藤（1992b）では，次のように述べた（下線と番号は筆者）。

> 「道徳」の授業は授業である。何を当たり前のことで言われそうだが，そうとばかりとは言えない。私は昨年度より宝飯郡（現豊川市，筆者補足）道徳指導員となり，多くの授業を見させていただく機会が与えられた。そして，以前より思っていたことをさらに強く思うようになった。それは，「道徳」の授業が国語や社会科などの教科の授業とかけ離れていることである。授業なら，何をおいても子どもを伸ばすことをめざさなければと思う。ところが，「道徳」の授業では，次に挙げるようなことが一般的に行われている。
>
> ① ・子どもに多様な価値に気づかせるのでなく１つの価値の感得を迫ろうとする。
>
> ② ・子どもの思考が深まってきても途中で切ってしまう１主題１時間主義への固執。
>
> ③ ・資料の適否も考慮せずに一定の理論で展開しようとする姿勢（例えば，「価値の類型化」を馬鹿の一つ覚えの如く，どんな資料でも用いようとする）。
>
> ④ ・資料は「徳目」という価値をあらかじめ設定して書かれたもので，主人公の意思決定までも明記されているものがよく使われる。
>
> ⑤ ・子どもに考える場を与えたいと資料を切って提示する（例えば，主人公の意思決定の場面を切る）ことを嫌い，否定する。しかし，その理由は定かでない。
>
> ⑥ ・終わりはとにかく教師の説話でなければといった固定しがちの授業過程観。これらのことはその是非も論じられることもなく，あたかも信仰の如く良いと思われている場合が多い。ここから導き出されることは，ワンパターンの先の読めた授業，子どもが教師の先まわりをして，教師の言ってほしいことを答える授業の現出である。ここには，子どもが教科の学習で抱く「おやっ」「なぜだろう」という思いはうかがわれない。「道徳」の授業は授業であるという立場に立てば，このおかしさに気づくはずである。

伊藤（1992b）では，この後，（１）資料は常に教師が選ぶのか，（２）問題

はいつも教師が与えていいのか，（３）いつも板書づくりを教師だけでしてよいのかと問題提起し，３点に応える伊藤自身の道徳授業実践を紹介し，「『道徳』の授業を授業と見る中で，当たり前と思ったことが疑問となる。この疑問を解く営みが研究授業であり，道徳授業の改善につながっていくと思う。」と述べた。

　教材「手品師」の分断利用が某社教科書のセールスポイントだったように，教科化され「考え，議論する道徳」がいわれ，先の道徳授業のおかしさの幾つかは改善されたと思える。多面的・多角的に考えるといわれるので，①と④は以前より改善されたかもしれない。問題は，なぜあれほど⑤をいいつのり今はいわなくなったかである。明確な説明がされたのか。道徳授業を授業らしくするには，その点こそ大切と思える。だが，後述するようにいまだ道遠しと思える。

[2]　**教科書教材「決めつけないで」を活用した授業の検討**
（１）教師用指導書が想定している授業

　ねらいは，130頁に示したとおりである。教師用指導書での導入は，「あなたは仲のいい友達だけでなく，誰に対しても同じように接することができていますか。」と発問する。予想される子供の意見は，「誰に対しても同じように出来ていると思う。」「仲の良い人とあまり仲の良くない人では少し違うかもしれない。」である。ここでは，「『公正，公平』についての経験を振り返らせることで，教材を自分自身との関わりで考えられるようにする。」ことをねらう。

　指導書の発問のように，「仲のいい友達だけでなく，誰に対しても同じように接することができていますか。」と問われ，大人でも「出来ています」と応えられる者がどれだけいよう。そもそも，仲のよい友だちと仲のよくない友だちを同等に扱うべきか。いつでも扱うべきといわれれば，おかしいと誰しも思うだろう。仲がよかろうが悪かろうが，同様に接しないといけない事案がある。そのときは，公平，公正が求められ，同様に接しなければいけない。この点がおさえられていないと，出来もしない非現実的なことを子供たちに求める授業

になる。

つぎに，「『ちさとさんには主役は無理だよ。できないに決まっているよ。』と言った時の『わたし』は，どのような気持ちだったのでしょう。」という発問1がなされる。子供から「ちさとさんは話すときに言葉につまったりあまり人前で話をすることがないのに，どうしてやりたいのだろう。」「できるはずがない。」という意見が出ることが予想されている。そして，「誰に対しても分け隔てなく接することの大切さを知っているにもかかわらず，いざとなったら『できないに決まっている』と言ってしまい，公正で公平な態度を取れない弱さをもっている『わたし』に共感させる。ちさととの日頃の様子から『できるはずがない』と考えている『わたし』の思いについて考えられるようにする。」ことをねらう。

「わたし」が「ちさとさんには主役は無理だよ。できないに決まっているよ。」と言ったことは，指導書がいうように，公正で公平な態度を取れない弱さか。ちさとのように話すのが苦手な仲のよい友だちが主役を演じたいと言ったとき，「わたし」が無理と言わずにすぐに応援したなら，それはいえよう。だが，そのような設定はない。多くの者が，「わたし」のように「無理だよ。できないに決まっているよ。」と言わないか。ここでは，まず，誰でもそう言ってしまうことに共感することが求められよう（このことが指導書では弱さに共感といっているようではあるが…）。そのうえで，そう言ってしまうのは，本当に物事をよく考えたことか（多面的・多角的に考えているか）と，問い直すのが大切ではないか。そのことと関わり，折角子供から出る意見として，「どうしてやりたいのだろう」を予想するのに，それに係る発問がない。ちさとが，なぜ主役を演じたいのかに関わる発問がなければ，子供はちさとの本当の思いを知る由もない。ちさとの思いを知ることは，公正，公平に主役を決めるうえで大切なことと思える。

その後，「考えてみよう」ということで，「『わたし』が思い切って立ち上がり，手に力を入れてみんなに向かって言えたのは，どんな考えに動かされたからでしょう。」という発問2がなされる。子供から「ちさとさんが頑張って練

習していたことを知ってほしい。」「始めから無理だと決めつけていた自分が恥ずかしい。」「自分が間違っていた。」「ちさとさんを応援したい。」といった意見が出されることが予想されている。そして、「『ちさとさんには主役は無理だよ。』と話していた『わたし』の気持ちの変化をしっかりと捉えさせる。」ことになっている。また、「誰に対しても偏見を持つことなく、公正、公平な態度で接することの大切さを考えているか」ということを評価することにもなっている。

　たしかに、「『わたし』の気持ちの変化をしっかりと捉えさせる。」ことは大切である。だが、それよりも大切なことがないか。学習発表会で演じる主役の配役決めは、主役として適格か否か、適格になれそうか否かを検討し、選出することが、学級会の役目である。仲のよい友だちであろうとなかろうと主人公として不適格かもしれないと思ったなら、たちまちは賛成しかねるのが公正な態度である。また、クラスの構成員なら、平等に立候補の機会が与えられるべき事案である。それゆえ、主役をしたい子供が他にいないのかは大切な視点である。この教材および指導書の展開は、これらのことがすっぽり抜けている。これは大きな問題である。さらに、「わたし」だけの気持ちで良いのか。ちさとの気持ち、クラス皆の気持ちも捉えさせるべきではないか。

　「みんなが『いい劇になりそうな気がしてきた』と話しているのを聞いた時、『わたし』はどんな気持ちだったでしょう。」という発問３がなされる。子供から「あのとき、言えてよかった。」、「みんなが、ちさとさんを応援してくれてうれしい。」、「これからも間違っていることには勇気を出して言おう。」という意見が予想されている。そして、「正しいと判断したときの考え方や感じ方を話し合い、公平に接することの大切さについて考える。」こととなっている。

　「これからも間違っていることには勇気を出して言おう。」という意見は、皆が「無理だよ。だって台詞をすらすら言えないでしょ。」と発言し、それに頷くことを間違いと捉えている。これを間違いとすれば、それこそ「決めつけ」である。日頃、ちさとと接していれば、このような言動は致し方ないことである。見えないところで努力を重ねるちさとを知る私なればこそ、皆の言動には

134

賛成できないのである。このような私たちがもつ弱さや不十分さへのまなざしがなく，優等生的に間違いと断罪することは，道徳の授業展開上，有益なことなのか。

　この後は，教材から離れた展開となる。「友達みんなに分け隔てなく接することが出来たことを思い出してみましょう。どんな考えで接しようとしましたか。」と発問する。子供から「通学路で違うところを通ろうとしていたから，だめだよと注意した。一緒に帰りたかったけど，だめなことだから。」「友達でも特別扱いはいけないと思って，注意した。」といった類いの意見が予想されている。ここは，「公平に接することが出来た経験を振り返り，これからの生活につなげることができるようにする。」ことが目指される。そして，「誰に対しても偏見をもつことなく，公正，公平な態度で接しようとする意欲を高めているか。」について評価する。終末は，「誰に対しても分け隔てなく接することの大切さについて話す。」という教師の説話で終わる。説話の趣旨は，「不公平な態度はともするといじめを生む危険性があることを話す。」というものである。

　ここでも，おかしいと思う点がある。「通学路で違うところを通ろうとしていたから，だめだよと注意した。一緒に帰りたかったけど，だめなことだから。」は，「友達みんなに分け隔てなく接することが出来たこと」なのか。これは，規則尊重や安全確保につながることであろう。また，終末の教師説話は一考を要する。指導書が終末の展開として教師説話だけを例示するなら，説話ができる適切な経験が思い浮かぶ教師はよいが，必ずしも適切な説話ができそうもない教師は，ねらいにあう話を無理矢理適当につくって説話しかねない。そうなると，真実性のない説得力のない，形だけ整った説話になろう。指導書には，教師説話だけでなく，他の展開方法も例示し，複数の手立てを掲載すべきであろう。

　以上，指導書の授業展開は，ねらいにも見て取れるように「わたし」の気持ちしか考えさせていない。多面的・多角的に考えさせる点から問題である。仲のよし悪しに関係なく，いかなるときでも同じように接することを求める展開

で，非現実的な社会に閉じたものになっている。学級会の役割についても考慮されていない。指導書の検討からも，教材「決めつけないで」には問題がある。

（２）「決めつけないで」を活用した先行研究・実践

インターネットで，「決めつけないで」を活用した研究や実践を検索したが，まとまって授業展開が記述しているものはきわめて少なく，後述する磯田（2017）とキッシュ@良質教育情報発信（2021）ぐらいだった。現在入手可能な道徳教育関係の書籍から「決めつけないで」を活用した研究や実践を探したところ，１つだけあったが，取り上げるにたるものではなかった[14]。「決めつけないで」は，あまり研究的に授業実践がされていない教材のようである。

① 学習テーマを子どもから出させた磯田実践

磯田（2017）は，「『決めつけないで』は，児童の決めつけに対する考え方の違いが顕在化しやすい教材であり，決めつけの問題点をテーマにして白熱道徳教室が実現できる」教材であるとして，その選定理由に次の３点をあげる。

> 【価値性】主人公が学級のみんなの前でちさとさんを推薦する動因や影響を考えることでねらいが達成できる。
>
> 【関連性】主役決めという場面設定があり，日常の生活経験を根拠に決めつけに関する考え方が現れやすい。
>
> 【多様性】人前で話すことが苦手なちさとさんが主役をすることに対する多様な考えが出やすく，決めつけの問題点について深く考えられる。

授業のねらいを，「普段の様子のみで他者を決めつけることなく思いや努力を正しく認めることが大切であることがわかり，誰に対しても分け隔てなく振る舞おうとする態度を育てる。」としている。

導入では，決めつけに対する考え方のずれからテーマ設定をする。「『○○さんは足が遅い人』『○○さんは足が速い人』」を例示し，このように人を見ることは決めつけだと思いますか」と発問する。子供から，「『足が遅い人は相手が嫌な気持ちになるから決めつけだけど，足が速い人は相手が嬉しいから決めつけではない』『自分が相手を●●な人と思うことだからどちらも決めつけ』『ど

ちらも事実だから決めつけではない』」といった考え方が出される。そこで、「『今日はどんなテーマで考えたいですか』と発問する。子供から、「『決めつけてなんだろう』『決めつけの何が問題なんだろう』というテーマが出された」。

「決めつけないで」というタイトルが掲げられている以上、子供をゆさぶるにはどうするか。氏は、子供たちのもつ決めつけに対する考え方のずれをもとに、決めつけそのものについて問い直しをさせようとしている。また、子供たちからどのようなテーマで考えたいか問いかけ、131-132頁で伊藤（1992b）が指摘した「（2）問題はいつも教師が与えていいのか」に応える授業展開となっている。

テーマ追求の展開段階では、「劇の主役決めをする学級会において、普段からあまり人前で話すことのないちさとさんが立候補したときに、ちさとさんを主役に推薦した主人公をどう思うか」賛否を問うたようである。これは、指導書で欠落する重要なことである。「ようである」としたのは、板書から見るとそうであるが、授業記録では「ちさとさんを主役に推薦した主人公をどう思うか話し合い」としか記述がないからである。賛成・納得できると反対・納得できないに分かれ、反対意見として、「たとえ努力していても普段の声が小さいなら推薦すべきではないと思う」「劇の成功を考えて主役は大事普段から大きい声で話すべき」「みんなの劇が成功しない」という意見が出された。賛成意見は、「主役になるために努力しているから頑張れば主役だってできるはず」と「やっていない段階で始めから無理だというのはやっぱりおかしいと思う」が出たようである。ここでも、「ようである」としたのは、板書の賛成意見には、「立こうほできないのはダメ」と「思いを認めないと」が書かれているが、実践記録にはないうえに、「やっていない段階で始めから無理だというのはやっぱりおかしいと思う」という意見は板書にないが、実践記録は記載されているからである。

こここそ、氏が、白熱道徳教室が実現できる理由にあげた「児童の決めつけに対する考え方の違いが顕在化しやすい場面」である。ならば、もう少し展開したい。例えば、賛成意見として板書された「立こうほできないのはダメ」は、

先に述べたようにクラスの構成員なら，平等に立候補の機会が与えられるべきことに関わる。これは，「公正，公平，社会正義」の点から大切な意見である。「思いを認めないと」という意見が出ている。磯田がねらいとした「思いや努力を正しく認めること」に迫る意見である。この教材だけからは，「思いや努力を正しく認めること」はできない。なぜなら，ちさとの努力する様子の記述はあるが，ちさとが主役を演じたい気持ちが一切記述されていないからである。だが，展開を見るかぎり，「わたし」については様々考えさせているが，ちさとの思いやちさとがなぜ主役を演じたいと思うようになったのかを考えさせることは一切していない。「ちさとさんの思いや努力を考えないことが決めつけだと思っている」という意見が出ても，それは表面的なものでしかないと思ってしまう。わずか2頁の論稿で，字数が限られ記載されていないだけかもしれない。だが，記載がないことは，氏がそれに重きをおいてないということでもある。

　その後，「ちさとさんの声が小さいのは事実なのに推薦した主人公の『わたし』は決めつけをどのように考えているのだろう」と発問し，小集団で話しあう。その結果「『いつも声が小さいからという見方だけで判断し，ちさとの思いや努力を考えないことが決めつけだと思っている』という『普段の一面的な見方の目で見る』という考えが出された」。そこで，「学級会でちさとさんを推薦することには多くの反対があるはずです。主人公の『わたし』は学級会での決めつけの何が問題だと感じたのでしょう」と補助発問し全体交流をした。その結果「決めつけによって2度と立候補はしないかも」「自分がやりたいと思うことを認められずいじめにつながるかも」という考えが出された。これらは，指導書にない発問である。なぜ決めつけがいけないか，子供たちに気づかせるきわめて大切な発問である。ただし，「自分がやりたいと思うことを認められずいじめにつながるかも」という子供の意見は，検討が必要である。やりたいと思うことはなんでも認められはしない。自分のやりたいと思うことが簡単に認められないのが社会である。とはいえ，認められないといっていじめということにはならない。

テーマを整理し振り返る終末段階では、「普段の一面的な見方だけで決めつけず、相手の思いや努力を正しく認める心をもとに自分自身を振り返」らせている。子供たちからは、「これまで給食を残す人と決めつけていることがあったけれど、努力していることを正しく認めたい」という振り返りがあった。指導書同様「わたし」を軸に展開するが、指導書との違いは「わたし」の言動を検討して吟味する点である。この点で指導書に勝った授業展開である。ただし、ちさとやクラスの子供の立場から考えさせていないのが、課題として残る。

② 多面的・多角的に考えさせる授業プラン[15]

キッシュ@良質教育情報発信（2021）は、『4年「決めつけないで」【公正、公平、社会正義】の指導案はこうする！』というテーマで教材解説をしている。「公正、公平、社会正義」の内容項目で大切にしたい授業のポイントとして、「1つの立場に限定して考えないこと。」をあげる。つまり「『わたし』やよう子の立場で見るちさとを考えたくなりますが、それだけでは不十分」であり、「ちさとの立場や、クラスの友達、先生、ちさとの両親など、教科書に出てきていない人物も登場させ、多くの視点で考えられるようにしましょう。」とする。そして、「それが道徳で求められる『多面的・多角的な見方』」であるとする。筆者も同感である。ちさとやクラスの皆が高まるという向上面や学習発表会の出来栄えという美的な面などの様々な面から多面的に考える。さらに、「わたし」やよう子に加え、様々な人の立場で多角的に考えることは、極めて大切なことである。

つぎに、以下のように、「ゼロベースで考える」ことを提唱する（下線は筆者）。

「そもそも論」で偏見を取っ払って考えてみるということです。
そもそも、「わたし」やよう子の『ちさとには主役は無理』という考えは、間違っているのでしょうか？
　ちさとは、話す時に詰まる、人前であまり話をしない、という特徴があります。うまくしゃべれなかったという姿は、同じクラスの2人はきっと何度も見てき

ているのでしょう。

　ならば，劇の主役なんていう，人前でたくさんのことをしゃべる役は難しいだろう，と思うのは当然の流れではないでしょうか。

　決して2人の考えがまちがっているわけではありません。
まちがっているのは，思考の幅です。

　2人が「ちさとが主役に向いているか」という話題になったのは，ちさとが主役をやりたいと言っているようだ，ということから始まったことです。

　すると，これまでのちさとの姿を見て，能力を勝手に決めて，「無理だ」と結論づけています。

　でも，なぜ話をすることが苦手なのに，主役をやりたいのだろう？　ということには考えが及んでいません。

・苦手な自分を克服したい

・話すのが最近苦手ではなくなってきている

・勇気を出してチャレンジしたい

・考えた末の結論かもしれない

「わたし」とよう子は，上記のような前向きな見方をちさとに対してしていない，思考の幅が問題なのです。

　話をすることが苦手，というのはきっと本人が一番わかっていることでしょう。

　それでも「やりたい」と言っているのには，なにか理由があるかもしれない。

　この「〜かもしれない」が，『公正，公平』の考えでは大切なのです。

　「〜かもしれない」は魔法のコトバです。

　相手のイメージを決めつけず，新しい見方を常にもたらしてくれます。

　だから，相手に対する見方を，これまでの行動や印象で決めつけず，「〜かもしれない」と考えることが大切なのです。

　賛同する点は多い。特に下線部には共感する。「まちがっているのは，思考の幅」という指摘は，「能力を勝手に決めて」しまうことである。筆者の「その上で，そう言ってしまうことは，本当に物事をよく考えていることか（多面

的・多角的に考えているか）と，問い直すことが大切なのではないか。」に通底する。ちさとの立場に立ち，なぜ主役をしたいかを考えさせることが必要なのである。

授業展開プランでは，導入部は次のようである。

> T：友達のいいところを言えますか？
> C：言える。○○○
> T：では友達の苦手なところは言えますか？
> C：○○○
> T：それは，本当に友達の苦手なところでしょうか？
> 勝手に決めつけていることはないですか？
> C：うーん……
> T：今日は，友達の「イメージ」について考えていきましょう。

本当にそれが友だちの実像かと切り込み，子供が「どうかなぁ」と考え込むことを意図した導入である。指導書のように教えたいことをそのまま子供に提示する導入ではない。この後は，以下の発問が並らぶ（番号は筆者が付した）。

> ① 題名「決めつけないで」の後には，どんな言葉が続くだろう。
> ②「わたし」とよう子の考えは間違っているのだろうか。
> ③ ちさとはなぜ，主役に立候補したのだろう。
> ④ 初めから決めつけることは，絶対にダメなのだろうか。
> ⑤ 決めつけないために，大切な考えはなんだろう。
> ⑥ この話で喜んでいるのはだれだろう。
> ⑦ 最初の「わたし」と最後の「わたし」は何が違うだろうか。

②③④は，筆者が疑義を呈してきたことに関わる。①では，考え込ませることを意図した導入が効いてくる。⑤は，物事を多面的・多角的に考える大切さに気づかせるもので，指導書にも磯田にもない発問である。ただし，磯田にはあったなぜ決めつけが駄目なことなのかに気づかせる発問はない。

最後は，「～かもしれない」と相手に対して考え，勝手なイメージで人を決めつけないことで，相手の本当のよさが見えてくるというおさえをしてまとめる。

③　道徳教育の観点からみた「決めつけないで」の問題性

　授業実践を検討し，この教材を素直に読んで活用していては，ねらいにせまることは不可能と感じた。この教材は，ある程度力のある教員でないと展開は困難である。しかも，教員の創意工夫をもってしても，カバーしきれない欠陥がある。道徳教育は，「人が一生を通じて追求すべき人格形成の根幹に関わるものであり，同時に，民主的な国家・社会の持続的発展を根底で支えるものでもある」。そこで，この観点から見た「決めつけないで」の問題性を考えてみよう。

（１）社会に閉じた学びとなる結果オーライの教材

　本教材は，題名から主題がわかり，想定した価値項目に思考を帰着させようとする。そのため，結果オーライの話になる。というより，想定した価値項目に思考を帰着させようとすれば，結果オーライの話にならざるを得ない。

　もし，ちさとが主役を十分に演じられなかったら，いったいどうなっただろうか。ちさとが主役を演じきれそうになければ，クラスの構成員からちさとを推薦したからいけないと，「わたし」は責められたかもしれない。ちさとも皆から能力がないのに立候補するからいけないと責められたかもしれない。場合によっては，いじめの誘発にもなりかねない。教材では，ちさとが主演を演じられそうな様子の場面で終わっている。そのようなことを考える必要はないと反論する者もいよう。だが，これはたまたまうまくいったにすぎない。実際はそうならないほうが多かろう。余分なことを考える必要はないならば，学校知批判を受けるだけである。平成29年度学習指導要領が社会に開かれた教育課程を標榜するにもかかわらず，学校のそれも「特別の教科　道徳」のなかだけで完結していては，生きる力を培うことが可能かといわれてしまう。後述する第3節の木村のように，「学校内道徳を絶対的な価値と思い込む盲目的な態度」

と糾弾されかねない。

（2）民主主義社会の形成者育成に反する教材

　クラスの構成員からちさとを推薦したわたしが責められたり，能力もないのに立候補したとちさとが責められると，どうしていえるか。そうならないかもしれないと思う人もいよう。ちさとに決まる過程を，次のように記述する。

> 　わたしは，ちさとさんがせりふを一生けんめい練習していたことを知っています。ちさとさんに，ぜひ主役をやってほしいです。
> 　初め，みんなはおどろいたようでしたが，わたしのしんけんなようすに気づいたのか，ようやくさんせいしてくれました。

　ちさとの他に主人公を演じたい子供がいないのか。いたならば，わたしのちさと推薦の言葉は，主人公を演じたい他の子供の発言を封殺しないか。ちさとに主役を決めるまでに必要である衆議を尽くして決定する過程がすっぽり抜け落ちる。読み物資料だから，字数その他一定の制限があることは承知している。それでも，主役を決定する過程があまりに粗雑である。この教材は，子供が一生懸命推薦したら，その熱や気持ちに動かされて決めてしまうことを推奨しかねない描き方である。この程度の話し合いで主役決めをする子供たちなら，結果が悪ければ，決定の責任を引き受けずに転嫁しかねないと考えた次第である。
　「公正，公平，社会正義」は，「民主主義の基本である社会正義の実現に努め，公正，公平に振る舞うことに関する内容項目である。」（文部科学省2018）。一定要件を満たす構成員に平等に立候補の機会を与え，そのなかから適任者を選ぶのが民主主義社会の選出方法である。それには，確かに偏見をもたずに適任者を選ぶことは大切である。それゆえ，ちさとを駄目と決めつけないことは大切である。より大切なのはその次にすべきこと，固定観念にとらわれず多面的・多角的に考えて適任者を選ぶことである。多面的・多角的に考えて適任者を選ぶことに関わる話し合いが，この教材を活用して行われるのか。先に検討した先行実践は，1つとして主役選出過程のずさんさを指摘していない。この教材は批判的な検討をよほどしないと，力ある教員でもこの視点をもてず，教材が

もつ問題性に絡め取られかねない。力のない教員は推して知るべしである。ならば，民主主義社会の形成者を育成する教材にならないばかりか，衆愚政治に加担する者を育てる教材になりかねない。授業者は，教科書をバイブルの如く読まず，不適切な教材があり得ると批判的に検討しないと，道徳教育は充実しない。

※本節は，伊藤裕康2021「道徳教育の質的転回に関する若干の考察（1）」『教育研究ジャーナル』14巻1号，pp. 23-32を修正し，改稿したものである。

第3節　道徳教育の問題点の解決と社会科における価値教育の歩み

　平成29年度小学校学習指導要領解説「特別の教科　道徳編」の第1章総説1改定の経緯に，「読み物の登場人物の心情理解のみに偏った形式的な指導が行われる例があることなど，多くの課題が指摘されている」とある。かつての(いまだその可能性は十分ありそうだが)道徳授業が，心情理解のみに偏った形式的な指導となり，自分ならどのように行動・実践するかを考えさせず，子供たちに望ましいと思われるわかりきったことを言わせたり書かせたりしまいがちだったのは，道徳教育が心理主義的になっていることが関わっていよう。

　「心の教育」答申として知られる中央教育審議会答申「新しい時代を拓く心を育てるため─次世代を育てる心を失う危機─」(1998. 6 . 30) では，「道徳教育を見直し，よりよいものにしていこう─道徳の時間を有効に生かそう」という項目があり，「子どもたちの心に響く」という文言が数回出現する。また，「心のノート」の活用が強調されたときもあった。しばしば道徳教育は，「心の教育」と捉えられる。「心の教育」という捉えは，あらゆる社会の問題を個人の心の問題に還元する心理主義を招きかねない。河野（2011）は次のように述べる。

> 心理主義的な道徳観は，道徳的問題をすべて個人の心情に還元する。そこでは，社会のなかの道徳的問題は，個々のふるまいの問題へと矮小化され，その責任も個人化する。道徳性と政治や社会制度，経済の問題とは，無関係であることになる。道徳の教育とは，心理カウンセリングのようなものになってしまうだろう。

　登場人物の心情理解に偏る心情主義の道徳授業が多かったのも（いまだに多いかもしれないが），道徳教育の心理主義的な捉えと無縁ではない。藤井（1989）によれば，心情主義は，子供にとっていかなる「心情」をもつかの自由さがなく，教師によって「主人公の『心情』は立派だと思い込め。そして感激せよ。」と命令されている」「『思い込め』式の授業」となる。藤井（1989）は，「『思い込め』式の授業」は，コトバで言えれば「経験」を適切に構成できる「言語主義」に陥り，主人公の「心情」が感激に値するがゆえに，主人公の行動を生み出した「判断」は検討されずに「判断力」が育たず，子供たちに表裏ある態度や権威主義的なパーソナリティをつけるとする。藤井（1989）は，「『思い込め』式の授業」は，「子どもたちの自律的な，事実に基づいての質の高い判断力を育成することを妨げるばかりか，民主主義社会にふさわしい道徳とは正反対の態度やパーソナリティをつけさせてしまう危険性を潜ませている」と述べる。
　社会のなかの道徳的問題の解決が個人の心がけに矮小化されることは，道徳教育が「民主的な国家・社会の持続的発展を根底で支える」点から問題をはらんでいる。民主的な国家・社会の持続的発展の構築には，道徳性と政治や社会制度，経済の問題とが無関係ではいられないからである。

① 学校道徳のなかだけで完了する社会に閉じた道徳の問題性

　法学者木村草太の「法より道徳が大事か」との問いかけ[16]は，民主的な国家・社会の持続的発展の構築に，道徳性と政治や社会制度，経済の問題とが無関係でなく，社会のなかの道徳的問題の解決を個人の心がけに矮小化すれば問題をはらむことを物語る。氏は，H県教育委員会作成の5・6年生用教材「組体操学校行事と関連付けた取組み」を問題視した。教材のあらすじは，以下のとお

りである。

> 　組体操に熱心に取り組むつよしが，人間ピラミッドの練習中，わたるがバラン
> スを崩したことで骨折する。わたるを許せないつよしに，母親が一番つらい思い
> なのはわたるであること，母親も運動会に出られないのは残念でたまらないが，
> けがをさせた方だったらもっとつらいこと，わたるを許せるなら，運動会に出る
> よりももっといい勉強をしたと思うと語る。「今一番つらいのはわたるくん」と
> いう言葉が心に強く残り，その夜，つよしは，わたるに電話しようとする。

　教材の解説に，「相手を思いやる気持ちを持って，運動会の組体操を成功に
導こう」という目標が示され，「この実践後の組体操の練習もさらに真剣に取
り組み，練習中の雰囲気もとてもよいものになった」という実践報告の記述か
ら，木村は，骨折事故の重大さがまるで語られず，なぜ「骨折ぐらいは仕方な
い。お互いに許して団結しよう」となるのかと疑義を呈する。氏は，一部の子
供がバランスを崩しただけで骨折する状況なら，学校の安全配慮義務違反とさ
れる可能性は高く，民事上なら学校が損害賠償請求の責任は免れ得ず，刑事上
なら教員は業務上過失致傷罪に問われかねないとする。氏は，「困難を乗り越
え，組体操を成功させる」という学校内道徳の話に終始し，学校内道徳が絶対
にして唯一の価値とされ，法は眼中にないとまで言う。中学受験で根を詰める
子や，学外活動を大事に思う子，運動会での晴れ姿を楽しみにする子など，大
事なものはそれぞれの子供で異なる。氏は，そんな子供の個性を無視した骨折
の危険性がある組体操への強制参加を普遍的に説明できる価値はあるか，組体
操以外の安全な競技では得られないのかという疑問に誠実に答える必要がある
とする。氏は，「クラスの団結力を高める」「困難を努力で乗り越える」という
教育目的での組体操の正当化は無理であり，道徳教材には問題意識が微塵も感
じられず，学校内道徳を絶対的な価値と思い込む盲目的な態度は，当然に思い
至るべき疑問をもつこと自体を圧殺してしまうとまで述べる。これは，第2節
の教科書教材「決めつけないで」が社会に閉じた特別の教科道徳の中で完結す
る非現実的なものだったことと通底する。このことから，教科化された道徳授

業では，旧来の道徳授業の弊害が本当に解消されているかを検討する必要があろう。

　氏は，組体操事故を教材にするなら，子供に，「事故の原因は何と思うか」「骨折は，その子からどのような可能性を奪うか」「指導していた先生は，事故についてどのような責任を負うべきか」「学校がいくらの賠償金を払えば，骨折したことに納得できるか」「骨折という重大事故にもかかわらず，組体操を中止しない判断は正しい判断か」「バランスが崩れても，一人もケガをしないようにピラミッドを作ることはできるか」「運動会で組体操を行わせることは，適法と思うか」などの問いかけをすべきとする。このような問いを考えれば，氏は，それぞれが異なる価値観をもっていること，異なる価値の共存のために普遍的なルールづくりが必要であることを学ぶことができると述べる。民法や刑法が，これらの問題にどんな答えを出すのかを学ぶ機会にもなるという。

　同事例から，個人の心がけに矮小化した道徳は，「『思い込め』式の授業」となり，一面的な考え方の教え込みになり，道徳性と政治や社会制度，経済の問題とが無関係となることがわかる。道徳教育が，「民主的な国家・社会の持続的発展を根底で支える」には，「答えが一つではない，多様な見方や考え方」の育成が求められ，道徳的問題を多面的・多角的に考察させることが必要である。

② 社会科における価値教育の歩みから学ぶ

　道徳的問題を多面的・多角的に考察する指導のあり方を考える際，国家に奉仕する国民を錬成するため，価値注入を行った戦前の教育を反省し誕生した社会科の歩みから学ぶことができる。社会科における価値教育のストラテジーについて考察した吉田（2015，2016，2017）に依拠し，先の問題を考えてみよう。

　吉田（2015）は，「理解の社会科」とか「共感的理解科」と呼ばれるものが現行の小学校で広くみられる社会科授業の理念型であるとし，次のように述べる（下線は筆者）。

その価値教育ストラテジーは，工場で働く人（あるいは稲作に従事する人）など可能な限り実在の人物を取り上げ，その生産上の工夫や努力を捉えさせ，更にその根底にある（と授業者や教科書作成者が設定した）利他的な心情・マインド（以下，利他的心情）や仕事に対する公的な責任（以下，貢献的心情）といったものを，共感的に子どもたちに捉えさせようとするものである。何のために捉えさせるのか。子どもたちの社会貢献的な態度，愛郷心・愛国心といったものを生み出すためである。これが，現在最も広く見られる社会科授業（「共感的理解科」）の価値教育ストラテジーの骨格であり，その目的である。

　吉田（2015）によれば，関心・態度の育成を重視した昭和52年版学習指導要領に適合する社会科授業を求めていた教科調査官中野重人の論文「関心・態度の評価と指導をどうするか（9）」[17]が「共感的理解科」誕生の契機である。中野論文は，人々の苦労や工夫を共感的に捉えさせようとせず，社会諸科学の成果を探究的に学習させ，探究力を育成し科学的な知を習得させれば十分という社会諸科学科論を異端とし，苦労や工夫に思いを致し，その底にある心情まで共感的理解させようとする授業こそ，正統的な文部省社会科だと宣言したものであった（吉田2015）。社会諸科学科論は昭和43年版学習指導要領に影響を与えた米国の教育の現代化運動と関わるものであり，先の学習指導要領で強調された知識の精選に応えるものであった。そして，「価値教育を意識した授業構成にすべきだとした」中野論文は，「昭和43年版学習指導要領における社会科において知識の精選と並んで強調されていた公民的資質の育成を目指した授業の具体化という意味合いを持つ」（吉田2015）。だが，「共感的理解科」は，「マインドコントロール的な要素，価値注入的な要素を持って」おり，価値を受容させるための方略に問題があり，「多面的・多角的な視点から社会認識をさせにくいという，社会認識教育としては致命的な結果をもっ」ていた（吉田2015）。

　そこで，価値注入を行わない価値教育に関わる社会科授業が開発されていく。まず，吉田（1986）の「論理整合的・価値整合的意思決定能力育成のための社会科授業」と小西（1992）の「提案する社会科」という「意思決定力育成科」

が登場する（吉田1987）。吉田の「論理整合的・価値整合的意思決定能力育成のための社会科授業」は，「ある選択肢を採ったならどのようなことになるのかを見通す認識力」と「特定の選択肢をよしとするとき，そこにどのような自分の価値（観）が働いているかに気づき，その価値（観）の妥当性を省察する力」を契機とした「いくつかの選択肢の中からより良いものを選ぶ力を育成する」ものであった。「意思決定力育成科」の吉田（1986）には，次の3つの問題点があった（吉田2016）。①「個人の価値の省察や練磨に重点が置かれ過ぎていること」，②「価値葛藤を止揚するステップをモデルの中に組み込んでいないこと」，③「社会に働きかける力の育成が行われていないこと」である。いっぽう，「提案する社会科」は，従来の情報量格差解消を行う授業でなく，意思決定を行っていくことで価値観偏差縮小を図ることを主な学習活動とし，それをするなかで知識も獲得していく（小西1997）。それゆえ，確かに「意思決定力育成科」の範疇に入るであろうが，吉田（1986）と同工異曲かといわれれば，検討の余地がある[18]。

　つぎに，「意思決定力育成科」の吉田（1986）がもつ①と②の克服を意図し，「個人的意思決定力」の育成でなく「社会的意思決定力」の育成を図る社会科授業モデル・授業プランが登場した。

　まず，「当事者間の価値葛藤をいかに解決し，社会や集団として共通の意思決定にたどり着くかという手法を教える」「合意形成科」の吉村（1996）と水山（1997）があげられる（吉田2017）。吉村（1996）は「問題になっている論争問題と似た構造をもちしかも利害関係者の間の対立がうまく調停された事例を見つけだし，それを参考にして生徒に解決策をつくりださせようというものであった。これによって意思決定力育成科が止揚できなかった価値葛藤を解消し共通の価値に行きつかせようとしているのである。」（吉田2016）。水山（1997）は，トゥールミン図式の限定条件を討議活動のなかで活用し，対立した2つの主張を止揚して合意を生み出そうとしたものであった。つぎに，「社会的論争問題が生じたときに，論争の底にある価値葛藤を止揚するための共通最高位価値を子どもたちに醸成しようとする」土肥（2009）などである（吉田2017）[19]。

土肥（2009）は，社会的意思決定を対象化して批判的に思考させるなかで，共通最高位価値を生徒に醸成しようと試みるものである。

　以上の価値教育と係わる社会科の歩みから，「社会的意志決定」という視角の大切さが理解できる。だが，柴原（2015）が道徳授業での「問題解決的な学習」の要件の1つに，「自己の問題として捉え」をあげたように道徳は，個人の価値の育成に主に関わっている。道徳では，「社会的意志決定」も視野におきつつも「個人的意志決定」が中心とならざるを得ない。具体的には，「提案する社会科」の原理である「社会の中の自己」という立ち位置から，道徳的な物事や価値を多面的・多角的に考えることが，道徳教育として現実的な対応ではないか。また，藤岡（1991）が示した社会科教育の「共感から分析へ」という視点は，押谷の直感的思考から分析的思考という流れとも一致する。それゆえ，先のことに加えて，「共感から分析へ」を意識して道徳授業展開していくことも有効な方略であると考えている。

③　従来型読み物教材に巣くう宿痾を打開するモラルジレンマ教材

　従来の読み物教材は，主に1つの内容項目（徳目といってもよい）を習得させるべく構成する。それゆえ，「きめつけないで」のように結果オーライにしてまで1つの内容項目を捉えさせる構成になる。教科書は，このような読み物教材が少なくない。それは，「特別の教科　道徳」のなかだけで完結する社会に閉じた道徳につながろう。木村が述べた学校内道徳の話に終始することになろう。さらに，従来の読み物教材は，エゴと良心の対立が主な構図であり，子供は考え抜かなくても容易に良心のほうを選び取り，良心に紐付けされた特定の価値を捉える（といってもどこまで捉えたか怪しい）。これでは，「考え，議論する道徳」の鍵となる多面的・多角的な考察ができる由もない。これは，特定の道徳的価値を設定し，価値の感得を迫るよう構成した読み物教材の宿痾ではないか。

　そこで，「提案する社会科」と授業観を同じくするモラルジレンマ授業（伊藤1997a）に着目する。市川（2016）は，道徳科への転換を評価し，「議論を主

軸とするモラルジレンマ授業が公的に認められてはこなかったことを踏まえると，子どもの思考及び議論を行なうための指導方法の提唱は注目すべきである」とする。モラルジレンマ授業が一部の熱心な教師に留まるのは，公的に認められなかったことが大きい。中井（2004）は，現在および近未来社会で必要となる道徳教育のあり方をつくり出すモデルに，モラルジレンマ授業を位置づけていた。

コールバークの道徳性発達理論に裏づけられたモラルジレンマ教材は，価値と価値を対立させる。エゴと良心でなく価値と価値の対立であり，子供はどちらがよいか容易には選び取れず，考え込む。どちらの価値を選び取ってもよい。大切なのは道徳性の発達段階を一段階上げることである。また，125頁の「特別の教科 道徳」に活用すべき社会科の4視座が組み込まれたモラルジレンマ教材もある。伊藤（1990）は主に①〜③が組み込まれ，伊藤（2017）は主に①③④が組み込まれる。さらに，モラルジレンマ教材は，117頁の柴原の問題解決的な学習の成立要件では，道徳的価値に関わる葛藤が問題となり（①），資料の登場人物に役割取得させつつ自己の問題として考えさせる（②）。④の道徳科の目標の実現やその時間のねらいに資する学習ともなる。モラルジレンマ授業は答えがない，あるいはなさそうな問題を題材にして解決が容易ではない。そもそも，モラルジレンマ授業は，道徳性の発達段階の一段階上昇を目的にし，答えを出すことを第一義的な目的ではない。では，③の解決はどうなるかについては，宇佐見（1990）のモラルジレンマ批判に，単なる二者択一でなく第3の道も許容し絶えざるジレンマ砕きを示した伊藤（1991a）で答えたい。問題を簡単に解決するのでなく，問題解決すべく絶えず考え続ける子供にすることこそが，「人が一生を通じて追求すべき人格形成の根幹に関わるものであり，同時に民主的な国家・社会の持続的発展を根底で支えるもの」としての道徳であろう。絶えず考え続ける子供の育成は，社会科の初志をつらぬく会（以下，初志の会）の考え方でもある。

初志の会会長の的場（2018）は，「社会科が創設された時期は，社会科は道徳と深い関係があった。道徳が一つの領域として特設され，教科化されていく

過程で，道徳の位置づけの扱いをめぐる論争がなされた。その歴史を忘却の彼方におくことなく，また，その呪縛に縛られることなく，社会科の授業を実践する者は道徳の問題と向き合う必要がある。」と述べる。免許がない「特別の教科　道徳」は，どの教員も教科構築の責務があるが，社会科教員は殊の外あろう。

第4節　私の社会科教育（社会系教科教育）論
—価値観形成を図り合理的意志決定を行う教育を！—

　本章を読み進め，他の章と毛色が違い奇異に思う読者諸氏もいるであろう。筆者の研究・実践分野は，社会科（主に地理教育），道徳，生活科，総合的な学習の時間とそれらの教師教育，つまり社会系教科教育である。筆者の研究・実践の歩みから社会科教育（社会系教科教育）に対する考えを述べつつ，道徳にこだわる理由を述べたい。

　筆者の社会科教育（社会系教科教育）論の鍵となるタームの1つが価値と価値観である。価値と価値観は区別して考えるべきである。自由，平等，正義，人権などの価値（もっとも正義などは時代や地域で違いがありそうではあるが…）は，おおよそ普遍性があるといってよい。価値観は，時代や地域で違いがあり多様性がある。したがって，個々の子供ごとに価値観は変わるものと捉えるべきである。

　教育者が価値や価値観をどう考えるかに関わる原体験を，学部時代にした。図工科教育法の大野元三先生（以下，敬称略）が，シベリア抑留体験談後に，「戦後教育は自主的価値判断ができる人を育てるべき」と話されたことが心に刻まれた。地理教育の権威，榊原康男先生（以下，敬称略）が，decision making（意思決定）という言葉をよく口にされ，HSGPからシミュレーション教材を紹介されたことも心に残った。榊原からの意思決定と大野の言葉から，自主的価値判断に基づき意思決定を行う子供の育成という教育観が培われた。それゆえ，教職に就いた時から，社会科は社会認識形成に加え，価値や価値観とも関わる

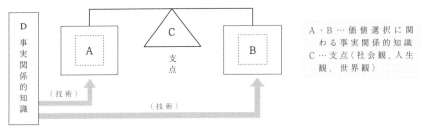

図3−1　社会的考え方を構成する天秤構造（岩田1990）

べきと考えていた。

　小学校教員となった昭和56年は，昭和52年度版学習指導要領下である。昭和52年度版学習指導要領下は関心・態度の育成を重視し，前述したように「共感的理解」科が誕生したときでもあった。筆者の社会科に対する考え方を時代が後押しした。教員となった愛知県三河地方は初志の会の影響が強い。抽出児，座席表，カルテ，子供のこだわり，教師の出という言葉が当たり前のように熱心な社会科教師の口から出た。三河の地で，子供を十把一絡げに見ずに個々の子供を捉える大切さを学んだ。地理学が重視する地域性は，十把一絡げに地域を見ずに地域の特性を捉える点で，個々の子供を捉えることと通底している。後に，職場が広島，香川，埼玉と変わり，その地域の教育にふれる度に，個々の子供を捉える大切さを痛感した。個々の子供の思いや願い，こだわりを大切にすることは，子供の価値観を大切にすることでもある。筆者の考え方は教育風土にも支えられた。

　価値注入を行い特定の価値観を押しつければ教化につながる。子供の価値観を教師の思いで無理矢理変更すれば，社会科の教科理念に反する。偏った価値観の子供はいるが，価値注入を行わない。そんな場合，「社会的考え方を構成する天秤構造」（図3−1）を念頭におきたい。この図は，筆者が大学院時代，社会科教育の権威，岩田一彦先生（以下，敬称略）から学んだ。

　岩田（1990）は次のように述べる。

　　価値対立的な問題を扱うに際しては，価値Ａか価値Ｂかの選択を，豊富な事

実関係知識を背景にもって考えていなければならない。価値選択を行う際に，背景にある知識が大きければ大きいほど，その価値選択は安定したものとなる。この事実関係的知識が小さければ，後に新しい情報が入ってくると，すぐに価値選択を変更しなければならないような状況に追い込まれてしまう。また，子供がいくら大きな事実関係的知識をもっていても，そこから価値選択に必要な知識を引き出してくる技術がなければ意味を持ち得ない。価値選択にかかわる生徒の社会的な考え方は上に示した図（図3-1—筆者補注）のような構造を持っている。

　支点の位置は，社会観，人生観，世界観であり，価値観といえる。価値Aに偏り過ぎる位置に支点がある子どもには，価値Bに関わる事実関係的知識を豊富に獲得するような手立てをとる。子供が主体的に判断して自ら支点の位置を移動するよう支援し，待つ。岩田のもとで概念探究型社会科を学び，意思決定が合理的意志決定[20]へと深まった。修士論文では，価値分析過程の先に予見的知識の育成を図ることを構想し，新たな地域区分による中学校社会科地理的分野のカリキュラム編成を研究した（伊藤1991a，伊藤1993a，伊藤1993b）。予見的知識は筆者の造語である。夢を語らせる授業の必要を痛感し，予見的知識の育成を図る授業を構想した。予見的知識とは，規範的知識を受け，「A，A'すべきである。だから○○したい」という主観的・主体的な知識である（伊藤1991b，伊藤1993a）。主観的な知識とはいえ，夢物語では社会科の授業として成立しない。説明的知識・概念的知識を習得し，そのうえで規範的知識を形成し，その後に予見的知識の育成を図る学習過程をとる。明治図書の雑誌『社会科教育』の編集長だった樋口（1992）が，小西の『提案する社会科　未来志向の教材開発』をあげた後に，「もちろん研究者側のゆさぶり？だけでなく，現場からも問題提起がなされています。本号75ページの伊藤裕康氏のいうような予見知識の育成こそが，これから求められる第3の学力？といっていいのかもしれません。」と紹介したように，予見的知識の育成を図る授業が「提案する社会科」ときわめて似通っていた。筆者はいつしか，「提案する社会科」の実践・研究の輪に加わっていた。1990年代初頭に知識の出力，つまり知識活用を提唱

した「提案する社会科」は，先見的過ぎたがゆえに，一部の力ある熱心な社会科教員への広がりに留まった。

　鍵となる２つ目のタームは，学ぶ意味とか有用性・有意味性，今流行の言葉ならレリバンス（この言葉には，はたして無益でもその人には意味がある有意味性は含まれるのだろうか）である。筆者は，小学校３年生時まで宿題は一切せず，よく教室の後ろや廊下に立たされたほど勉強嫌いだった。そのころ，「なぜ学ぶのか」とよく思った。小学校４年生，担任が社会科の得意な教師になった。折良く父親が車を購入し，家族を様々な旧所名跡に連れていった。それで社会科が好きになり，勉強嫌いもなくなった。社会科関係の書物をよく読むようになり，級友より知識量は多かったが，担任から物知り博士とよく言われた。知識をため込むだけで活用して物事を考えていなかった。そんな経験から，学ぶ意味のある実践や研究とは何か自問自答しつづける。地理が独立科目になれば地理の衰退が防げるという地理科地理的な言説が流行るなか，伊藤（1997b）は，よりよい地域をつくる人の育成に資することで地理の有用性が発揮できるとし，地理的合理的意志決定を行う授業を提案した。

　さて，筆者の小学生時の問い「なぜ学ぶのか」が再び芽生えたのが中学２年生であった。道徳研究指定校になったのだろう。毎週道徳と学級会が始まった。室長の筆者は，意見が出ない学級会の司会に困った。研究公開日だろう。参観者が多数訪れた。誰も発言しない，まずい。筆者は教師が求めていそうなことを発言した。この発言を機に発言が続いた。後日，全校朝礼の校長講話で，よい研究会だと文部省の方が褒めていたことが伝えられた。筆者は何がよい研究会か，教師が求める答えを言うのが道徳授業かと思った。この思いは，他の教員の道徳授業を見るようになっても変わらなかった。このような道徳授業にどんな意味があるのか。教師となり暫くは道徳授業ができなかった。ここから抜け出したい一心で研究を始めた。ここまでで，筆者が道徳にこだわる理由が，おわかりいただけたであろうか。

　最後に，社会科教育（社会系教科教育）の課題を述べて終わりとする。

　１つ目は，社会科教育（社会系教科教育）の思想性に関わる問題である。環

境教育の先達でもあった榊原は，米国が世界に先駆け法制化した『環境教育法』を米国の戦略と断じた。榊原は，ソ連のトビリシでの環境教育政府間会議に出席した際，ホテルに盗聴器がないかと気をつけた話もされた。また，「この社会にはダークなものがある。『めでたしめでたしの社会科』ではいけない。」とよく説かれた。マッキンダーの地政学も榊原から知った。伊藤（1997a）の「もう一つ児童館はどこに作るか」では，子供たちが自説を通そうと合従連衡して戦略的思考をする。榊原（1970）では，「地理教育のねらいの中に広い意味での思想性を備える必要はないか。すなわち，単なるイデオロギー的なものではなく，正しい自然観，的確な国土観，理想と現実を適切に踏まえた世界観などの基盤をなすものを求める必要はないか」と問うた。さらに，榊原（1978）は，「これからの地理教育は広い意味での思想性を持ち説得力を発揮するものでなければならない。すなわち『考える地理学習』，『考える能力の身につく地理学習』であり，日本人が刻々と変化する諸条件に対応しながら永久に生き抜くための知恵を育てるために役立つものでなければならない。地理的知識は，もともと生活の知恵として生まれたものである。したがって，生活の知恵に結びつかない地理的知識は，単なる知識にとどまってしまう。」と述べる。社会科教育（社会系教科教育）は，主体的な思想性が弱くないか。

　2つ目は，社会科教育（社会系教科教育）の研究・実践姿勢に関わる。学部で，高名な農業地理学者の松井貞雄先生（以下，敬称略）に，学問は実証の科学という立場でレビューワークとフィールドワークの手ほどきを受けた。実証主義は，松井の師の伊藤郷平先生から続くものである。広島文教女子大学時代，地理学論文を執筆する必要があり（結局執筆の必要がなくなり，執筆しなかった），従来から気になっていた広島菜を調査したことがある。当時，フードシステムを主題にする社会科教育論文はなかったので，地理学論文に加え，社会科教育研究論文の執筆も構想していた。聴き取り中，ある広島菜生産農家で，あなたのように聴き取りに来てほしいが，某大学附属教員は電話で訊くだけだとの嘆きを聞いた。小学校9年と中学校5年の教職経験と教科教育研究で得た知見による筆者の子供理解と現地調査で得た知見から，広島菜でフードシステムを主

題とする授業は困難と考え，授業プランの提案も慎んだ。後日，先の某大学附属教員が，筆者とほぼ同じ問題意識による授業実践を論文にした。附属の子供はよほど程度が高いのかと思った次第である。

　レビューワークを徹底的にしたうえで現地に赴き，明確になるまで調査する学部での地理学教育を受けた筆者にとっては，教育研究はレビューワーク不足であり，場合によってはフィールドワークも不足すると感じている。レビューワークについては，現場にはその発想さえないうえに，流行に流されるきらいがある。研究者側も誰かがしたことを言い換えて提案をしたり，国内の教育現場で実践され埋もれてしまったことを海外の研究として紹介したことはなかったのか，と思える。

　最後に，現時点での筆者の社会科教育（社会系教科教育）観を述べて終わりとする。社会科教育（社会系教科教育）の使命は，社会的論争問題に対して絶えず合理的意志決定を行おうとする子供を育成することである，と考えている。

注

1) 社会科 NAVI（小・中学校　社会）Vol. 1，2012，https：//www.nichibun-g.jp/data/education/shakaika-navi/shakaika-navi001/（2019年 2 月26日閲覧）
2) 桑原（2015）は，社会科の本質に係る論争をまとめ，道徳との関わりに触れている。
3) 山崎（2016）は，次のように指摘する。「ブラッドレーのせい求書」のブラッドレー，認知症が進む祖母につらく当たる『私たちの道徳　中学校』の「一冊のノート」の主人公兄弟のように，家庭内不和やトラブルの「非」はもっぱら子供にあるとする。だが，親や祖父母などは「最善の利益」のみもたらす存在ではない。ネグレクトを含む児童虐待，より広範囲には世代間の「負の遺産」の継承など，年長者に対して「生活を支えてくれている」「現在の生活を築いてくれた」（小学校第 3 学年および第 4 学年の「道徳科」内容項目〔感謝〕より）と手放しに感謝してばかりおられない。年間指導計画に当該教材があったとしても，クラスの実態によっては，無批判に授業はできないとする。虐待死が問題にされる昨今，氏の指摘は首肯すべき点が多い。
4) 「星野君の二塁打」は，監督の送りバントの指示に背き，強打してチームを勝利させ，郡内野球選手権大会出場権を得ることに貢献したエースの星野君に，監督が出場停止を言い渡す話である。規則尊重を捉えさせる教材としてよく活用される。児童文学者の吉田幸子太郎（1894-1957）が，雑誌『少年』（光文社発行）に掲載したものが原話である。中等学校野球大会（現在の甲子園大会）を舞台とした話を改作したことも含め，様々な問題がはらむ教材といわれる。その問題性は，和田（2018）を参照。
5) 男の子への手品を見せる約束をした後，売れない手品師は友人から同じ日に大舞台のマジックショーへの出演を依頼される。手品師は悩んだすえに出演を断り，男の子に手品を見せるという話である。現実的に考えれば，手品師は，男の子に日を改めてもらって約束を破らずに大舞

台のマジックショーに出場するようなことをしよう。誠実や正直を捉えさせる教材とされるが，リアリティーに欠けるとの批判もある。

6）「スパルタクス論争」は，実践者の安井俊夫と歴史学者の土井正興とで交わされた論争である。詳細は安井（1993）を参照。

7）1993年設立のグローバル教育学会はグローバル化が進む社会のあり方の研究を進める。歴代会長は主に社会教育研究者で，会員も社会科教育関係者が多数を占める。

8）筆者が補注した。丸山真男1982「解説」『君たちはどう生きるか』岩波文庫。

9）当事者性は育む学習の詳細は，伊藤（2010）を参照。

10）https://www.mext.go.jp/content/1422362_001.pdf（2022年12月12日閲覧）

11）https://kyoiku.sho.jp/3812/（2022年12月15日閲覧）

12）鈴木（2019）は，永田の捉えを踏まえ，多面的思考は，「なぜだろう」「なんだろう」と道徳的価値，出来事，ある人物生き方などの様々な側面を捉えて分析していく思考と捉え，多角的思考を「どうしたらよいか」「どう考えるか」を様々な角度へと考えを広げながら自ら選択していく思考としている。

13）永田の社会科の視野に立つ「多面的」と「多角的」の捉えは，後述するように，社会科教育関係者の多くの捉えとは齟齬があるように思える。

14）吉田（2021）は授業プランである。教材前半まで読んだ後に展開する点は興味深いが，指導書とさほど展開は違わない。

15）キッシュ＠良質教育情報発信（2021年4月14日07：53）「4年『決めつけないで』【公正，公平，社会正義】の指導案はこうする！」よりまとめた。https://note.com/kishkyouiku/n/n255763e04913（2021年9月3日閲覧）

16）http://gendai.ismedia.jp/articles/-/47434?page=6（2018年2月9日閲覧）

17）『教育科学　社会科教育』第246号，明治図書，pp. 123-131

18）吉田（2016）は，「提案する社会科」が「意思決定力育成科」の吉田（1986）同様に3つの問題をもつか明確には述べていない。ただ，「提案する社会科」を吉田（1986）と同様と捉えており，もっと考えていると思われる。だが，「社会の中の自己」である社会的自己認識の育成を図る「提案する社会科」は，社会的が示唆する如く，個人の意思決定だけの価値判断基準育成を目指さない。伊藤（1997a）の「もう一つ児童館はどこに作るか」でのY男の発言「上佐脇のためじゃない。御津町全体のために児童館を建てるのだ」は，それを物語る。安易な妥協や決定を嫌い，必ずしも合意形成も目指さない。衆を頼んだ行動に慎重で，社会への働きかけも禁欲的である。そもそも，知識を出力させる出力型授業の「提案する社会科」は，他の社会科授業とは根本的に授業観が異なる。「提案する社会科」が3つの問題をもつかの検討については，他日を期したい。

19）吉田（2016）では，土肥（2009）に先駆けて溝口（2002）を，このタイプの授業モデルとしてあげる。だが，溝口（2002）についての検討そのものが吉田（2016）で抜けているうえに，筆者が溝口（2002）を検討した結果，個人的意思決定を問題にするというよりも，「クラス集団での討議の中で性急に妥協点を見出すよりも，個人が自他の双方において承認されるべき基準，自らもその制約に服すべき規準を見出し，それに基づいて判断する，個人による自律的判断」（溝口2002）の形成に重点がおかれていると思われたので省いた。なお，この後，吉田（2017）では，政策の質を判断するための視点から引き出された最高位価値を設定して社会的意思決定力の育成を図る小学校社会科の授業モデルを提案した菊地（2013）を分析している。

20）岩田（2001）は，「単なるdecision-makingではなく，one's mind. one's intentも含め，考え，意見，目的，意志の決定過程を重視したいからである。このことは，広辞苑第五版で『意思…考え，おもい，意志…物事をなしとげようとする，積極的な志』と表現していることにも対応

している」とし，意思決定でなく意図的に意志決定を使用する。筆者も，志こそ大切であると考えるがゆえに，意志決定を使用する。

参考文献

赤堀博行 2017『「特別の教科　道徳」で大切なこと』東洋館出版社

阿部学・市川秀之・土田雄一・藤川大祐 2016「熟議民主主義を背景とした道徳授業の教育方法についての検討―熟議シミュレーション授業の開発と実践を通して―」『授業実践開発研究』第9巻，p. 90

荒木寿友 2016「『考え，議論する道徳』がめざすもの―メタ認知を重視した道徳教育実践の提案―」『道徳性発達研究』第10巻第1号，p. 36

磯田哲郎 2017「議論を生む教材×考えたくなるテーマで白熱道徳教室に変える　決めつけってなんだろう？何が問題なの？」『道徳教育』703，明治図書，pp. 30-31

市川秀之 1990「熟議民主主義が道徳授業にもたらすもの―問題解決的な学習に焦点を当てて―」『千葉大学教育学部研究紀要』第64巻，p. 8，2016

伊藤裕康「村長の決断」荒木紀幸編著『モラルジレンマ資料と授業展開　小学校編』明治図書，59-60，75-76

伊藤裕康 1991a「『『ジレンマ』くだき」について」『道徳性の発達に関する研究年報1990年版』

伊藤裕康 1991b「現代日本の地域構造に基づき予見的知識の育成を図る中学校地理学習―『ぼくらの国土計画サミット』の授業構成―」『社会系教科教育学研究』第3号，pp. 27-34，

伊藤裕康 1992a「道徳授業観と資料提示・発問とのかかわり―道徳指導員の経験から―」『道徳性の発達に関する研究年報　1991年度版』pp. 75-80

伊藤裕康 1992b「『道徳』の研究授業はこうやりたい　ステレオタイプ化した考えを打ち破る」『「道徳」授業研究』第10号，明治図書，pp. 55-57

伊藤裕康 1993a「現代日本の地域構造を踏まえた『日本とその諸地域』のカリキュラム試案」『社会科教育論叢』40号，pp. 71-82，

伊藤裕康 1993b「中学校地理的分野における予見的知識の育成を図る日本地理カリキュラム編成―『身近な地域』の学習を活かした『日本とその諸地域』の年間指導計画（試案）―」『カリキュラム研究』第2号，pp. 51-63

伊藤裕康 1993c「分断と作業のネタで子供の考えをゆさぶった　小3『ブラッドレーのせいきゅう書』の実践より」『「道徳」授業研究』第17号，明治図書，pp. 45-47

伊藤裕康 1994a「国際化社会における道徳の授業―"新しいぶどう酒は，新しい革袋に"―」『道徳性の発達に関する研究年報　1993年度版』pp. 61-66

伊藤裕康 1994b「『道徳』授業のダイナミックな展開のために年間指導計画のどこを見直すか」『「道徳」授業研究』第22号，明治図書，pp. 48-49

伊藤裕康 1994c「道徳教育の再検討」『学校教育研究』第5巻，pp. 71-90

伊藤裕康 1994d「『授業は楽しくあるべし』のための副読本（文部省「道徳教育状況調査」を解析する〈特集〉）―（調査結果に見る「副読本（読み物資料）」使用どこが問題か）―」『現代教育科学』37巻11号，明治図書，pp. 33-36

伊藤裕康 1997a「『提案する社会科』の授業5　出力型授業づくりへの挑戦」明治図書，184p.

伊藤裕康 1997b「生活科が地理教育の変革に示唆するもの―社会認識教育の体系化をめざして―」『社会系教科教育学研究』9号，pp. 63-70

伊藤裕康 1999「道徳授業に関する教授的力量形成の研究（1）―自分史からの考察を中心にして―」『広島文教教育』第13巻，pp. 49-62

伊藤裕康 2010「当事者性を育む社会科学習―物語構成学習による地理授業の開発―」『社会系教科

教育学研究』22号，p. 15

伊藤裕康 2017「オザル首相の決断」荒木紀幸編著『考える道徳を創る　中学校　新モラルジレンマ教材と授業展開』，明治図書，pp. 160-164

伊藤裕康 2019a「新学習指導要領は本当に新しいのか─小学校4年生『水はどこから』を素材として─」全国社会科教育学会第68回全国研究大会発表資料（2019. 11. 09，於島根大学教育学部）

伊藤裕康 2019b「道徳教育の質的転回と社会科教育」『道徳性発達研究』13巻1号，pp. 12-21

伊藤裕康 2021「道徳教育の質的転回に関する若干の考察（1）」『教育研究ジャーナル』14巻1号，pp. 23-32

伊藤裕康・山城貴彦 2020「ストロー現象の検証を通して地域像を再構築する地理学習」『地理学研究』第27号，pp. 31-40

飯牟礼悦子 2007「『当事者研究』の流儀─2.5人称の視点をめざして─」宮内洋・今尾真弓編著『あなたは当事者ではない〈当事者〉をめぐる質的心理学研究』北大路書房，pp. 111-122

岩佐信道 2015「道徳の教科化にあたって期待されること」『道徳と教育』333号，pp. 109-115

岩田一彦 1990「地理的分野における『課題学習』による授業構成」岩田一彦・今谷順重・小原友行編著『中学校社会　個を生かす「課題学習」とは』東京書籍，pp. 33-34

岩田一彦 2001『社会科固有の授業理論・30の提言─総合的学習との関係を明確にする視点─』明治図書

宇佐美寛 1974『「道徳」授業批判』明治図書

宇佐美寛 1984『「道徳」授業をどうするか』明治図書

宇佐美寛 1990「「ジレンマ」くだき」『授業研究』第352号，明治図書，p. 167

押谷由夫 2018a「（公演記録）道徳　教育の本質と実践」『道徳教育改革資料1『特別の教科　道徳』小学校・中学校全面実施研究フォーラム』（藝林会編『藝林』第67巻第1号平成30年4月より転載）押谷由夫研究室，pp. 1-22

押谷由夫 2018b「『特別の教科　道徳』の授業と評価を考える」『道徳教育改革資料1『特別の教科　道徳』小学校・中学校全面実施研究フォーラム』（日本道徳基礎教育学会『研究集録』平成30年7月より転載）押谷由夫研究室，pp. 1-8

押谷由夫 2018c「多様な意見を引き出すことが道徳教育の本質につながる」『道徳教育改革資料1『特別の教科　道徳』小学校・中学校全面実施研究フォーラム』（信濃教育会道徳部会研修会収録講師へのインタビュー）押谷由夫研究室，pp. 1-4

折口量祐・木下智実・吉野敦 2021「道徳的価値をいかに思考させるか─小学校道徳科におけるモラルジレンマの枠組みを用いた授業事例の検討─」『早稲田大学大学院教育学研究科紀要別冊』28号-2，pp. 73-84

貝塚茂樹 2016「『特別の教科　道徳』の内容と指導のあり方」『教育展望』676号，p. 10

梶原郁郎 2011「『君たちはどう生きるか』（吉野源三郎）の社会認識形成論─視座転換を可能とする他者認識の段階的形成の筋道─」『愛媛大学教育学部紀要』第58巻，pp. 1-20

河野哲也 2011『道徳を問いなおす』ちくま新書，p. 13

教育課程企画特別部会論点整理 http://www.mext.go.jp/component/b_menu/shingi/toushin/icsFiles/afieldfile/2015/12/11/1361110.pdf

菊地八穂子 2013「集団的意思決定を視点とした小学校社会科政策批判学習」『社会系教科教育学研究』25号，pp. 31-40

桑原俊典 2015「教科の道徳化と学校教育の課題─社会科における道徳的な指導のあり方の検討を手がかりに─」日本教育方法学会編『教育方法44　教育のグローバル化と道徳の「特別の教科」化』図書文化，pp. 80-93

越中康治 2017「道徳の教科化に対する教師・保育者及び学生の認識（1）」『宮城教育大学紀要』

51，pp. 159-165

小西正雄 1992『提案する社会科』明治図書

小西正雄 1997『消える授業　残る授業　学校神話の崩壊のなかで』明治図書

榊原康男 1970「地理教育の振興に関する二三の提案」『新地理』18巻 2 号，pp. 1 - 3

榊原康男・斑目文雄 1978『指導のための日本地誌（Ⅰ）』中教出版，350p.

柴原弘志 2015「道徳授業における『問題解決的な学習』とは何か」『道徳教育』687号，明治図書，p. 6

「小学校道徳　生きる力」指導書編集委員会 2020『小学校道徳　生きる力 4　教師用指導書　朱書・板書編』日本文教出版，pp. 46-49

鈴木悠太 2019「多面的・多角的な思考を生かした道徳授業のあり方—児童の学び方や意欲の特徴を踏まえた方策づくりを通して」『東京学芸大学大学院教職大学院年報』第 8 号，pp. 149-160

住友剛 2014「『道徳の教科化』をめぐる教育政策の動向の再検討—『道徳の教科化』とは別の道徳教育を構想する必要性をめぐって—」『京都精華大学紀要』第44号，p. 99

谷川彰英 1988『戦後社会科論争に学ぶ』明治図書，p. 119

田沼茂紀 2016「こっそり聞きたい！道徳用語の再確認　多面的・多角的」『道徳教育』701号，明治図書，p. 66

中央教育審議会 2014「道徳に係る教育課程の改善等について」p. 2

道徳教育の充実に関する懇談会 2013「今後の道徳教育の改善・充実方策について（報告）」p. 11

土肥大次郎，2009「社会的意思決定の批判的研究としての社会科授業」『社会科研究』71号，pp. 41-50

富岡栄・光村図書編集部 2015『光村図書「特別の教科　道徳」ここが知りたい Q&A』p. 11

中井孝章 2004『学校教育の認識論的展開』溪水社，pp. 166-167

永田繁雄 2019「しなやかな発問を生かして新時代の道徳授業をつくろう」『道徳教育』編集部『考え議論する道徳をつくる　新発問パターン大全集』明治図書，pp. 2 - 5

永田繁雄 2022「子どもの心の成長を促す道徳事業の原点と視点」，『東京学芸大学第12回道徳授業パワーアップセミナー講話①用要旨資料』p. 7

西野真由美 2016「『特別の教科　道徳』の指導方法」『教育展望』676号，p. 25

日本道徳教育方法学会 2014『日本道徳教育方法学会第20回研究大会発表要旨集録』，p. ⅱ

野村宏行 2018「『多面的・多角的』について整理する」『道徳教育』722号，明治図書，pp. 56-57

樋口雅子 1992「編集後記」『教育科学　社会科教育』367号，p. 132

藤井千春 1989「道徳教育における心情主義批判：心情主義の危険性の指摘と『判断力』を育成することの必要性の強調，『経験主義』学習論の立場から」『人間科学』21号，pp. 51-68

藤岡信勝 1991『社会認識教育論』日本書籍

松下良平 2016「オーセンティックな道徳教育へ—道徳・倫理の多様性と学校教育—」『道徳性発達研究』第10巻第 1 号，p. 2

的場正美 2018「道徳教育と社会科の授業」社会科 NAVI（小・中学校　社会）Vol. 18

水山光春 1997「合意形成をめざす中学校社会科授業」『社会科研究』47号，pp. 51-60

溝口和宏 1997「開かれた価値観形成を目指す社会科授業」『社会科研究』56号，pp. 31-40

文部科学省 2018『小学校学習指導要領解説特別の教科道徳編』廣済堂あかつき

安井俊夫 1993「スパルタクスの反乱をめぐる歴史教育と歴史学」歴史学研究会編『歴史学と歴史の間』三省堂，p. 101

安野功 2006『社会科授業力向上 5 つの戦略』東洋館出版社，p. 1

山崎雄介 2015「道徳の『特別教科』化と学校教育の課題」日本教育方法学会編『教育方法44　教育のグローバル化と道徳の「特別の教科」化』図書文化，pp. 66-79

山崎雄介 2016「『道徳』をめぐる動向とそれへの対峙」『群馬大学教育実践研究別刷』第33号，pp. 189-197

吉田裕子 2021『頑張れ現場の先生！　小学校の道徳科の授業実践』三省堂書店／創英社，pp. 128-129

吉田正生 1986「論理整合的・価値整合的意思決定能力育成のための社会科授業モデルとその実践」『社会科研究』第34号，pp. 49-59

吉田正生 2015「小学校社会科における価値教育ストラテジーについて」『文教大学教育研究所紀要』第24号，pp. 17-28

吉田正生 2016「小学校社会科における価値教育ストラテジーについて（その2）」『文教大学教育研究所紀要』第25号，pp. 91-102

吉田正生 2017「小学校社会科における価値教育ストラテジーについて（その3）」『文教大学教育研究所紀要』第26号，pp. 103-115

吉村功太郎 1996「合意形成能力の育成をめざす社会科授業」『社会科研究』45号，pp. 41-50

和田篤史 2018『星野君の二塁打』の道徳教材としての価値を再検討する―高校2年生『法学入門』の授業において―」『立命館付属校教育研究紀要』第3号，pp. 1-10

第4章
小学校社会科カリキュラム論の探究

[佐藤 浩樹]

第1節　小学校社会科カリキュラムにおける地理の基盤性
―F. W. パーカーのカリキュラム論の検討を通して―

　現在の日本の小学校社会科カリキュラムは，同心円的拡大主義に基づいて地理的内容，歴史的内容，公民的内容で構成することを基本とし，そこに現代的な諸課題に対応する内容を取り入れる形で内容構成されている（佐藤2019b）。

　同心円的拡大主義は，昭和23年版学習指導要領補説において経験領域拡大主義として取り入れられ，現在まで一貫して小学校社会科の基本的なカリキュラム構成原理となっている[1]。今まで学習指導要領には明示されていなかったが，平成29年版学習指導要領で地理的内容と歴史的内容については空間的な広がりを念頭に置いて対象を区分するとして同心円拡大的なカリキュラム構成が示され，第3学年は市区町村，第4学年は都道府県，第5学年は国土が主な学習対象となって，同心円拡大主義的な性格が強まった。

　佐藤（2016, 2019a）は，同心円的拡大主義を，地理を基盤とし，直接経験による郷土学習を重視し，身近な地域から世界までを取り上げる市民的資質育成を目標とする小学校社会科カリキュラムであると性格づけている。そして平成29年版学習指導要領で同心円的拡大主義的性格が強くなったことを評価しつつ，総合社会科としての性質が弱まっていること，地理を矮小化して捉えて地理的内容を軽視していることなどを批判的に論じ，同心円的拡大主義に基づく地理を基盤とした小学校社会科の内容構成モデルとカリキュラムを提案した[2]（第2章参照）。

　しかし，小学校社会科カリキュラムにおける地理の基盤性については，P. ハンナの同心円的拡大論や小学校社会科に対する有用意識調査などをもとに論じているものの，十分な論拠が示されているとはいえなかった。そこで本稿で

は，初等教育カリキュラムにおける地理の重要性を主張したF. W. パーカー（1837-1902）のカリキュラム論を取り上げて検討し，小学校社会科カリキュラムにおける地理の基盤性について論じていきたい。

　パーカーは19世紀後半のアメリカにおける初等教育改革に大きな足跡を残し，J. デューイによって「進歩主義教育の父」と呼ばれた。パーカーはドイツ留学でペスタロッチの教授原理，ヘルバルト派の中心統合原理，フレーベルの自己活動の原理を学ぶとともに，近代地理学の開拓者でありペスタロッチ主義による新しい地理教授法を提唱したリッターの地理学を学び，それらをもとに進歩的な新教育運動を推進した。デューイが実験的・理論的であったのに対して，パーカーは実践的な研究者であったとされ，公立学校の内部から直接的な学校改革を展開した。

　パーカーの児童中心の活動的教育理論・方法は，日本においては，『人生地理学』を著した牧口常三郎や活動主義を主張した樋口勘次郎や芦田恵之助，大正期の新教育運動などに大きな影響を与えたが，戦前の教育界ではやや異端視され，戦後においてもアメリカ民主主義教育理念実現の最も中心的な存在であるにもかかわらず，デューイやプラグマティズム教育学の陰に隠れ，十分な研究が積み重ねられていなかった（西村・清水1976，伊藤2009）。しかし，そのようななかでもパーカーの初等理科教育・地理教育を取り上げた梅根（1949，1977），カリキュラム理論を取り上げた倉澤（1953），中心統合法理論を取り上げた山口（1966），高田（1979）などの研究があり，高田・西村（1981）はパーカーの教育理論を総合的に検討し，アメリカ民主主義教育における「学校改革の先駆者」と位置づけている。パーカーの中心的な著作は『中心統合法の理論』として西村・清水（1976）によって訳出され，現実の教育現場での教育研究に示唆を与えるものが多いと述べられている。近年ではパーカーの教育理論について研究を積み重ねてきた高田（2016，2017，2018，2019）による一連の論考があり，特に高田（2016，2019）ではパーカーの地理学習論を取り上げて詳細に分析し，その特色と現代的意義を考察している。

　以上述べたように，パーカーに関する研究は，数は多くないものの継続的に

取り組まれている。社会科教育からの研究には森分(1994)があり，森分はパーカーの地理教育論をアメリカにおいて社会科を成立させる教育改革の流れを生み出す１つの端緒となったと評価している。しかし，日本の小学校社会科カリキュラムとの関連でパーカーの教育理論を取り上げた研究はほとんどみられない[3]。本稿では，パーカーの地理教育論およびカリキュラム論を日本の小学校社会科カリキュラムとの関連で検討していく。

1 F. W. パーカーにおける地理と地理教育

（1）F. W. パーカーにおける地理とその意義

① パーカーにおける地理の捉え方

パーカーは，ドイツ留学から帰国すると1875年にマサチューセッツ州クインシー市の教育長に選ばれ，初等教育改革を断行する。子どもの興味関心，経験や活動を重視し，固定されたカリキュラムや古い教科書や教材を廃止して，教師自身が工夫した教材や子どもたちがつくった文集を用いた学習が行われた。国語や算数の授業を改革するとともに，地理，歴史などの内容教科や音楽，工作，図画，裁縫などの表現教育を熱心に導入した。地理については，「地理学は一切の自然科学の真の発端であり，真の導入である」と述べ，地理学をすべての科学の入門であり，１つの普遍的なまとまりに役立つものと位置づけて，地理学習に重きをおいた。

パーカーは，地理学を「地球の表面およびその住民についての記述」と広義に捉えた。「地球の表面の記述」は純粋地理学（構造地理学）として，そこから地質学，化学，植物学などが自然に派生するもの，「住民の記述」は人類学や民族学や歴史学などを含むものと，地理学を自然科学と人文科学を統合する性格を有する学問であることを強調した。構造地理学は，初等地理学(Elementary Geography）とも呼ばれる。構造地理学の知識は，すべての地理的知識の不可欠な基礎で，この知識なしに地理の科学は不可能であるとする。地理学習の目標は，子どもの心の中に地球の地表に関する概念を発達させることであり，構造地理学を学習する目的は，地球の表面についての概念的な，または特徴的な

状態に対した1つの概念または心像を獲得することであると述べる。初等地理学は，何よりも「わたしたちのまわりにある地球の表面の形態を徹底的かつ慎重に観察すること」にあるとし，地表面の観察を重視した。

　② パーカーにおける地理の意義

　パーカーは，地理こそ子どもたちの心に合理的な精神が養われるとして地理の教育的価値を重視し，地理を諸教科の統合・相関させる中心教科とし各教科をそれに関連させていった。従来の地理問答的な授業を排して野外観察を重視し，観察したものを描いたり粘土や砂台で模型をつくったりする活動主義的な授業が展開された。

　この基盤には，「幼少期から農場において丘や谷，小川を観察することで地理学を研究することができた」と述べるように，パーカーは自然体験を重視していたことがあげられる。「農場は立派な学校であり，研究という言葉は書物による学習だけを意味するものではない。それは家族外との人間的な接触に欠けているだけだ。」「人口枢密都市における最もよく教授された学校は，教育的価値において，よき農場における生活とは決して同等とはあり得ない。」と述べたように，研究における自然や人間との触れあいを大切にしていたことも大きいと思われる。パーカーは農村生活における地理的体験に優れた人間形成的意義を察知していたということである。

　また，パーカーは，「教育は人間の完全な発達の条件を提供するものである。したがって，人間が必要とするものについての知識とその必要を充たす人間の活動とは，人間の全面的な発達のための欠くべからず手段である。このような観点から与えられる知識が選択されるべきであるが，その際，最も重要な知識は，生命に関する知識である。」と述べ，教育における生命に関わる知識の重要性を強調している。そして，「地理学は，その「生命の物質的基礎」についての科学，生命がそこに根を下ろしている環境についての科学であり，それは生命の存立の条件，それを成り立たせる最高の法則を理解させるが故に，高い教育的価値を有している。」と述べ，地理の持つ教育的価値を高く評価した。

（2）パーカーの地理カリキュラムと地理教育論

① パーカーの地理カリキュラム

　このような地理観を有したパーカーは，初等地理学の教科課程を提案した。表4-1はパーカーの示した教科課程の概要であるが，1～4学年を基礎的課程として純粋地理（基礎的地理）を，5～8学年を科学的課程として科学的地理を取り上げている。

　基礎的課程は，1～3学年では児童の直接観察できる素材や観察活動（野外観察など）を通して，色，形，数，方向，位置，自然の諸変化などについての基礎的観念やその観察能力を育て，4学年では直接観察できる陸や海，河の流

表4-1　パーカーの初等地理の教科課程の概要

学年と課程	主な学習内容
1～4学年 基礎的課程 【純粋地理（基礎的地理）】	1学年…色，形，数，距離，方向，位置，気候の諸変化，植物，動物，絵入りの童画，水，日光・太陽，月と星，寒暖，空気・風など 2学年…1学年の内容＋敷地の広さ，教室や校舎の位置，近隣の広場や街路や家の位置，地平線・水平線，土地の自然景観・丘・谷・川・池，植物の成長，物語の内容を絵や地図を描いて説明，鳥の移住など 3学年…1，2学年の内容＋エスキモー人の場所の位置，土壌・岩石・鉱物，寒暖・空気・水・土壌と植物の相互関連，気候と地表構造，歴史科で学んだ場所の位置 4学年…陸，海岸，丘，尾根，山，谷，平野，低地，平原，ステップ，セルバス，河川の流域，土壌への水の浸透，耕地での水の利用，植物の成長，水源，小川，雪・氷河・流氷，井戸・運河・水路，海岸線，半島，岬，島，突堤，湾・入り江，海，浸食海岸，潮流，生徒が観察し得ないものの物語など
5～8学年 科学的課程 【科学的地理】 8学年は政治地理	5学年…北米大陸の構造（すべての学習は構造に集中される），排水，河川の流域，土壌，気候，作物，動物，人種，政治的区分，斜面と斜面及び流域と流域との比較，南米大陸の構造，流域，河川の流域，土壌，気候，作物，人種，動物，政治的区分，北米との比較 6学年…ユーラシアの構造（北南米の場合同様の手順で進める），ヨーロッパの構造，アジアの構造，アジア，ヨーロッパ，ユーラシア，南米，北米の比較，アフリカの構造，オーストラレーリアの構造，豪州の構造，既習の諸大陸との比較，球としての地球，諸大陸の位置，島の位置，海岸，海岸と大陸の関係，海流 7学年…寒暖の分布，地球の運行，地帯ごとの寒暖分布，高低，風，海洋による分布，湿度の分布，土壌の分布，植生及び作物の分布，動物の分布，人口の分布，人種，鉱石・鉱物の分布 8学年…政府，政府の状態，政府の形態，種族，政治的区分の地球上の分布，首都と主要都市，各々の政治的区分の構造，世界の産業，世界の商業世界の大都市と大都市出現の理由，重要な政治的区分の特殊な構造（現在及び過去において歴史上重要なもの），ペルシアとシリア，パレスチナ，エジプト，ギリシア，イタリア，スペイン，フランス，英国，ドイツ，オランダ，アメリカ

出所：パーカー著，西村・清水訳（1976），高田（2015）をもとに簡略化して作成。詳しい教科課程は両書を参照されたい。

域などの諸概念を整理し，観察できないものについては物語などによってイメージ化するとしている。科学的課程は5〜7学年で世界の諸大陸の地形を中心に世界の自然について学習する。その際，北米大陸の構造についての学習が1つの典型となり，他はそれと比較して学習される。8学年は政治地理（世界の地域区分についての学習）の内容が取り上げられている。政治地理は構造地理と関連させて学習させるとしている（西村・清水1976）。

　パーカーの初等地理の主内容は構造地理であり，全体として自然地理に重きを置いた教科課程となっている。パーカーは，地理学を「あらゆる科学（特に自然科学）に向かって開かれた戸口である」と述べて初等教育への自然科学導入の窓口として地理の意義に注目し，後に展開される中心的統合法による教育課程構造の中心教科としての性格をもたせようとした。パーカーの構造地理による地理の教科課程については人文地理的な内容を比較的軽く扱っているという指摘がある。このことについてパーカーは地理と並行して進められる歴史の学習において，子どもたちは彼らの理解することのできる政治地理学についてのすべての知識を与えられると述べ，歴史の学習に人文地理的要素を積極的に取り入れようとしている。また，パーカーによる初等地理の教科課程は，基礎的課程では直接観察できる素材から直接観察できない素材へ，科学的課程では北米大陸から南米大陸，そして世界へという課程となっており，大まかには同心円拡大的な性格をもつカリキュラムであるといえる。

② パーカーの地理教育論とリッター地理学

　パーカーの地理教育論は，ペスタロッチ＝リッター的地理学であるとされる[4]。人文地理学の祖と言われるドイツの地理学者リッターは，地理学においてはフンボルト，教授法においてはペスタロッチからの影響が顕著であり，ペスタロッチ＝リッター的地理学とは，リッターがペスタロッチの直観主義的方法を地理学習に適用した地理学習論である。パーカーは，旧来の地理問答式の注入的な学習方法を排除し，自然観察や体験を重視した帰納的・活動主義的なアプローチを強調した。子ども主体の学習を志向した地理学習を構想し，子どもが直接，感覚によって把握できる近隣の具体的な事物から地理学習をスター

トさせ，知的総合作用（分析，総合，推論，比較など）を経て一般化していく思考過程を実践によって導いていく基本的な学習プロセスを提唱した。パーカーの地理教育論について，高田（2019）は主体的，対話的で深い学びを標榜する「アクティブラーニング」に相当すると高い評価をしている。

　リッターの地理学については，山口（2020）が「リッターの地理学は，地域の個性・特性を総合的に捉えるという認識的側面とその個性・特性をもとにそれぞれの地域を発展させていこうという人間の態度・態度的側面との両面を含み，地域の自然的側面だけでなく，地域の人間社会的側面が必然的に重視されている。このことは，リッターの地理学が地理教育，とくに『社会科地理教育』（社会科としての地理教育）の学問的基盤としての意義を持つことを示すものである。」と述べ，リッターの地理学の人間形成的意義，教育的意義を強調している。パーカーは，地理学を「地球の表面およびその住民についての記述」と定義したが，これは“地理学は「地と人」の相関形態である”ということであり，「地人相関論」を特徴とするリッター地理学と非常に近いものである。パーカーの地理学・地理教育論は人間形成的意義，教育的意義をもつリッター地理学とペスタロッチの直観主義的方法を基盤としたものとなっている。

② F. W. パーカーのカリキュラム論の変遷

　倉澤（1953）によれば，パーカーのカリキュラム論は3つの時期に段階づけられる。第1期は地理をコアとする教科統合カリキュラム，第2期は子どもこそセンターのカリキュラム，第3期は子ども中心の活動カリキュラムである。

（1）地理をコアとする教科統合カリキュラム

　パーカーは，ドイツ・ヘルバルト学派の提唱したカリキュラム構成論である「中心統合理論」において中心教科として地理を位置づけ，地理を中心とする教科統合カリキュラムを主張した（第1期）。パーカーは，地理を“諸教科を統合・関連させる中心教科”として重要視し，地理を中心に理科や歴史を含む広範囲の内容教科（思想教科）を中心教科として統合し，形式教科（① 形，数（算数），② 観察，聞き方，読み方，③ 話し方，聴き方，彩色，図画，彫像などの

表現）の内容は時間を特設することなく，地理を中心とする中心教科のなかで十分獲得できるとした。

　ドイツ・ヘルバルト派のチラーやアメリカ・ヘルバルト学派のマクマリーは，教育の目的は道徳的品性の陶冶であるとし，最高の道徳価値を有し目的に直接役立つ「歴史と文学」による統合を示したが，パーカーは歴史と文学の価値を認めつつも，社会の現状維持に荷担するものとしてその保守性を指摘し，地理を中心とする自然をカリキュラムのコアとすることを主張した。歴史は小学校段階では身近な現代の施設の学習から発展させるのがよく，しかも絶えず地理と結んで学ばせる必要があるとした。

（２）子どもこそセンターのカリキュラム（中心統合法の理論）

　パーカーは地理を中心とする教科統合カリキュラムを提唱していたが，マクマリーとの論争の中で，「わたしたちは決して自然が中心であるなどと主張しているのではないし，歴史や文学が中心だといっているのでもない。わたしたちは子ども（児童）こそが中心であると主張する者である」と述べ，子どもこそカリキュラムのセンターであると主張する（第２期）。子どもこそセンターのカリキュラムは，中心統合理論の中核に子どもが位置し，その周囲に中心教科としてヘルバルト派の道徳的・情操教材（文学，歴史）とは違う地理を中心とした自然科学系教科群が相互に関連・結合して組織される。それと並行して形式教科が相互に関連しつつ修得される。これは，教科の統合から児童の活動による統合（人格的統合）へと重点を移したものであり，ドイツ型教科カリキュラムからアメリカ型児童中心カリキュラムへの

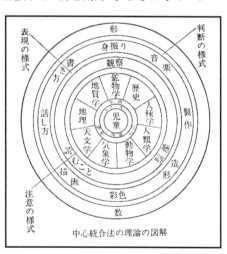

図4-1　パーカーの中心統合法理論

出所：西村誠・清水貞夫（1976）「訳者解説」F. W. パーカー『中心統合法の理論』p. 247より引用

発展を示すものであるとされている（図4－1）。

　パーカーは，この子どもこそセンターの児童中心のカリキュラムにおいても，中心教科（真理に最も近いことところにある諸教科）として「地理（学）」を位置づけ，「地質学，鉱物学，気象学」「植物学，動物学」「人類学，民族学，歴史学」などを統合する科目として重視した。歴史学習については，「最良の地図を絶えず使用しないような歴史の学習は時間の無駄であり，力の浪費である」と述べ，地理と関連づけて歴史を学ぶことの重要性を指摘した。

（3）児童中心の活動カリキュラム

　パーカーは，さらにこのカリキュラム論を，市民的資質を中心とした品性の陶冶を教育の中心目標に掲げた経験の統合（目的による活動の統合）を図る児童中心の活動カリキュラムへと発展させる（第3期）。

　パーカーは品性の陶冶（人格形成）に重きをおいたが，品性を狭く堅苦しい一連の特性とは考えず，広く社会生活に有力に参加する生活能力と解し，理想とする児童像を権威に盲従する封建的な臣民ではなく，自己選択的・民主的な市民であるとした。そして教育の目的を市民の権利や義務を全うさせ，有力な生活集団に参加させ，絶えず現在の生活を充実させることであると述べている。これは後の社会科教育に通じる教育目標の設定であるといえる。カリキュラムの基本原理については，単なる教材の統合ではなく経験の統合，すなわち目的による活動の統合として，Concentration（児童の理想の実現に一切を集中する）を重視した。

　そのカリキュラムの具体案は内容教科（思想教科）と形式教科，芸術教科，体育科とから構想される。内容教科の2つの主要な題材として「人間」と「自然」を置き，これらは創造の場では真に一体とした。そして，品性の陶冶を目的とすれば，あらゆる教科は統合され，各教科は他のすべての教科を引き立てるようになると述べている。内容教科については，低学年では自然科（地理）を中心にすべての学習内容を統合し，学年が進むにつれて歴史や理科を派生させるとしている。これは第1期の地理をコアとする統合カリキュラムから変わらない性格である。形式教科には，読方，書方，算数を位置づけ，できるだけ

内容教科と結んで学ばせるとしている。芸術教科としては，図画，工作，手芸，音楽，朗読，劇表現，文学，身振，声，スピーチ・討論を位置づけ，体育科は独立して設定している。

　すなわち，パーカーによる第3期のカリキュラムは，市民的資質（品性）の陶冶を目標とし，地理を中心とする内容教科をコアとする経験主義による統合カリキュラムである。このカリキュラムについて，倉澤（1953）は「一切の科学が地理を中心に統合されるという科学統合の思想は，そのままデューイに受け継がれ，地理と歴史の統合，さらに人文科と自然科の統合という思想が，やがて社会科という統合教科に発展するという素地をかためるのである」と述べ，パーカーのカリキュラム論が社会科誕生へとつながっていったことを指摘している。

③　日本の小学校社会科カリキュラムの源流としてのF. W. パーカー

（1）日本の小学校社会科とカリフォルニアプラン

　日本の小学校社会科は誕生以来一貫して同心円的拡大主義をカリキュラム構成原理とするとされるが，同心円的拡大主義は昭和22年版学習指導要領には取り入れられておらず，昭和23年版の補説で初めて導入される。昭和22年版学習指導要領がバージニアプランを参考に作成したものであるのに対し，海後（1973）が「補説はわが国の社会科の学習展開に重要な意味を持っているもので，最初に公開した指導要領を補うというものではなく，別の社会科展開をすることを要請する内容であった。これはアメリカでも進歩主義であるとみられていたカリフォルニア州のコース・オブ・スタディズを多く参照して編成されたものであった。」と述べるように，昭和23年版補説はカリフォルニアプランを参考にしたものになっている[5]。

　昭和23年版補説が出されたのは，昭和21年11月に来日し日本の初等教育について重要な指導的役割を果たしたカリフォルニア州初等教育部長であったヘレン・ヘファナンが22年版学習指導要領に不満であったためとされる（上田1971，木村2006）。ヘレン・ヘファナンは，カリフォルニアプランの 「教師の手引き」

第1章「基本的な教育哲学」の執筆者であることから，カリフォルニアプランの考えが日本の小学校社会科カリキュラムの基盤であるといえる。

（2）カリフォルニアプランとバージニアプラン

　日本の小学校社会科カリキュラムの基盤となったカリフォルニアプランとバージニアプランには，様々な差異が見られることが倉澤（1949）によって指摘されている（表4-2）。

　バージニアプランは，委員会が詳細な実際案を作成して州内の郡市に推し進めたのに対し，カリフォルニアプランは地方計画を進める基準を示して実際案は州内の郡市に委ね，現場の教師が作成した「教師の手引き」を用意するのにとどめている。そのため，カリフォルニアプランは「サンタバーバラ案」「カーン案」「コントラ・コスタ案」「アラメダ案」など地域性が盛り込まれた案が作成されたが，バージニアプランは「どこにも一応当てはまるが，本当はどこにも当てはまらない。」といわれるように具体的な生活の場がなく，地域性を持たない特徴をもつ。また，バージニアプランがこれまでの教科を捨てコアカリ

表4-2　カリフォルニアプランとバージニアプランとの差違

		カリフォルニアプランの特色	バージニアプランの特色
1.	カリキュラム政策	州は詳細な実際案を作らず，州内の郡市にゆだね，地方計画を進める基準を示し，「教師のための手引き」を用意するにとどめる。	詳細な実際案を作り，州内の郡市に推し及ぼそうとする。
2.	コースオブスタディの構成方法	「教師の手引き」は，現場の第一線の教師が考案した単元計画を編集して作成した。	委員会が分担して立案したものを編集。整っているが変化がなく，迫力と具体性に乏しい。
3.	中心学習の構成	中心学習…「社会＝理科」 「社会機能」と「児童の経験領域」とを組み合わせて，地域性を豊かに盛り込む。 家庭―学校―村や町―郡―州―国―世界というように，生活経験が広まるにつれて放射状に進む。	中心学習…「コアカリキュラム」 「社会機能」と「社会理想」に終始。具体的な生活の場がない。地域性を持たない。
4.	学習単元の構成と展開	大単元を構成し，「プロジェクト法」によって単元を展開する。	比較的小単元に構成し，「問題法」によって展開する。
5.	これまでの教科組織に対する態度	断片的な教科組織を改め，総合経験の価値を生かした総合プログラムを目指すが，必ずしもこれまでの教科を捨て去るには及ばない。	これまでの教科組織の無力さを強調し，教科の別を捨て，コアカリキュラム一本に徹する。

出所：倉澤1949『近代カリキュラム』pp. 296-301をもとに筆者作成

キュラムに徹し，社会機能と社会理想を重視したカリキュラムなのに対し，カリフォルニアプランは，それまでの教科を活かして総合化を図るとともに，社会科＝理科を中心学習とし，社会機能と児童の経験領域を組み合わせた地域性豊かなカリキュラムとなっている。

　カリフォルニアプランは，後で述べるようにデューイの教育哲学の影響を強く受けているが，デューイは「社会科は他の教科と並ぶ一つの教科とすべきではなく，他のすべての教科を総合する中心とすべき」「社会科と理科は切り離すべきでなく，社会性と自然性を同時に学習すべき」と述べており，社会科＝理科を中心教科としながら，特に社会科を重視している。カリフォルニアプランでは，社会科＝理科の目的を，青少年がよく社会生活に適応し，進んで社会の幸福と進化のために尽くすよう，子どもたちを助け，社会生活を理解させることとし，市民としての豊かな知識，社会的にめざめた良識，価値ある社会的な仕事に協力し参加する習慣や技能や態度が大切であるとしている。これらの能力は協働の目標を目指して他の人と学習する長い間の経験によって初めて得られるとし，市民としての実践的な力強さを養うのが社会科の目標であるとしている。そしてカリキュラムの原則として，少数の事物を深く研究すること，経験や活動を総合させること，「ここ」と「今」に重点を置くこと，生活の現実にぶつかっていく勇気を大切にすること，土地の社会（村や町の現実，学校や学級の経験）を直接経験の実験室として重視することなどをあげている。

　この考えはシークエンスにおいて具現化され，カリフォルニアプランの様々な案を比較検討した倉澤 (1949) は，案によって差はあるものの，1，2年で家庭・学校，村 (町) の学習，3年で郡の学習，4年でカリフォルニアの学習，5年で合衆国の学習，6年でアメリカを中心とした世界の学習という学年配当が本流であるとし，カリフォルニアプランのシークエンスが，家庭—学校—町や村—郡—州—国—世界というように生活の経験が広まるにつれて放射状に進む同心円的拡大主義による構成原理となっていることを明らかにしている。カリフォルニアプランのシークエンスが同心円拡大的であることは，カリフォルニアプランの実際案が州内の郡市において作成され，豊かな地域性が盛り込ま

れたこと関係があると考えられる。

　さらに倉澤（1949）は，「カリフォルニアプランは，大人本位の社会機能と
いうようなものは大して重視せず，子どもに魅力のある実際的な事物を取り上
げ，デューイのいわゆる仕事（Occupation）を学習プロジェクトとして盛り上
げようとしているように思われる」「読書算の用具教科も，音楽，美術などの
情操教科も，それだけ切り離して断片的に練られるのでなく，中心学習の生活
の場に総合されなければならない。これによって，技能も情操も初めて身に付
いたものとなり，同時に中心学習も生命を与えられるのがカリフォルニアプラ
ンの見地である」とも述べ，バージニアプランに比べ，カリフォルニアプラン
の方が進歩的であると評している。昭和23年版学習指導要領補説に大きな影響
を与えたカリフォルニアプランは，社会科（ないしは社会科＝理科）を中心学
習とし，用具教科や情操教科を中心学習と関連して学ばせるというカリキュラ
ム構成となっている。このようなカリフォルニアプランは，市民としての資質
育成を教育の目標とし，観察や活動を重視した，地理を中心とする内容教科を
コアとする経験主義による統合カリキュラムを提唱したパーカーのカリキュラ
ム論の考え方と通じものがあり，パーカーのカリキュラム論は，カリフォルニ
アプランを通して日本の小学校社会科カリキュラムに影響を与えているものと
考えられる。

（３）パーカーとデューイおよびカリフォルニアプランとの関連

　日本の小学校社会科カリキュラムの基盤となったカリフォルニアプランの
「教師の手引き」第１章「基本的な教育哲学」の執筆者であるヘレン・ヘファ
ナンはデューイの信奉者であったとされ，カリフォルニアプランにはデューイ
の基本哲学を基調にしたものであることが明確に示されている。日本の小学校
社会科カリキュラムはデューイの影響を強く受けていることは明らかである。

　では，デューイとパーカーとはどのような関係にあったのか。倉澤（1953）
はパーカーのカリキュラム論はデューイに受け継がれたと述べているが，パー
カーとデューイは同時期にシカゴで活躍し，教育者として実践者として互いに
認め合う存在であった。デューイはパーカーを「進歩主義教育運動の父」と称

したが，デューイがパーカーから受けた影響については次の2点を指摘できる。

　第1は，初等教育カリキュラムにおいて地理を重視したことである。デューイは，初等教育は子どもたちの生活を中心に組織されるべきであり，そのためには特に地理を重視しなくてはいけないとしたが，デューイが教育における地理学の効用を論じたのはパーカーの影響であるとされる（伊藤2009）。

　デューイは，仕事（Occupation）のなかには人間の知性と感性を育む力があるとして，教育において仕事（Occupation）を重視したが，地理学を地球というものを人間がする仕事の永続的な拠点として人々に提示する科目として，仕事（Occupation）の基盤を地理学においている。そして，地理学をよりよき生活を求めて働く人間の知の結晶と述べている。また，すべての科学の統一は地理のなかに見いだされる。地理の意義は，それが人間のすべての仕事（Occupation）の永続的な家として地球を提示することであるとも述べている。このことは，パーカーの地理の捉え方及びパーカーが地理のなかに見いだした人間形成的・教育的意義を発展させたものであると考えられる。

　第2は，初等教育カリキュラムにおいて，子どもの生活経験や心理的側面を重視する児童中心主義教育を推進しながら，学問分野や教科内容の体系的な知識も重視したことである。

　デューイは，パーカーによって切り開かれた児童中心主義よる1920年代のアメリカ新教育運動を振り返り，社会への関心を欠き，形式的教科を否定するあまり教科そのものまでを軽視する進歩主義学校を戒めている。パーカーによる抑圧的な伝統的教育への反発が後継者たちの中に生き続け，バランスを欠く偏った児童中心主義を生み出したと批判している。しかし，パーカーについては「生活の経験と生活による近い教科を擁護した」と述べ，教科を蔑ろにした偏った児童中心主義教育者とは異なる存在とみなしている。パーカーの教育実践においては，教科は児童とともに重視され，パーカーによる教育改革について教室を子どもにとって楽しい活動も場とするとともに子どもの学力を高めるものであったとして高く評価している。デューイの実験学校においても，教科とそのもとになる学問分野を軽視していなかった。このことから，デューイは，

旧教科以上によく組織されつつも同時に子どもの経験との直接的発展関係を有した新教科の発展の必要性を説いている。

　パーカーの地理教育論・カリキュラム論がデューイによって継承されたことはこの2点にまとめられるが，このことはデューイの教育哲学を基調とするカリフォルニアプランが，これまでの教科を否定しコアカリキュラムを志向したバージニアプラン的なカリキュラムではなく，社会科を中心学習とし，それまでの教科を活かした総合的な経験主義カリキュラムであることの根拠であるとともに，その基本的な考えはパーカーの地理教育論・カリキュラム論とつながっていることを示すものである。

　すなわち，日本の小学校社会科カリキュラムの源流は，ヘレナ・ヘファナンの指導による昭和23年版学習指導要領補説からカリフォルニアプランへ，そしてJ. デューイを経て，F. W. パーカーのカリキュラム論へ遡ることができるということである。

　日本の小学校社会科カリキュラムの構成原理である同心円的拡大主義は，カリフォルニアプランを参照して作成された昭和23年版学習指導要領補説から導入されたものであり，昭和23年版補説が日本の小学校社会科カリキュラム構成原理の実質的な原点となっている。カリフォルニアプランはデューイの教育哲学を基調としたものであり，デューイの教育思想は一切の科学が地理に統合されるというパーカーの科学統合の思想および地理を中心とする内容教科をコアとする経験主義による統合カリキュラムというカリキュラム論に大きな影響を受けていることから，日本の小学校社会科カリキュラムの源流としてパーカーを位置づけることができる。

　パーカーのカリキュラム論は，地理をコアとする教科カリキュラム（第1期），児童がセンターのコアカリキュラム（第2期），児童中心の活動カリキュラム（第3期）と変遷を遂げる。この変遷は，児童中心の活動主義的な経験カリキュラムの視点からはカリキュラム思想の発展と捉えられるが，そのようなカリキュラム思想を展開したパーカーが常に地理を重視し，教科カリキュラムの中

心として地理を位置づけていたことは大きな意味を持つ。パーカーのカリキュラム論の到達点とされる児童中心の活動カリキュラムにおいても，内容教科の中心として地理を重視し，地理を中心に人文科と自然科を統合していくという思想及び地理を中心としたカリキュラム論は社会科誕生，そして社会科を中心とする経験主義によるカリキュラム誕生への素地となっていった。このことから，日本の小学校社会科カリキュラムは，本質的に地理を基盤としていることを示しているといえるのではないだろうか。

　本稿ではF. W. パーカーの地理教育論とカリキュラム論を取り上げ，日本の小学校社会科カリキュラムとの関連で考察することにより，小学校社会科かカリキュラムにおける地理の基盤性についてある程度論じることができたと考える。しかし，社会科における地理の基盤性という点では以下の2点についての検討がさらに必要となる。1点目はパーカーの地理教育論は自然地理を中心としているが，それが社会科へどのように接続していったのかという点である。この点については，森分（1994）がアメリカにおける社会科成立に向けた地理教育改革運動は，大きく自然地理教育論から人文地理教育論へ，そして社会科地理教育論へ展開していったことを紹介している。本稿ではその過程を論じられておらず，さらなる検討が必要である。2点目はパーカーの地理教育論以降の地理教育カリキュラム編成原理（シークエンス）の変遷である。パーカーの地理教育カリキュラムを大まかには同心円拡大的性格をもつとしたが，森分が紹介したアメリカ地理教育改革運動のなかで提案される初等地理教育カリキュラムは，同心円拡大的なものも含めて様々なタイプがみられる。そして，最も大きな課題は，初等地理教育カリキュラムの原理である同心円的拡大主義がその後の社会科教育カリキュラム，特にカリフォルニアプランにどのようにして取り入れられたのかということである。これらについては十分論じることができておらず，今後の課題としてさらに研究を進めていきたい。

※本節は，佐藤浩樹（2022）「小学校社会科カリキュラムにおける地理の基盤性—F・Wパーカーのカリキュラム論の検討を通して—」『地理教育研究』No. 30, pp. 11-20. に加筆・修正したもの

である。

注
1）経験主義的カリキュラムに基づく昭和23年, 26年版学習指導要領における経験領域拡大主義(同心円的拡大主義）が, 系統主義的カリキュラムに変質した昭和30年学習指導要領以降も学習内容を同心円拡大的に構成する過程については, 佐藤（2019a）で詳しく述べている。
2）各地域スケールにおいて，「A. 基盤としての地理的学習（全体としての特色を学ぶ地誌的学習）」と「B. 事例地を取り上げた地理的学習（地誌的学習），他地域との関連・つながりの学習」とを基礎として「C. 歴史的学習」と「D. 公民的学習」を行い，最後に「E. 社会問題学習」を取り上げるという内容構成基本モデルを提案した（佐藤2016, 2019a）。
3）篠原（1984）はパーカーを教育課程において特に地理を重視したとして取り上げている。
4）地理教育論についてはリッターに強く影響を受けているが, パーカーの地理の教材論は多くが自然地理であり, 生命的・有機的存在とその物質的基礎との関係を捉えようとするが人文現象や社会現象に深く立ち入ることは少なく, その意味では, むしろフンボルト的であるともみられるとされる（西村・清水1976, p.240）。
5）海後（1973）は, 22年版と23年版補説は本質的な違いがあるとしているが, 上田（1971），木村（2006）のように本質は変わらず, 技術的な差しか認めない論もある。これは両者の研究の立ち位置によるものであろう。このことについては山口（1989）で詳しく述べられている。

参考文献
伊藤貴雄 2009「牧口常三郎とジョン・デューイ―地理学への注目をめぐって―」『創価教育』第2号, pp.131-142
上田薫 1971「経験主義の立場―二つの学習指導要領とその周辺―」東京教育大学社会科教育研究室編『社会科教育の本質』pp.20-26
梅根悟 1977「第9章 アメリカにおける総合教育思想の展望と理科教授 第2節 パーカー」『梅根悟教育著作選集5 初等理科教育の革新』明治図書 pp.254-266
海後宗臣 1973「日本の小学校社会科教育の外観と展望」東京都小学校社会科研究会編『小学校社会科25年の歩み』明治図書 pp.15-25
木村博一 2006『日本社会科の成立理念とカリキュラム構造』風間書房, 633p
倉澤剛 1949『近代カリキュラム』誠文堂新光社, 302p
倉澤剛 1953「パーカーにおけるカリキュラム思想の発展―アメリカ最初の本格的な新教育の開拓―」『東京学芸大学研究報告』pp.17-29
佐藤浩樹 2016「同心円的拡大主義の再評価―地理を基盤とした小学校社会科カリキュラムとして―」山口幸男他編『地理教育研究の新展開』古今書院 pp.208-218
佐藤浩樹 2019a『小学校社会科カリキュラムの新構想―地理を基盤とした小学校社会科カリキュラムの提案―』学文社
佐藤浩樹 2019b「社会科の内容構成」佐藤浩樹他編『テキスト初等社会科』学文社 pp.12-19
篠原昭雄 1984『地理教育の本質と展開』明治図書, p.13
高田喜久司 1979「F. W. パーカー教授学における中心統合理論の形成過程」『教育方法学研究』第4号, pp.35-43
高田喜久司・西村誠 1981「Ⅸフランシス・W・パーカー学校改革の先駆者」市村尚久編『現代に生きる教育思想1 アメリカ』ぎょうせい pp.283-319
高田喜久司 2016「F・W・パーカーの地理学習論―その「基礎論」の探究―」『新潟工科大学研究紀要』第20号, pp.57-73

高田喜久司 2017「F. W. パーカーの『教育的自由の原理』」『新潟工科大学研究紀要』第21号，pp. 31-45

高田喜久司 2018「F. W. パーカーの道徳教育論」『新潟工科大学研究紀要』第22号，pp. 15-27

高田喜久司 2019「F・W・パーカーの地理学習『内容論・方法論』」『新潟工科大学研究紀要』第23号 pp. 25-43

中野真志 2017「J. デューイ（John Dewey）のカリキュラム理論と教科観—デューイ実験学校時代のカリキュラム理論と相補的な歴史と地理を中心に—」『愛知教育大学研究報告　教育科学編』(66) pp. 1-8

パーカー著，西村誠・清水貞夫訳／解説 1976『中心統合法の理論』明治図書，pp. 221-260

森分孝治 1994『アメリカ社会科教育成立史研究』風間書房，884p

三神淳子 1997「デューイによるパーカーの位置づけ—「進歩主義教育の父」として—」，『慶應義塾大学大学院社会学研究科紀要』第46号　pp. 7-14

山口満 1966「F・W・パーカーの中心統合法理論の構造」山田栄博士退官記念の会編『教育課程と世界観』pp. 223-244

山口幸男 1989「初期社会科における世界的内容の扱い」『群馬大学教育学部紀要人文・社会科学編』第39巻，pp. 313-330

山口幸男 2020「社会科地理教育の地理学的基盤—リッター地理学の特質と地理教育的意義—」『群馬社会科教育研究』第8号，pp. 1-9

第2節　小学校社会科カリキュラムにおける「日本の歴史」の内容構成と位置づけ

平成29年版小学校社会科学習指導要領では，中学校社会科との系統性を踏まえ，小学校社会科の内容を，①　地理的環境と人々の生活，②　歴史と人々の生活，③　現代社会の仕組みや働きと人々の生活という3つの枠組みに位置づけ，①と②は空間的な広がりを念頭に地域，日本，世界と，③は社会的な事象について経済・産業，政治及び国際関係と対象を区分した。このことに関して，佐藤(2018，2019) は地理的内容を中心に検討し，空間的拡大を明示した点を評価しつつ，地理的環境を自然環境に限定して地理を矮小化して捉え，学校のまわりの様子の内容の縮減によるフィールドワーク機会の減少，世界に関わる内容の異文化理解から国際交流への重点移行など地理を軽視した内容構成になっていることを指摘した。

歴史的内容については，中学年では大きな変更があり，第3学年の「古くから残る暮らしにかかわる道具，それを使っていたころの暮らしの様子」の内容が「市の様子の移り変わり」に改められた。また，伝統や文化に関わる内容が

第4学年に移行し，身近な地域の文化財や年中行事の事例を取り上げる学習から県内の主な文化財や年中行事の理解と事例を取り上げる学習（「県内の伝統や文化」）へと変化した。

　しかし，第6学年歴史的内容については，内容を示す順序が(1)から(2)になり，小学校の歴史学習の趣旨が明示され，2つの内容の独立はあったものの，内容構成は概ね今までと変わらないものとなっている。平成29年版学習指導要領は資質・能力の育成を目指すことを重視したとされるが，小学校第6学年の歴史的学習（「日本の歴史」の学習）の内容構成は，従前と同様に人物や文化遺産を中心とした年代史的学習によるものである。

　「日本の歴史」の内容を空間的拡大カリキュラムのなかに位置づけ，年代史別学習として構成することは，小学校社会科カリキュラムとして本当に妥当なのであろうか。本稿では，小学校社会科歴史的学習（「日本の歴史」）の内容構成とカリキュラム上の位置づけについて，小学校社会科のカリキュラム構成のあり方と関連づけて検討していきたい。本稿では，小学校における「日本の歴史」の学習の内容構成の課題を指摘し，昭和30年版学習指導要領に基づく教科書の内容構成の検討をもとに，小学校社会科における「日本の歴史」の内容構成の視点とカリキュラム上の位置付けについて提案する。

1　小学校社会科歴史的学習（「日本の歴史」の学習）の内容構成と課題

（1）「日本の歴史」の学習の変遷と課題

　小学校社会科における「日本の歴史」の内容は，系統主義によるカリキュラム構成が明確となった昭和33年版学習指導要領以降，第6学年の内容として安定的に位置づいているが，このことが揺らぐ機会は2回あった。1回目は昭和52年の学習指導要領改訂で小学校第6学年の社会科の時数が140時間（週4時間）から105時間（週3時間）に減少したときである。しかし，このときは第6学年で「世界の諸地域」よりも「日本の歴史」のほうが重視され（朝倉1988），第6学年社会科から「世界の諸地域」が削除されて中学校地理的分野が世界地誌先習となったのに対し，「日本の歴史」はそのまま第6学年の内容として位

置づいた。

　次に大きく揺らいだのが，平成8年の中教審第1次答申で教育内容の厳選の例として小学校と中学校の日本の歴史の内容の重なりが指摘されたときである。日本社会科教育学会においても連続講座・シンポジウムで取り上げられ，議論がなされている。そのまとめでは，小学校の歴史学習に焦点を当てたカリキュラム改革の必要性が共通理解され，今回の議論をさらに深め，日本社会科教育学会が，学会としての具体案を提示することへの期待が高まったと述べられている（『社会科教育研究』No. 77，1997）。

　国立教育研究所（1997）も「小学校と中学校における歴史学習は，それぞれの学校段階に応じた性格の異なるカリキュラムとして学習指導要領では位置づけられている。しかしながら，小学校と中学校の学習を通してみた時，結果として通史の繰り返しが行われているという問題が指摘されてきた。」として，小学校および中学校の歴史学習の独自性をより明確にする観点から，小学校，中学校を通した歴史学習のカリキュラムのあり方について改善の視点を提案している。平成10年の教育課程審議会の答申でも人物・文化遺産学習の一層の推進と教育内容の一層の厳選，通史学習の否定が明示された。しかしながら，平成10年版学習指導要領では内容の選択が取り入れられた程度で小学校歴史学習に変革はみられなかった。その後も小学校歴史学習のあり方が特に議論されることはなく，「日本の歴史」は小学校第6学年の内容として現在に至っている。平成29年版学習指導要領でも，通史学習ではないとしながら「日本風の文化が生まれたこと」と「戦国の世の中が統一されたこと」の2つの内容が独立して示されるようになり，教育内容を厳選し網羅的学習にしないという方向にはなっていない。小学校の歴史学習では，歴史を通史として事象を網羅的に扱うものでないことは常に指摘されてきたが，今なお課題であることは，教師の指導の問題ではなく，カリキュラムの問題だということある。人物や文化遺産を中心に学習するとしても年代史的学習として内容構成するかぎり内容の厳選は難しく，中学校の歴史学習との重なりは避けられない。

（2）「日本の歴史」の学習内容の厳選と内容構成

歴史学習の内容厳選については，小学校と中学校とで分割する考えが以前からある。国立教育研究所（1997）は，以下の3つの方法を示している。

第1の方法は，室町時代までを小学校で，歴史学習の最新の成果によって，我が国の歴史上の最大の転換点とされている戦国時代以降を中学校で行うというものである。第2の方法は，江戸時代までを小学校で，現代社会の直接的背景である明治時代以降を中学校でという振り分け方である。第三の方法は，鎌倉時代までを小学校で，現代社会の生活文化の原型が形作られた室町時代以降を中学校で学習するというものである。

小学校と中学校とで歴史を分割することにより，学習内容の重複がなくなり小・中学校ともに時間的余裕が生まれる，小学校では複雑な歴史的事象を対象とする近現代史を行わなくなり児童が無理なく学習できるというよさがある。しかし，年代史的学習であることに変わりなく，小学校と中学校で歴史的学習が分断されてしまう。同心円的拡大カリキュラムは，小学校段階でまとまりを重視し，家庭・学校・身近な地域から世界までを取り上げることが特徴の1つである。学校段階の学習のまとまりを考えると，小学校と中学校とで歴史を分割することは課題が多い。

小学校歴史学習の内容構成に関わる研究は少ないが，上之園（2000）は小学校歴史学習で育成すべき資質・能力を「興味・関心」と「見方・考え方」とし，3つの小学校歴史学習のカリキュラム構成案を提案している。

試案①は「原始から現代までの年代史学習」を小・中で繰り返す場合である。試案②は小・中で分割する場合で，小学校で鎖国までを扱うとし，中学校は小学校の政治学習を基礎として現代から倒叙法でさかのぼるとしている。試案③は年代史的学習でではなく，「特定の人物を中心とした国造り」「人々の生活や文化の創造」「世界と関わる人々の営み」の3つの視点から内容構成している。具体的なカリキュラム案も示しており，単元として選択する数は，「主体的歴史像の形成と学習展開」の保障の面から十分な時間の確保を行うため7単元までとしている（表4-3）。

表4-3　上之園によるカリキュラム試案③「原始から現代を年代史的に扱わない学習」の場合

	ねらい	単元名
人物と国づくり	・天皇中心の国が確立したこと ・武士による政治が始まったこと ・戦国の世が統一され，武士による政治が安定したこと ・近代国家が造られたこと ・国際社会の中で民主的な国づくり	・聖徳太子と十七条の憲法 ☆聖武天皇と大仏 ・頼朝と鎌倉幕府 ☆天下を統一する信長，秀吉，家康 ☆西郷・大久保と明治の国づくり ・平和公園を手がかりに
人々と生活と文化	・日本風文化が起こったこと ・現代につながる室町文化や人々が協力して生活していたこと ・生活を高める農民や町人文化が栄えていたこと	・宇治の平等院と寝殿造り ☆田楽やお伽草子の人々 ・錦絵の人々
人々と世界との関わり	・中国から政治の仕組みや文化を学んだこと ・南蛮人との出会いが日本の政治や文化に影響を及ぼしたこと ・朝鮮出兵と人々 ・西洋の新しい文化を取り入れ，考え方や生き方が変わったこと ・急速に発展する我が国の国際的地位の向上とアジアとの関係 ・民主的な国家として国際社会の中での役割を果たしていること	☆倉橋島の遣唐使船 ・南蛮との出会い ・秀吉と朝鮮出兵 ・ざんぎり頭と文明開化 ☆消えた宇品線と原爆ドーム ・平和公園を手がかりに

注：導入単元「歴史のロマン」，歴史的事象・人物・遺産を省略。☆は○年度に実施予定の単元。上之園の勤務校は広島大学附属東雲小学校である。
出所：上之園（2000）p.70を筆者が一部省略して示したものである

　そして，「興味・関心」と「見方・考え方」が育成できれば単元の数にはこだわらず，小学校歴史学習で育てたい資質・能力に必要な歴史的事象を選択でき，学習順序も柔軟に対応でき，学習内容の厳選も可能になるとしている。資質・能力を重視し，内容を厳選した通史学習でない人物・文化遺産学習は，必ずしも年代史的学習である必要はない。小学校歴史学習を年代史的学習ではなくすれば，中学校歴史学習との違いを明確化することもできる。小学校歴史学習を「国造り」「生活・文化」「外国との関わり」の視点から内容構成した上之園の提案（試案③）はたいへん意味あるものである。

　また，上之園の提案は，資質・能力を育成することができるなら単元数にこだわらず，3つの視点ごとに一単元でもよいとしている。上之園は具体的試案として数多くの単元の中から6単元を選択したものを示している（表中の☆の単元）。年代史的でなく3視点から内容構成してもすべての単元を取り上げれば内容の厳選はできない。平成29年版学習指導要領は資質・能力を重視してい

るとしながら，内容を網羅的に示しており，整合性が取れていない。資質・能力を重視するのであれば，上之園の提案のように取り上げる内容の選択を大胆に取り入れるべきであろう。この点からも現代的な意味のある提案である。

このような内容構成は，歴史の連続性・発展性が捉えにくいこと，取り上げた歴史的事象が過去の出来事として完結してしまい，現在との関連が把握されにくいことが課題としてあげられているが，氏も述べているように中学校の通史的学習で補完できるものであり，大きな課題であるとは考えない。しかし，資質・能力を重視して歴史的学習の内容を構成すべきかどうかについては検討の必要があるであろう。

② 昭和30年版学習指導要領による教科書における「日本の歴史」の内容構成
（１）昭和30年版小学校社会科学習指導要領の特色
「日本の歴史」の内容が総合社会科とはなじまず，地理を基盤とする同心円的拡大主義カリキュラムでの位置づけが難しいことは，従来から指摘されていることである（高山1997）。「日本の歴史」は，昭和33年版学習指導要領以降，小学校第6学年の内容として位置づいているが，その理論的根拠は曖昧なものである。

昭和33年版以前の学習指導要領では「日本の歴史」はどのような位置づけになっているのであろうか。その際注目されるのが昭和30年版学習指導要領である。昭和30年改訂の要点は，① 目標・内容の点での小・中学校の一貫性，② 道徳，地理，歴史，政治・経済・社会の学習を各学年を通して系統的に行うこと，③ 学年の主題や学習領域案の新たな工夫，④ 第6学年の終了までに中学校における地理的学習の基礎やわが国の各時代の様子の理解が身につくように配慮することの4点である。昭和30年版学習指導要領は，目的・目標は昭和26年版社会科を継承しながらも，内容面では地理的・歴史的内容の系統的な知識を組み込み，方法面では知識を問題解決的に習得させるところに特色があり，問題解決の社会科から系統的な知識習得を目指す社会科への過渡期のものであるとされる（小原1991）。

昭和30年版学習指導要領には学年の主題が示されている。学年の主題は，第
1学年「学校や家庭の生活」，第2学年「近所の生活」，第3学年「町や村の生
活」，第4学年「郷土の生活」，第5学年「産業の発達と人々の生活―日本を中
心として―」，第6学年「日本と世界」であり，第1・2学年において学校，
家庭，近所，第3・4学年においては町，村，郷土，第5学年では日本の産業，
第6学年で日本の政治と外国との関係を取り上げる内容構成となっている。
　高学年の内容をみると，第5学年の学習領域案は「農村や漁村の人々の働き
とわたくしたちの生活」「工業の発達とわたくしたちの生活」「商業の発達と消
費生活のくふう」「交通機関の利用と人々の生活」であり，第6学年の学習領
域案は，「みんなの意見，わたくしの意見」「今の政治と昔の政治」「貿易の発
達と文化の交流」「わたくしたちの生活と外国人の生活」となっている。同心
円的拡大主義（経験領域拡大主義）に基づき，地理や歴史の内容を取り上げて
はいるが，系統的な扱いは強化されておらず，学年の主題，基本目標との関わ
りから取り上げられているに過ぎない。特に歴史においては，第6学年の終了
までにわが国の各時代の様子を理解することを求めているにもかかわらず，日
本の歴史を全体的にまとまって扱うようにはなっておらず，生活や政治との関
わりで取り上げるようになっている。このことは，経験主義から系統主義への
過渡期のものに過ぎないと捉えられるが，「日本の歴史」を第6学年に位置づ
ける内容構成は絶対的なものではなく，小学校社会科カリキュラムにおける「日
本の歴史」の位置づけを模索する可能性があることを示している。
　（2）昭和30年版学習指導要領の教科書における「日本の歴史」の内容構成
　経験主義から系統主義への過渡期である昭和30年版学習指導要領による教科
書では，「日本の歴史」の内容はどのように構成されているのであろうか。昭
和30年版学習指導要領による教科書（東京書籍）の「日本の歴史」に関わる内
容をまとめたものが表4-4である。
　表4-4をみると，まず，中学年で「日本の歴史」の内容が取り上げている
ことがわかる。第3学年・下で「大むかしの人と今の人」という大単元を設定
し，縄文時代の生活について食べ物，服，家，道具を取り上げ，今の生活と比

表4-4　昭和30年版学習指導要領小学校社会科教科書における「日本の歴史」の内容構成

	大単元	小単元	主な学習内容	社会生活の目標	歴史の目標
3年下	4．大むかしの人と今の人	1．大むかしのたべもの pp.78-83	・大むかし〈縄文式時代〉の集落の位置 ・食生活（木の実採集，しか等の捕獲，魚や貝類の捕獲，物々交換） ・今の便利な食生活との対比	・大むかしの人々の食生活と食生活を通してみた社会生活の広がり ・大むかしの社会と現代社会との大きな対比，天然と人工	・人間の社会生活の長い時間的へだたり・時代による社会の構造の相違
		2．きものと家 pp.84-88	・大むかしの人々の衣生活（単純な自然物の利用） ・現代の製造業及び商店の多様性との比較 ・単純な形の家と一層工夫され改善されている現代の家	・単純な地域共同社会と分業が高度に発達した現代社会との比較 ・社会生活の基本的相違	・単純な製造法と今の製造業との対比に表れた時代のへだたりへの認識
		3．どうぐのむかしと今 pp.89-94	・大むかしの人々の使った道具（石器，骨角器，土器─それらの素朴な道具に対する工夫の跡） ・現在の進歩した機械	・道具を通してみた古今の社会生活の規模の正しい認識	・道具と生活に表された長い時間的へだたり
4年下	1．むかしのくらしと今のくらし	1．江戸時代のくらし pp.8-13	・江戸時代の様子＝身分の差（士・農・工・商），城下町＝将軍，大名，武士（城武家屋敷），町人＝町人の町，土蔵造りの家 ・服装＝武士の着物にそで，はおり，ひたたれ，かみしも），町人の着物（ももひき，はんてん，げんろくそでなど） ・食事＝三食，米をたく（農民は麦，あわ，ひえ，いも，まめ），うどん，かし，茶	・江戸時代の衣食住および簡単な制度の学習を通して封建時代の社会生活を理解すること	・江戸時代の理解
		2．明治時代のくらし pp.14-19	・明治時時＝開国，文明開化（服装，食事，家屋の構造に西洋の影響が加えられる，ガス灯その他日常の文化の質が変わってくる，近代産業がだんだん興ってくる）	・日本の近代社会の人々の生活を理解すること	・明治時代の理解
		3．今のくらし pp.20-23	・現代＝大きな戦争と敗戦（戦時中の耐久生活，復興への努力，衣食住の面で生活水準がだんだん向上してくる，くらしの工夫が町や村でなされつつある	・現代の社会生活を理解すること ・生活の合理化が試みられていること	・現代の理解
5年上	1．生活の歴史	1．日本の国ができたころの生活 pp.6-11	・貝づか＝出土品，住んでいた上地の様子や生活の程度（狩猟生活─採集，捕獲，移動する生活） ・登呂の遺跡＝昔の住居跡，出土品，定住する生活（水田耕作の開始，集落の形成） ・こふん＝仁徳天皇陵（世界でも珍しい古墳，約1500年前と推定される大仕事，天皇の勢力が強大であった社会），豪族，はにわ（風俗の様子─服装，装飾品）	・社会生活の基盤の違い	・狩猟生活時代 ・水田耕作が始まったころの時代 ・古墳時代
		2．きぞくが力をもってい	○法隆寺＝聖徳太子の業績（17条憲法，大陸の進んだ文化を取り入れる，仏教	・仏教がさかんであったころの社会	・仏教芸術の栄えた飛鳥時

たころの生活 pp. 12-19	を広める）、世界最古の木造建築 ○奈良の大仏＝東大寺（仏教がさかんになる）、奈良の都（七代70年余栄えた都、710年より奈良時代、中国の都にならった都） 　遣唐使、国分寺の建立、漢字（古事記、日本書紀、万葉集） 　口分田、租庸調、市、道路の開設、銅貨		代 ・奈良時代
	○平安神宮＝桓武天皇、京都の都—794年より平安時代、貴族の豊かな生活 　仏教（空海、最澄—留学僧）、かな文字（紫式部—源氏物語、清少納言—枕草子、竹取物語） 　一般人豊かでない生活、地方の豪族の台頭	・貴族が政治の実権をにぎっていたころの社会	・平安時代
3．武士が力をもっていたころの生活 pp. 20-30	○鶴岡八幡宮＝鎌倉幕府（信仰の対象八幡宮、1192年源頼朝鎌倉幕府を開く） 　武士の生活（武勇、質素、武技を練る遊び、新しい仏教—道元、親鸞、日蓮） 　農民の生活（年貢に苦しむ、領主・地頭の下で働く、畜力利用よる米麦の増産、鍛冶屋や大工の仕事）	・武士を中心に営まれていた社会 ・封建社会といわれている社会の人間関係	・鎌倉幕府 ・武家政治が始まる
	○金閣寺＝室町幕府（足利氏、地方が開ける、産物の売買、商業の町） 　さかんな貿易（外国との貿易—港町堺や博多、鉄砲やキリスト教の伝来） 　人々の生活（地方が乱れ武士が争う、長い戦争）、織田信長、豊臣秀吉	・交易がさかんになってくる社会の様子	・室町時代 ・ヨーロッパ人の渡来
	○千代田城＝江戸幕府（1603年徳川家康江戸幕府を開く、キリスト教の禁止、鎖国、長崎—中国人、オランダ人） 　士農工商の身分の区別（武士が力をもち、農民職人商人を治める）、家を重んずる、家長が大きな力 　農民の生活（高い年貢、貧しい食物、農業技術の進化）	・身分制度がはっきり決められた社会の人間関係	・江戸時代 ・鎖国
	豊かな町人の生活（商業がさかんに、交通路の発達、江戸や大坂を中心に品物が全国的な取引、金貸しする町人、寺子屋、町人の娯楽文化）	・町人がだんだん勢いを得てくる社会の様子	
	新しい世の中の動き（人々の不安、国学や洋学、開国運動、幕府が滅びる1867年）		・幕府がたおれて開国になる
4．明治から後の生活 pp. 31-37	○明治維新＝明治政府、身分の差をなくす、県が置かれる、近代産業がおこる ○文明開化＝西洋の進んだ文化、義務教育・交通・通信の新しい制度や機関、新しい生活様式	・近代国家になった社会生活	・明治時代
	近代産業の発達、生活水準の向上 　太平洋戦争、敗戦、復興に励む国民、平和条約		・大正時代 ・現代

6年下	3．政治の歴史	1．日本の国ができたころ pp.66-67	○日本の国のはじまり＝小氏族国家の成立，大和の国 ○大和の朝廷＝大和朝廷の国家統一，神武天皇	・国家	・国家成立 ・天皇と豪族の政治
		2．貴族が力をもっていたころ pp.67-77	○聖徳太子＝聖徳太子の新政と中国との交通 ○大化の改新＝中大兄皇子を中心とした革新，土地人民の公有 ○大宝律令＝古代国家体制の確立 ○奈良の都と京都の都＝大宝律令によった奈良平安の政治 ○貴族の政治＝土地公有の衰えと貴族権力の伸長，藤原氏の全盛 ○武士のおこり＝地方の秩序の乱れ，武士のおこり，源平の戦い		・古代国家成立と解体 ・武士の発生
		3．武士が力をもっていたころ pp.73-88	1．鎌倉・室町時代の政治 ○平氏から源氏へ＝清盛と頼朝 ○鎌倉幕府＝幕府政治の開始，北条氏の実権，元寇，公家勢力の反発と失敗 ○室町幕府＝足利尊氏，守護大名の力 ○信長と秀吉＝織田・豊臣の全国統一 2．江戸時代の政治 ○江戸幕府＝徳川家康の全国統一，大名掌握 ○中央と地方の政治＝幕藩政治体制 ○士農工商＝身分制度の確立，町人の抑圧 ○鎖国＝幕藩体制維持のための鎖国と効果 ○町人の力＝農工生産力の発達と町人勢力の台頭，幕藩財政の窮乏，重い年貢，幕府の政治力の衰退と改革，大きな町人の勢力 ○世の中の動き＝身分制度の動揺，討幕運動の開始 ○開国＝欧米勢力の侵攻，ペリー来航，開国 ○幕府が倒れる＝討幕運動の進展，大政奉還	・身分制度	・武家政治の成立，鎌倉幕府，元寇，室町幕府 ・中央集権的封建体制の確立，封建体制下の庶民の生活，町人の台頭，幕府勢力の動揺，倒幕 ・西欧勢力の東漸，開国，大政奉還
		4．明治から後の政治 pp.89-99	○明治維新＝五か条のご誓文，身分制度の廃止，東京遷都，西洋文明の摂取，福沢諭吉の活動 ○廃藩置県＝中央集権制の徹底 ○四民平等＝自由平等と徴兵制，義務教育制度 ○維新の影響＝新政と社会の動揺 ○自由民権＝藩閥政治への不満，自由民権運動 ○民主主義の始まり＝憲法発布，帝国憲法の性格，帝国議会の招集 ○民主主義の発達＝不完全な民主主義とその後の動向 ○戦争への歩み＝政党の堕落，世界的不況，日華事変，太平洋戦争と敗戦	・民主主義	・明治維新，自由民権運動，帝国憲法とその民主主義の限界，急速な国力の発展，太平洋戦争，敗戦，日本国憲法，拍車をかけられた民主主義

		○戦後の日本の民主化＝連合軍の方 針，日本国憲法の公布，農地改革 ○日本国憲法＝新憲法と政治	

出所：文部省「昭和30年版学習指導要領小学校社会科教科書（東京書籍）」より筆者作成

較する内容となっている。第4学年・下でも「むかしのくらしと今のくらし」という大単元を設定し，江戸時代，明治時代，現代のくらしについて衣食住を中心に取り上げて構成している。第3学年の主題が「町や村の生活」，第4学年の主題が「郷土の生活」であることを考えるとかなり無理のある内容であり，過渡期的なものであることがうかがえるが，中学年で生活の視点から「日本の歴史」を取り上げていることは示唆に富むものである。

　高学年では，第5学年・上で「生活の歴史」という大単元を設定し，日本の国ができたころ，きぞくが力をもっていたころ，武士が力をもっていたころ，明治から後の4つの時期に分けて生活の歴史を学ぶ構成を取っている。江戸時代の身分制度や明治時代の文明開化などの内容は第4学年との重なりもみられる。第6学年では，「生活と政治」の大単元（地方の政治，国の政治，日本国憲法）を受けて，「政治の歴史」という大単元を設定し，第5学年と同様の時代区分で政治の歴史（国づくり）で内容構成している。主題名は，歴史的人物や事物・事象が取り上げられている。

　すなわち，昭和30年版学習指導要領による教科書では，中学年において生活の歴史について導入的に扱い，第5学年で「生活の歴史」，第6学年で「政治の歴史」を取り上げる内容構成となっている。この内容構成は，先に示した上之園の試案③の提案内容に近く，しかも「日本の歴史」を第5学年と第6学年に分けて位置づけているところに特徴がある。平成20，29年版学習指導要領で文化的側面が重視されていることに対して，政治的側面と分離した形での文化的側面重視は歴史を総合的に把握するのが困難になり，文化的側面を当時の社会から遊離させることになるという批判がある。「生活の歴史」と「政治の歴史」を分けて学習することには課題はあるが，小学校社会科における歴史的学習の内容構成として視野に入れておくことは必要であろう。また，昭和30年版

学習指導要領では，第4学年で交通の歴史を，第5学年では産業(農業，工業，商業）の歴史をかなりのウエイトで取り上げており，小学校社会科の歴史的学習を問題史的で構成する可能性を示唆している。

③　小学校社会科カリキュラムにおける「日本の歴史」の位置づけ

空間的拡大の原理に基づく同心円的拡大主義は地理を基盤としたカリキュラム構成原理である（佐藤2016，2019）。平成29年版学習指導要領では① 地理と② 歴史の内容を空間的広がりを念頭に地域，日本，世界と区分したが，① 地理と② 歴史を同心円的拡大主義のカリキュラムで同じレベルの内容として位置付けるのは課題があると考える。

小学校社会科カリキュラムのあり方を論じた研究に唐木（2015）の研究がある。唐木は「つくる」という視点から，小学校社会科の内容を「地域づくり学習」「くにづくり学習」「ともに生きる社会づくりの学習」の3つに括った小学校社会科カリキュラム構成を提案し，わが国の歴史の内容を「くにづくり学習」のなかに位置づけている（表4-5）。これは小学校社会科カリキュラム改善に向けた重要な提案である。

佐藤（2016，2019）は，学区域から世界までの各地域スケールの学習を「基盤としての地理的学習」➡「事例地を取り上げた地理的学習」➡「歴史的学習」「公民的学習」➡「社会問題学習」で構成する内容構成基本モデル（図4-2）を提案し，「日本の歴史と文化」の内容を「日本の学習」の一部として位置づけるカリキュラム構成を示している。両カリキュラムとも，「日本の歴史」の

表4-5　唐木による「『つくる』という視点から構想する小学校社会科カリキュラム」

学年	学習名	内　　容
3，4	地域づくり学習	（1）身近な地域や市区町村，（2）生産や販売，（3）飲料水・電気・ガス・廃棄物，（4）災害や事故，（5）先人の働きや苦心，（6）都道府県
5，6	国づくり学習	（1）我が国の国土や自然，（2）我が国の農業や水産業，（3）我が国工業生産，（4）我が国の情報産業や情報化した社会，（5）我が国の歴史
6	ともに生きる社会づくりの学習	（1）我が国の政治の働き，（2）世界の中の日本の役割，（3）学校や地域から身近な社会的課題を一つ選び，その課題解決に向けて努力している機関や団体に協力しながら，社会参加学習を展開する。

出所：唐木（2015）p.25より引用

内容を，日本の学習・く
にづくりの学習を構成す
る内容の一部として位置
づけているところに特徴
がある。

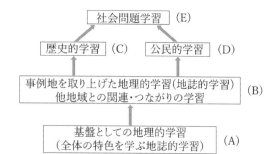

　本稿では，今まで述べ
てきたことをもとに，「日
本の歴史」の内容を年代
史的内容構成ではなく，
「国づくり（政治）」「生

図4−2　各地域スケールにおける内容構成基本モデル
出所：佐藤（2019）『小学校社会科カリキュラムの新構想』
　　　 p. 171より

活・文化」「外国との関わり」の３つの視点から構成することを提案する。表
４−６で示した小学校社会科カリキュラムにおいて，日本の歴史の内容は「日
本の学習」に，④「日本の歴史と文化」としてまとめて位置づいていたものを
３つの視点に分割して修正し，「日本の学習」の一部に④「Ａ．日本の生活・
文化」と⑤「Ｂ．日本の国造り（政治）」の内容を位置付け，「世界の学習」の
一部に⑤「Ｃ．日本の歴史と外国との関わり」の内容を位置づけるカリキュラ
ムを提案する。

　３つの視点ごとの内容は，「Ⅰ．日本の生活と文化」は，① 貴族のくらしと
日本風文化の誕生，② 現代につながる室町文化，③ 町人の文化と新しい学問，
「Ⅱ．日本の国づくり」は，① 天皇中心の国づくり，② 武士による政治，③
戦国の世から江戸幕府へ，④ 新しい国づくり，⑤ 民主的な国づくり，「Ⅲ．
外国との関わり」は，① 中国から学んだ文化，② 武士の時代の外国との関わ
り，③ 国際社会の中の日本と戦争という構想であるが，歴史を学ぶ意味と内
容構成との関連，資質・能力と内容構成との関連，問題史的内容の導入や選択
を取り入れた内容の厳選なども含めて細かな部分については今後の課題とし
た。今後も小学校社会科における「日本の歴史」のあり方について検討を重ね，
本編の続報として小学校社会科における「日本の歴史」の内容構成案を具体的
に提案したい。

表4-6　同心円的拡大主義に基づく地理を基盤とした小学校社会科カリキュラム（修正版）

（A）から（E）の記号は，図4-2による

	基盤となる地誌的学習	事例地を取り上げた地理的学習 他地域との関連の学習	歴史的学習，公民的学習 社会問題学習
学区域の学習	① 学校のまわりのようす（A）	② 地域の人々のくらしを支える商店（B）	③ 地域のむかしさがし（道具や建築物）（C）
市（区町村）の学習	① 市の地理的特色（A）	② 地域の特色を生かした農家，工場（B） ③ 人やものを通した他地域や外国とのつながり（B）	④ 地域の移り変わり（C） ⑤ 文化財や年中行事を受け継ぐ（C） ⑥ わたしたちのくらしと公共施設（D） ⑦ 健康で安全な生活を守る（D） ⑧ 地域の社会問題（現代の開発）（E） ⑨ 地域のよさの提案（E）
県（都道府）の学習	① 県の地理的特色（A）	② 県内の特色ある地域の産業と人々のくらし（B） ③ 県とつながりがある国の人々の生活（B）	④ 県の成り立ち（C） ⑤ 地域資源を生かしたまちづくり（D）
日本の学習	① 日本の国土の様子（領土，地形，気候）と都道府県（A）	② 自然条件から見て特色ある地域の人々の生活と自然災害（B） ③ 日本の産業・社会（農業，水産業，林業，工業，情報，環境）と日本の諸地域の特色（B）	④ 日本の生活・文化（C） ⑤ 日本の国づくり（政治）（C） ⑥ 政治の働きと国民参加（D） ⑦ わたしたちの生活と日本国憲法（D） ⑧ 日本が抱える諸問題（E）
世界の学習	① 世界の国々と自然のようす（A）	② 貿易による外国とのつながり（B） ③ アジアの中の日本（B） ④ 日本と関係の深い国々（B）	⑤ 日本の歴史と外国との関わり（C） ⑥ 国際社会と日本（国際社会で活躍する日本人，国際協力・国際貢献）（D） ⑦ これからの日本（E）

出所：佐藤（2019）『小学校社会科カリキュラムの新構想』p.172を修正（太字）

———◆◆◆———

　小学校社会科における「日本の歴史」のあり方については，近年ではほとんど研究上の課題となっていない。また，本稿で示した小学校社会科歴史的学習の内容構成やカリキュラム案を実現することは簡単ではないであろう。しかし，通史ではない小学校歴史学習の内容構成やカリキュラム上の位置づけを検討することは必要なことである。近年の社会科カリキュラム研究は，現代的諸課題を取り上げた研究やテーマを設定した精緻な研究が多いが，1997年に行われた日本社会科教育学会シンポジウムのように小学校歴史学習のあり方など社会科カリキュラムの根幹に関わる研究・議論が行われることを期待している。

※本節は，佐藤浩樹（2020）「小学校社会科カリキュラムにおける『日本の歴史』の内容構成と位置付け関する考察（1）」『群馬社会科教育研究』第8号，pp. 10‐21. に加筆・修正したものである。

参考文献

朝倉隆太郎 1988「地理教育の現状と課題」井上征造他編『地理　地理教育特集号　探究学校の地理』11月増刊号，pp. 6‐10

市川博・梶哲夫・高山博之・小林宏己・山本友和 1997「連続講座／社会科の教育課程を考える―その理念と展望―」『社会科教育研究』No. 77，pp. 30‐52

上之園強 2000「小学校歴史学習の内容厳選とカリキュラム構成―歴史への興味・関心と見方・考え方を育成するために―」『社会科研究』第53号，pp. 63‐72

海後宗臣編 1957『新編　新しい社会　三上下，四上下，五上下，六上下』東京書籍

唐木清志 2015「人口減少社会における社会科の役割―『社会的課題』『見方や考え方』『協同学習』の可能性―」『社会科教育研究』No. 125，pp. 21‐32

教育課程審議会 1998「幼稚園，小学校，中学校，高等学校，盲学校，聾学校及び養護学校の教育課程の基準の改善について（答申）」

小原友行 1991「学習指導要領の変遷」，朝倉隆太郎編『現代社会科教育実践講座　20　社会科の歴史と展望』現代社会科教育実践講座刊行会，pp. 74‐84

国立教育研究所 1997『社会科カリキュラムの改善に関する研究』

国立教育政策研究所 2001『社会科系教科のカリキュラムの改善に関する研究―歴史的変遷（1）―』

佐藤浩樹 2016「同心円的拡大主義の再評価―地理を基盤とした小学校社会科カリキュラムとして―」山口幸男他編『地理教育研究の新展開』古今書院，pp. 208‐218

佐藤浩樹 2018「歴史を学ぶ意味を感じられる小学校社会科歴史的学習―授業プラン『金閣と銀閣はどちらが日本らしいか』の提案―」『群馬社会科教育研究』第6号，pp. 1‐11

佐藤浩樹 2018「平成29年版小学校社会科学習指導要領の内容構成に関する考察―地理的内容を中心に―」『地理教育研究』第23号，pp. 59‐64

佐藤浩樹 2019『小学校社会科カリキュラムの新構想―地理を基盤とした小学校社会科カリキュラムの提案―』学文社，190p

中央教育審議会 1996『21世紀を展望した我が国の教育の在り方について（第一次答申）』

永田成文 2018「小学校における総合社会科としての問題解決的な学習」『社会科教育』No. 709，pp. 98‐101

第3節　児童期の身近な地域における場所体験の人間形成的意味

　主体にとって意味をもった空間としての「場所」は，計量地理学に警鐘を鳴らす形で登場した人文主義地理学における中心概念である。「場所」についての議論のスタートとなった人文主義地理学においては，認知，感情，記憶などの主観性に焦点が当てられ，E・トゥアンは「トポフィリア」（場所への愛着）という概念を提唱した。「トポフィリア」とは人間と環境との情緒的な結びつ

きであり，特定の「場所」と関わることによって日常生活では意識しないが，気がつくと何らかの態度とともに抱く「場所」へのこだわりである。「場所」については，個人的なものか社会的なものか，固定的な領域を持つものか持たないものかなど様々な観点から現在も議論が続いているが，主観性や主体にとっての意味を重視する人文主義地理学的な「場所」の捉え方は現在でも意味あるものであると考える。

　主観性や主体にとっての意味を重視する「場所」に関わる地理教育・子どもの地理学からの研究は2つの流れに大別できる。第1は，メンタルマップを通した子どもの知覚環境に関わる研究である。斉藤（1978），岩本（1981），寺本（1984）らの研究を嚆矢として知覚環境の様態や発達傾向が明らかにされた。その後も子どもの知覚環境の地域差や行動との関連など多くの研究が蓄積され（泉1993，1994など），近年では高層マンションに住む児童の知覚環境など特別な事例を取り上げる研究もみられる。メンタルマップを通した子どもの知覚環境に関する研究の問題意識は，子どもが認知・知覚した「場所」はどのようなものであるかということにあり，寺本らによって1980〜1990年代にかけて盛んに行われた。近年では吉田（2016）が児童の知覚環境の発達プロセスをまとめているものの研究の数は減少傾向である。子どもの知覚環境の研究のレビューとしては寺本（1994，2003）があるが，近年は研究の停滞傾向からかまとめは行われていない。このことは，子どもの知覚環境形成についてはかなりの解明が進んだことを意味していると思われるが，寺本（1994）が子どもにとっての周囲の空間や景観の「意味」を探ろうとする研究の視角が子どものメンタル・マップの構造解明に新たな局面を提示したと述べた子どもにとっての「場所」のもつ意味については，まだ十分に解明されていないのではないかと考える。

　第2は，子どもの知覚環境の形成要因としての原風景，体験，探検行動，遊びなどに関する研究である。これらについては寺本や大西らによって研究が積み重ねられ，寺本（1988，1990，1994），寺本・大西（2004）などにまとめられている。寺本・大西（2004）は研究の1つの到達点であり，子どもの遊び空間や探検行動などの場所体験について地理学的な優れた考察がなされている。し

かしこの面からの研究も近年は多くは行われておらず，子どもの地理学のレビューに大西（2000）があるが，近年のまとめは行われていない。これらの研究は，子どもの知覚環境の形成要因としての場所体験の様態について明らかにしているが，子ども時代の場所体験のもつ意味については十分考察されているとはいえない。すなわち，知覚環境に関わる研究も場所体験に関わる研究もその様態は明らかになっているが，意味の解明については課題が残されているといえる。

　知覚環境や場所体験のもつ意味については，寺本・大西（2004）において，課題と明示してはいないが今後の研究の方向性として示唆されている。大西（2004）は，「子ども時代の地理空間を生き生きと感じる体験が大人になったときに生きる力になる」「子ども時代に身体を通じて得た空間の感覚は，大人になったとき，街を歩くときに活用されることもあるだろうし，『原風景』という言葉にあったとおり，人によっては自分の生まれ育った土地に対する愛着があることで，現在の自分のアイデンティティが保たれているかもしれない」と述べ，子ども時代の場所体験と人間形成・アイデンティティ形成との関連に言及している。寺本（2003，2004）も，「子どもの成長にとって場所の重要性を指摘できるのは地理学なのである」「住み手の視点に立つ地域づくりの時代にあって子どもにとっての生活空間の意義（場所の重要性）や知覚環境形成を促す教育のあり方を真剣に検討する時期に来ている」と述べ，子どもの人間形成にとっての場所の重要性や教育との関連性を指摘している。

　このことに関しては，山口（2009）がシュプランガーの論をもとに小学校の時期の郷土体験が人格形成に不可欠であるとし，児童期の身近な地域の場所体験と人間形成との関わりの重要性について論じている。『トポフィリア』の訳者である小野（1992）も，「トポフィリア的な感覚は年齢とともに失われていく」「トポフィリアはまさに子供たちの時間の中で生まれるのだ」と述べ，場所への愛着は子ども時代の場所体験が大きな意味をもっていることを指摘している。このように子どもの成長において場所が重要であり，児童期の場所体験がその後の人間形成に関連する意味をもったものであるとされるが，児童期の

場所体験がどのように人間形成に関わるかを調査した研究はみられず，研究上の課題であるといえる。このことを解明することは容易ではないが，本稿では児童期の場所体験の意味，場所体験と人間形成との関わりについて追究したい。

　また，相澤（2017）は社会科地域学習において場所への愛着を育てることの大切さを指摘しており，児童期の場所体験と人間形成との関わりを明らかにすることは社会科地理教育的にも価値あることである。

1　研究方法と研究対象

　児童期の場所体験と人間形成との関わりについて明らかにするために取り上げたものが，大学生が児童期（小学校5年生ごろ）を振り返って地理的原風景を描いたメンタルマップである。地理的原風景という語は寺本（1988，1994，2004）によるものである[1]。原風景について津城（1995）は，人類史的な原風景と個人史的な原風景を両極端としてグループの規模やタイムスケールによって様々な原風景が考えられるとし，個人的な原風景は自己形成とからみ合い血肉化した深層意識ともいうべき風景であり，「自己形成空間」であると述べている。このことは原風景が人間形成に関わることを示しており，児童期の地理的原風景を描いたメンタルマップは場所体験と人間形成との関係を考察する研究対象として意味ある資料であるといえる。

　地理的原風景を描いたメンタルマップは大学の総合教養の授業「子どもの地理的意識」のレポートとして平成27〜30年までの受講者298名（大学1〜4年生）が作成したものである[2]。図4-3は，兵庫県加古郡稲美町出身の学生が児童期の身近な地域の地理的原風景を描いたメンタルマップの例である。

　メンタルマップには場所の名前や様子，遊び等の体験・思い出などを言葉で書き込んで説明するようにし，本稿では，メンタルマップに記述された内容を研究対象として取り上げて研究を進めることにした。地理的原風景を描いたメンタルマップに書き込まれた記述内容は大学生になった現在も心に残っている場所体験であり，書き込まれた内容を分析することにより，児童期の場所体験が大人になった自分にどのように関わっているかを明らかにし，場所体験の人

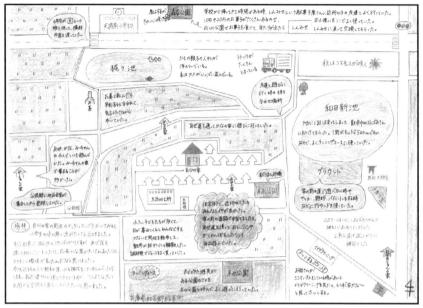

図4-3　地理的原風景を描いたメンタルマップ例

間形成的意味に迫れると考えた[3]。

　E・トゥアンは,「特定の空間が「場所」になるのは「経験」を通じてである」「場所への愛着ができるためには時間が必要であるが,単なる持続よりも経験の特質と強さの方が大事である」と述べて経験を重視しているが,場所を場所たらしめている個別的な出来事の集積(歴史や社会)には立ち入らず,原風景や原体験については深く言及していない。それはトゥアンが過去を語るのは現在の「場所」のためであり,未来のためであるとされる(小松1998)。本稿では原風景をなつかしい場所として振り返るのではなく,原風景を描いたメンタルマップをもとに,児童期の場所体験が,現在の自分そしてこれからの自分の生き方,すなわち人間形成にどのように関わるかという視座をもって研究を進めていく。人間形成は幅広い意味をもつものであるが,本稿では人間形成を自分らしさの形成と捉え,児童期の場所体験と自分らしさの形成との関連に焦点を当てて研究を行いたい。

そこで本稿ではまず，児童期の地理的原風景を描いたメンタルマップに書き込まれた記述内容について，書き込まれた場所の傾向性を分析し，どのような場所での体験が意味ある体験として心に残っているのかを明らかにする。そして，それぞれの場所に書き込まれた内容についてテキストデータ分析を行い，大学生にとって今でも残る児童期の場所体験の傾向性について考察する。

　つぎに，自分が育った身近な地域での児童期の場所体験と現在の自分の感じ方・考え方や行動・性格などの自分らしさとの関わりについて，① どの程度関わっているか（５段階尺度調査），② 関わりの具体例，③ 感じること（自由記述100字程度）の３点についてアンケート調査を実施し，その分析・考察を通して，身近な地域での児童期の場所体験と自分らしさとの関わりを明らかにする。調査対象はメンタルマップを作成した大学生75名で，調査時期は2018（平成30）年５月である。

② 児童期の身近な地域における場所体験の内容の傾向性
（１）メンタルマップにエピソードが書き込まれた場所
　メンタルマップに書き込まれた場所体験エピソードの場所と記述内容を，表４−７に示したように一人ひとりデータベース化した。表４−７は，兵庫県朝来市出身の学生が作成したメンタルマップに記述された場所体験に関する18の記述を抜き出してまとめたものである。学生が作成した298枚のメンタルマップから合計3212の記述内容が得られ，場所体験エピソードが記述された場所をカテゴリ化したところ，24の大きなカテゴリにまとめることができたため，カテゴリとして表に加えた。

　3212の記述内容を記述された場所によってカテゴリー分けして記述数をまとめたものが表４−８である。表４−８によれば，「店」に関わる記述が最も多く，その数は602である。具体的な場所は，飲食店142，駄菓子屋120，スーパーマーケット75に関わる記述が多く，それ以外にも多様な店に関わる場所エピソードが記述されており，児童期において店が最も重要な体験の場所となっていることがわかる。次に多いのは「公園・グランド等」に関する記述が495，「家」に

表4-7　メンタルマップに書き込まれた場所体験エピソードのデータベース例

	場所		下位カテゴリー	カテゴリー	場所体験エピソード
1	兵庫県朝来市	1	グランド	公園・グランド等	小学校4～6年，リレーカーニバルの練習場所として利用。
		2	公園	公園・グランド等	夏祭りの花火会場。幼稚園の遠足でもよく来ました。
		3	中学校	学校園	家から5分で着くところ。
		4	公園	公園・グランド等	みんなが集まる大きな公園。放課後定番の遊び場でGWや夏休みにはイベントも開かれました。紙飛行機大会で優勝したことも。
		5	マンション	集合住宅	マンションにはたくさんの同級生がいたので，いつも放課後に集まって遊んでいました。
		6	薬局	店	友達の家の薬局。
		7	市役所	公共施設など	学校行事の発表会などでも利用。
		8	通学路	道・道路関連施設	幼～中3の10年間通い続けた道。
		9	田	田畑	毎日見ていた田んぼ一面の景色は帰ってきたなぁと感じます。
		10	体育館	スポーツ施設	中学の部活でもよく使っていた。
		11	病院	医療施設	ずっとお世話になったかかりつけ医。風邪や予防接種はすべてここで受診しました。
		12	空き地	空き地・秘密基地	幼～小学校登校の集合場所。7：00。
		13	駄菓子屋	店	よく友達と行っていました。10円ガムが大人気。
		14	神社	神社・寺など	夏はきもだめしなどをして遊んでいた。
		15	公民館	文化施設	子ども会の時集まっていた。
		16	並木	草・花・木	春は花見。
		17	川	川・池・海など	夏は川遊び。6月はホタルが美しい。
		18	空き地	空き地・秘密基地	空き地は同じ地区の人とよく遊んでいました。学年関係なくみんな仲の良い地区だった。

関する記述が433となっている。「家」に関する記述では友達の家が244と最も多く，次に多いのが近所の家で63である。公園・広場や友達の家など，子ども同士の交流が行われる場所が店に次ぐ重要な体験の場所である。

　4番目に多いのが「道・道路関係施設」で270の記述がある。具体的場所は道・道路が163と最も多いが，次に多いのが抜け道と坂・峠でともに19の記述がある。子どもにとって道空間が生活や遊びの体験において重要な意味を持つことが寺本（2004）によって指摘されているが，ここでも「道」が児童期の場所体験の場となっている。抜け道のような子ども目線の場所としては，14番目に多いカテゴリ「空き地・秘密基地等」がある。記述数は59であり，具体的な場所として，空き地39，秘密基地14，工事現場・廃屋・立ち入り禁止区域6があげられる。このような公的空間ではない場所も児童期の重要な体験の場であ

表4-8　メンタルマップに書き込まれた場所体験エピソードのカテゴリー別記述数

	カテゴリー	記述数	下位カテゴリーと記述数
1	店	602	飲食店142，駄菓子屋120，スーパーマーケット75，店59，コンビニ45，文房具店18，ケーキ屋・洋菓子店15，パン屋15，本屋10，ショッピングセンター10，薬局10，自動販売機9，商店街8，服屋7，酒屋7，ガソリンスタンド5，ホームセンター5，自転車屋5，花屋5，魚屋4，肉屋4，レンタルビデオ4（以下略）
2	公園・グランド等	495	公園441，グランド29，広場25
3	家	433	友達の家244，近所の家63，自分の家・庭・周辺35，犬のいる家26，祖父母の家22，住宅街18，親戚の家7，家族の職場6，かつての自宅6，先生の家5
4	道・道路関連施設	270	道・道路163，抜け道19，坂・峠19，橋15，交差点13，通学路，トンネル11，階段7，道端4，横断歩道・押しボタン式信号機4，歩道橋3
5	学校園	245	小学校139，幼稚園・保育園49，中学校36，児童館・学童12，高校6，大学3
6	神社・寺・歴史関係施設など	149	神社96，寺22，墓地9，地蔵・石碑8，屋台倉・祭関係施設8，城・城跡2，遺跡2，古墳2
7	川・池・海など	148	川63，池40，海9，用水路8，土手・堤防8，河川敷・河原・川沿い8，溝（どぶ）3，浜4，滝1
8	塾・習い事	119	塾53，ピアノ教室・ピアノの先生の家31，習字教室・書道教室21，そろばん教室7，英会話教室・英語塾7
9	文化施設	113	公民館・文化センター等86，図書館18，ホール4，科学館3，美術館・資料館2
10	田畑	98	田52，畑46
11	交通関係施設	92	駐車場・車庫など45，駅27，バス停など12，鉄道・踏切6，桟橋など2
12	集合住宅	75	アパート・マンション54，団地15，社宅4，寮2
13	医療施設	62	病院・医院など43，歯科医院12，接骨院など5
14	空き地・秘密基地等	59	空き地39，秘密基地14，工事現場・廃屋・立ち入り禁止区域6
15	体育施設	51	プール・スイミングスクール21，体育館・アリーナ11，テニススクール6，スポーツクラブ5，ダンス教室・バレー教室4，ゴルフ場2，スポーツ教室2
16	山・森，林	41	山22，森・林12，竹林・竹藪5，岩・崖2
17	草・花・木	31	木9，花畑8，草むら5，並木5，花壇4
18	娯楽施設	29	温泉・銭湯10，カラオケ店6，遊園地3，動物園2，ゲームセンター2，映画館2，その他の娯楽施設4
19	公共施設など	25	警察・交番6，郵便局5，市役所・町役場4，銀行3，ホテル3，消防署2
20	美容室・理容室	23	美容室・美容院19，理容室・床屋4
21	建物・施設	15	ゴミステーション4，建造物4，ビル2，その他の施設5
22	工場・倉庫	15	工場15，倉庫2
23	農業関係施設	12	JA・市場5，農業施設4，牧場・牛舎3
24	福祉施設	10	老人ホーム7，福祉施設3

ることが明らかになった。

　5番目以降の記述数は（「空き地・秘密基地等」を除く），「学校園」245,「寺・神社・歴史関係施設など」149,「川，池，海など」148,「塾・習い事」119,「文化施設」113,「田畑」98,「交通関係施設」92,「集合住宅」75,「医療施設」62，59,「体育施設」51,「山・森・林」41,「木・草・花」31,「娯楽施設」29,「公共施設など」25,「美容室・理容室」23,「建物・施設」15,「農業関係施設」12,「福祉関係施設」10という結果になり，多様な場所に対して場所体験エピソードが記述されていることがわかる。これらの場所は，人が集まる場所と自然に関わる場所に大別することができる。

（２）メンタルマップに記述された場所体験の傾向性

① 場所体験エピソードにおける頻出語

　メンタルマップに記述された3212の場所体験エピソードを，KHcoder（計量テキスト分析ソフト）を用いて分析し，頻出語を抽出した結果をまとめたものが表4-9である。表4-9によれば，頻出語は，名詞に関しては，「家」「小学校」「公園」「場所」「学校」「道」「近所」「マンション」「店」という場所に関わる語，「友達・友だち」「小学生」「子」「人」という人に関わる語，「今」「夏」

表4-9　場所体験エピソードにおける頻出語

順位	頻出語	頻度	順位	頻出語	頻度	順位	頻出語	頻度	順位	頻出語	頻度
1	行く	516	16	お菓子	81	31	犬	65	46	毎年	47
2	遊ぶ	498	17	行う	80	32	練習	62	47	店	46
3	家	285	18	小学生	77	33	見る	60	48	毎日	45
4	通る	248	19	前	74		使う	60	49	作る	44
5	友達	247		友だち	74	35	ブランコ	59		習う	44
6	買う	194	21	たくさん	73		住む	59			
7	小学校	175		来る	73	37	人	57			
8	公園	161	23	一緒	71		祭り	53			
9	場所	158	24	食べる	69	38	集まる	53			
10	今	133	25	小さい	68		昔	53			
11	学校	106	26	自転車	67	41	近所	51			
12	夏	99		帰る	66	42	一番	50			
13	鬼ごっこ	95	27	子	66	43	桜	49			
14	遊び	90		多い	66	44	マンション	48			
15	遊具	85		道	66		春	48			

50位までの頻出語を掲載。下線は動詞。

202

「昔」「春」「毎年」「毎日」という時間に関する語，「鬼ごっこ」「遊び」「練習」「祭」という行動に関する語，「遊具」「お菓子」「自転車」「犬」「ブランコ」「桜」など物に関わる語が多くなっており，名詞の頻出語は，場所，人，時間，行動，物の５つのカテゴリに分けられるといえる。

　動詞についてみると，頻度順に「行く」「遊ぶ」「通る」「買う」「行う」「来る」「食べる」「帰る」「見る」「使う」「住む」「使う」「集まる」「作る」「習う」となっている。これらの動詞は，「行く」「通る」「来る」「帰る」という移動に関わる語，「遊ぶ」「買う」「食べる」「見る」「使う」「作る」「習う」という活動に関わる語，「住む」「集まる」という人に関わる語の３つに分類することができる。

② 場所体験の全体的傾向性

　これらの頻出語の関連を表した共起ネットワークが図４-４である。図４-４

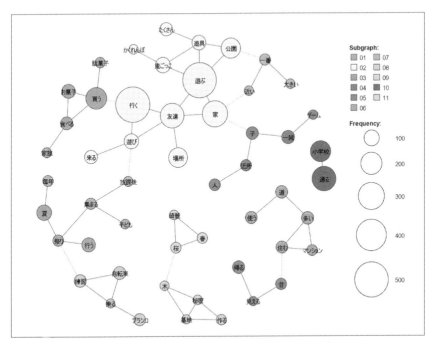

図４-４　場所体験エピソードに記述された語の関連を示した共起ネットワーク

によれば11の語群が抽出され，関連の深い語群を合わせると以下の9つのグループにまとめられる。

　第1は，「祭」「子ども」という語に加え，「夏」「毎年」「放課後」という時間を表す語，「集まる」「行う」という動詞で構成される「子どもたちが集まる活動」に関わる語群のグループである。第2は，最も多くの語から構成される。「公園」「家」「友達」「遊具」「場所」「遊び」「鬼ごっこ」「かくれんぼ」という語に加え，「遊ぶ」「行く」「来る」という動詞，「たくさん」「近い」という修飾語から構成される「友達との遊び」に関わる語群グループである。第3は，「道」「マンション」「多い」「昔」という語に加え，「住む」「使う」「帰る」「見える」という動詞で構成される「住む場所への愛着」に関わる語群グループである。第4は，「近所」「子」「人」「ゲーム」「一緒」という語から構成される「近所の子ども仲間」に関する関わる語群グループである。第5は，「お菓子」「駄菓子」「家族」「買う」「食べる」という語から構成される「お菓子を買って食べること」に関わる語群グループであり，第2グループの「友達との遊び」とも関連する。

　以下，第6は「自転車」「練習」「乗る」「ブランコ」という語で構成される「自転車を乗る練習」に関わる語群グループ，第7は「基地」「秘密」「作る」「木」という語で構成される「秘密基地を作る」に関わる語群グループ，第8は「小学校」「通う」で構成される「小学校」に関わる語群グループ，第9は「桜」「春」「綺麗」で構成される「桜」に関わる語群グループである。

　これらのことから，大学生にとって今でも心に残る児童期の場所体験は，まず，「子どもが集まる活動」（第1），「友達との遊び」（第2），「近所の子ども」（第4）からなる「子ども同士の交流・遊び」という最も大きなまとまりが構成される。ついで，「お菓子を買って食べる」（第5），「自転車に乗る練習」（第6），「秘密基地を作る」（第7）といった「子ども時代の特徴的な活動」というまとまり，「住む場所への愛着」（第3），「小学校」（第8），「桜」（第9）などの「場所や自然・ものとの関わり」というまとまりが構成され，大きく3つの特徴が抽出される。

[3] 場所体験と自分らしさとの関連の意識

場所体験と自分らしさの関連の意識の程度を調査したのが，下記のアンケート項目①である。

① 自分が育った身近な地域での小学生頃の体験（場所体験）が，現在の自分の感じ方・考え方や性格・行動などの自分らしさ（アイデンティティ）にどの程度関わっていると感じますか。 あてはまる番号に○をつけて下さい。

1．とても関わっていると感じる
2．関わっていると感じる
3．どちらとも言えない
4．あまり関わっていないと感じる
5．関わっていないと感じる

場所体験と自分らしさとの関連の意識の程度について結果をまとめたものが表4-10である。とて

表4-10　場所体験と自分らしさとの関連の意識

	1	2	3	4	5
人　数 (%)	4 (5.3)	48 (64.0)	13 (17.4)	10 (13.3)	0 (0.0)

も関わっていると感じると答えた学生は4名（5.3%）に過ぎないが，関わっていると感じると答えた学生が48名（64.0%）おり，平均値が2.39であることから関わっていると感じている程度はある程度高いことがわかった。とても関わっていると感じると回答した学生が自由記述（後述のアンケート項目③）で書いた内容の例は以下のとおりである。

A．自分は，小学校の頃習い事をしていなかったので，放課後や休みの日は毎日のように体を動かして遊んでいました。そのおかげで，体力がついたり，いろんな友達とコミュニケーションをとるのが得意になったりと，自分らしさが形成されてきたのだと感じました。

B．私は小学校の頃，放課後や休日に兄弟や両親，友だちと一緒に外遊びをしていた。サッカーや缶けり，鬼ごっこなど体を動かすことが好きだった。だから今でもホノルルマラソンに参加するなど体を動かすことが好きである。

A，Bの記述からは，小学校のころに身近な地域で体を動かして遊んだこと

が，体を動かすことが好きになったり，コミュニケーションをとるのが得意になったりして自分らしさが形成されたと感じていることがわかる。いっぽう，あまり関わっていないと感じると答えた学生も10名（13.3%）いる。あまり関わっていないと感じると回答した学生が，自由記述で書いた内容の例は以下のとおりである。

C．自分の住んでいる場所を中心とした限定的な空間での人間関係であったことから，初対面，大人数への苦手意識が生まれ，積極性の欠如，内向的な性格になったと考えられる。一方で，有名なものが一つもない町であることが何らかの刺激を求める心を生み出したとも考える。

D．小学校など自分の周りに人が少なかったからなのか，協調性がなく，人混みが嫌い。比較的マイペースだと思う。生き物探検や農作業をする授業が多かったので，生き物や農産物の知識は多いと思う。都会に対して恐怖意識がある。

E．私は小学校の頃近所の子とよく公園で遊びました。毎日公園で石堀をしたり，ローラースケートで遊んでいたので，運動するのが好きになりました。家の中で遊ぶより，外に出て遊ぶのが好きです。

F．地域での小学校の頃と体験はあまり関係していないかなと思いました。アイデンティティは友達や親など人との関わりでできていくのではないかと思いました。

G．私は私が育った地域での場所体験がアイデンティティの形成に関わっているようには思いません。周辺の友達との人間関係が大きく関わっていると思います。地域限定イベントなどがあって，そこに参加していれば，もう少し関わりがあったのかなと思いました。

C，D，Eの記述をみると，必ずしも子どもの頃の身近な地域での体験が現在の自分らしさに関わっていないとは思っていないことが感じられる。F，Gの学生は人との関わり・人間関係がアイデンティティ形成に関わると考えている。また，Gの学生は特別な何かを行うことを体験と捉えている。これらの学生は，場所体験の捉え方が狭いためにあまり関わりがないと感じていることが

推測できる。

　相澤（2017）は，トゥアンのトポフィリア論について，場所への愛着を物理的環境への情緒的つながりとし，愛着の対象となる家族や身近な人々に言及しているが，愛着の対象として社会的環境を強調していない点に限界があると述べ，地域への愛着・親しみ形成における社会的環境すなわち「人」を重視すべきであるとしている。相澤が述べるように，小学生頃の身近な地域の場所体験は物理的環境（自然地形，都市，農村，地域，郊外，聖地，観光地，商業地，景観，風景など）だけではなく，その場所での様々な人との出会いや交流などの社会的環境も含めて考えるべきであり，そうであれば，あまり関わっていないと感じると答えた学生も含めて，自分が育った身近な地域での児童期の場所体験が，現在の自分の感じ方・考え方や性格・行動などの自分らしさにかなり関わっていると感じているとしてよいであろう。

4　場所体験と自分らしさとの関連の具体例

（1）自分らしさと関連ある場所体験

　場所体験と自分らしさの関連の具体例について調査したのがアンケート項目②である。

② メンタルマップに書かれたことと現在の自分の感じ方・考え方や性格・行動などの自分らしさ（アイデンティティ）と関わりがあると思うことがあったら書いて下さい。

	メンタルマップに書かれたこと	自分らしさ
例1	⇒	
例2	⇒	

　現在の自分らしさと関わりがあると思う場所体験に（メンタルマップに書かれたこと）ついて，KHcoder を用いて頻出語を抽出した。その結果をまとめたものが表4-11である。これらの抽出語は，場所，行動，人，もの，自然に関する抽出語およびその他に分類できる。このなかで最も多く抽出されたのは「場

表4-11　自分らしさと関わりがある場所体験の頻出語

順位	頻出語	頻度	順位	頻出語	頻度	順位	頻出語	頻度	順位	頻出語	頻度	順位	頻出語	頻度
1	遊ぶ	23	16	マンション	4	32	毎日	3		子ども	2		友だち	2
2	公園	20		一緒	4		いろいろ	2		習う	2		遊具	2
3	家	19		自然	4		お菓子	2		住む	2		練習	2
4	多い	14		町	4		グランド	2		塾	2			
5	行く	9		道	4		バドミントン	2		小学校	2			
6	外	7		学校	3		ピアノ	2		神社	2			
	近所	7		鬼ごっこ	3		ラジオ	2		川	2			
8	たくさん	6		教室	3		穏やか	2		走り回る	2			
	近く	6		行う	3		機会	2		体育館	2			
10	周り	5	21	作る	3		空き地	2		体操	2			
	人	5		自分	3		兄弟	2		通る	2			
	前	5		少ない	3		工場	2		店	2			
	田んぼ	5		場所	3		桜	2		電車	2			
	友達	5		食べ物	3		参加	2		年齢	2			
	遊び	5		駄菓子	3		子	2		買う	2			

頻度が2以上の頻出語のみ掲載

所」に関わるものである。89語が抽出され，「公園」20，「家」19，「外」7，「近所」7，「田んぼ」5，「マンション」4，「町」4，「道」4という語が多く抽出されている（数字は抽出された数）。他には，「学校」「教室」「場所」「グランド」「空き地」「工場」「塾」「小学校」「神社」「体育館」「店」が抽出された。

　次に多いのが「行動」に関する抽出語であり，53語が抽出された。多く抽出された語は，「遊び・遊ぶ」23，「行く」9である。他に抽出されたのは「鬼ごっこ」「行う」「作る」「習う」「住む」「走り回る」「体操」「通る」「買う」「練習」という語である。

　人に関する抽出語は，23語が抽出されている。「人」5，「友達・友だち」7，「一緒」4という語が多く抽出されており，他は「自分」「兄弟」「子・子ども」である。ものに関する抽出語は，「駄菓子・お菓子」5，「食べ物」「ラジオ」「バドミントン」「ピアノ」「電車」「遊具」などのべ18語が抽出され，「自然」に関する語は「自然」4，「川」「桜」が抽出された。

　自分らしさを形成する小学校期の身近な地域での体験は，「地域の特定の場所」「地域での行動」「地域の人との関わり」「地域にあるもの」「地域の自然」と関わった体験であるといえる。

（2）場所体験と自分らしさとの関わり

　つぎに，どのような場所体験がどのような自分らしさと関連があると感じているのか，分類ごとに例をあげて考察する。

① 特定の場所に関する抽出語 ―「公園」の事例―

　自分の関わりある場所体験の抽出語として，「公園」は最も多く20回取り上げられている。その記述の例は以下のとおりである。左列の記述が場所体験であり，右列の記述が関連ある現在の自分らしさである（以下同様）。

場所体験	現在の自分らしさ
家の近くに公園がある。	外で遊ぶことが好きになった気がする。
津田公園で一緒に遊んだこと。	この頃からお菓子をシェアしたり，半分こしたりと共有化する性格が自分らしさだと思う。
遊具が少ない公園で毎日遊んだ。	どの状況でもできるだけ楽しもうとする。
町にあるたくさんの公園。	アウトドアな人間になった。球技などでよく遊んでいたからか，スポーツがとても好きになれた。
いろんな公園を開拓していた。	同じところにとどまらず，知らないところへ行って何か見つけることが好き。

　「公園」という語と関わりのある自分らしさの記述からキーワードを抜き出すと，「体を動かすことがすき」「アウトドアがすき」「スポーツが好き」「外で遊ぶことが好き」「活発」「落ち着きがない」「男っぽい」などの活動的な側面，「人見知りしない」「友達づくりが得意」「人と話すのが好き」「みんなで何かすることが楽しい」「人に積極的に話しかける」「子どもが好き」「お菓子などを共有化」などの人との関わりを好む側面，「どんな状況でも楽しむ」「好きなものにのめり込む」「新しいものを考えるのが好き」「知らないところへ行って何か見つけるのが好き」などの好奇心旺盛な側面の３つにまとめられる。このことは，公園に関わる場所体験が，「活動的」「人との関わり」「好奇心旺盛」という現在の自分らしさと関わっていると学生が自覚しているということであり，特定の場所における場所体験と人間形成との関わりを感じ取ることができる。

② 地域での行動に関する抽出語 ―「作る」「練習する」の事例―

　行動に関する抽出語は，「遊ぶ」という語が「公園」などの場所を示す語と組み合わされて記述されることが多いように，場所および人やものなどと合わ

さった場所体験として語られ，行動の場所や内容との関わりで自分らしさと結びついている。

　そのなかで，行動に関わる抽出語として「作る」「練習する」の2つの語を取り上げた。「作る」は3例，「練習する」は2例と多くはないが，特徴的な傾向を見せているためである。それぞれの記述は以下のとおりである。

道や田んぼや溝で遊びを自分たちで作っていた。	想像する力や工夫する力が身についた。
シロツメクサで花冠やブレスレットを作る。	自分で何か作るのが好き。
田や畑が多く，まわりに作物を作っている人が多かった。	野菜をもらい，人に親切にできるようになった。
福祉会館で太鼓の練習をした。	目上の人とでもしっかり話せるようになった。
小学校の頃陸上の練習をした。	何でもがんばる大切さや仲間と協力する大切さを学んだ。

　「作る」に関わる体験による自分らしさは，自分で主体的に行動し，時間をかけて体験したことよって得たことがあげられている。「想像・工夫する力」などはその代表例である。「練習する」に関わる体験による自分らしさについては，何度も体験を重ねたことよって得たことがあげられている。「何でもがんばる・仲間と協力する大切さ」などはその例である。このことは先にあげた「遊ぶ」体験も同様である。

　地域の行動に関わる体験は，一過性のものではない，主体的・継続的・実感的な場所体験を伴う行動が現在の自分らしさにつながっているといえる。

③ 地域の人との関わりに関する抽出語 ―「おじいちゃん・おばあちゃん・高齢者」の事例―

　「人」に関わる抽出語の例として「おじいちゃん・おばあちゃん・高齢者」を取り上げる。場所体験と自分らしさの記述の例は以下のとおりである。

地元のおじいちゃんおばあちゃんとふれあう機会があった。	おばあちゃん子になった気がする。
異なった年齢の人たちと接する機会が多かった。	同年代の人だけでなくおじいちゃんおばあちゃんたちと話すのも好き。
家の周りに高齢者ばかりが住んでいた環境。	高齢者に対してあいさつができる。親切に接することができる。話ができる。きちんと感謝できる。

　この例は，高齢者との触れ合いが多かったことが高齢者と進んで関わる性格をつくったことを示している。人との交流を通した場所体験が自分らしさと結

びついている例であるといえる。

　児童期における地域の特定の場所，地域での行動，地域での人との交流に関わる場所体験エピソードについて，自分らしさとの関わりをみてきたが，それぞれの体験が場所を通して互いに関連し合って自分らしさと結びついていることがうかがえる。以上の例から，部分的なことであるが，学生は特定の場所，行動，人，もの，自然と関わりのある場所体験により，現在の自分の感じ方・考え方や性格・選好などの自分らしさの萌芽が形成されたと感じているといえるのではないだろうか。

⑤　場所体験と自分らしさとの関わりの総合的考察
　場所体験と自分らしさの関連について自由記述したものが，下記のアンケート項目③である。

> ③　自分が育った身近な地域での小学生頃の体験（場所体験）と現在の自分の感じ方・考え方や性格・行動などの自分らしさ（アイデンティティ）との関わりについて感じることを100字程度で書いて下さい。

（1）全体的考察
　場所体験と自分らしさとの関わりを書いた文章について，KHcoderを用いて頻出語を抽出し，階層的クラスター分析を行ってデンドログラム（樹形図）に表した（図4-5）。

　その結果，①「公園・学校などでの友達との遊び」，②「近所の小さい子との関わり」，③「田舎で育ったことによる性格」，④「家の周りでの行動」，⑤「外での運動や遊び」，⑥「自然や人との関わり」，⑦「町での体験」，⑧「体を動かすこと」の8つの内容にまとめることができた。

　①「公園・学校などでの友達との遊び」は，「遊ぶ」「思う」「自分」「今」「友だち」「小学校」「好き」「公園」の語によって構成される。②「近所の小さな子との関わり」は，「近所」「近く」「住む」「子」「一緒」「小さい」「子ども」「マンション」によって構成される。③「田舎で育ったことによる性格」は，「場

所」「たくさん」「田舎」「育つ」「昔」「行く」「性格」「地元」「帰る」「行う」「気」「苦手」の語によって構成される。④「家の周りでの行動」は、「感じる」「家」「周り」「変わる」「見る」「歩く」「行動」の語によって構成される。⑤「外での運動や遊び」は、「外」「遊び」「友だち」「運動」「気持ち」「意見」「言う」の語によって構成される。⑥「自然や人との関わり」は、「人」「多い」「地域」「自然」「機会」「前」「家族」「関わる」の語によって構成される。⑦「町での体験」は、「関係」「考える」「関わり」「体験」「現在」「楽しい」「町」「小学生」の語によって構成される。⑧「体を動かすこと」は、「体」「動かす」の語によって構成される。

　①「公園・学校などでの友達との遊び」、②「近所の小さな子との関わり」、⑥「自然や人との関わり」は、主として人との関わり・交流による場所体験である。③「田舎で育ったことによる性格」、④「家の周りでの行動」、⑦「町での体験」は、特徴ある場所での場所体験であり、⑤「外での運動や遊び」と⑧「体を動かすこと」は行動と関わる場所

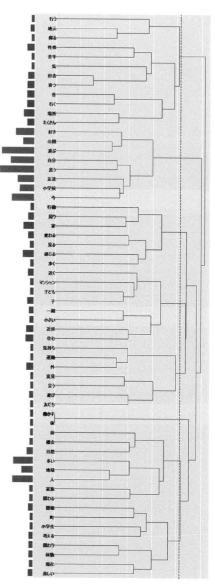

図4-5　場所体験と自分らしさとの関わり（デンドログラム）

体験である。もちろんこれらは厳密に区別できるものではなく複数要素が関わり合っている。4における考察と関連してまとめると，身近な地域における児童期の場所体験は，特定の場所との関わり，人との関わり，行動との関わり，自然やものなどの環境との関わりをもった意味のある体験であり，自分らしさの形成の一部を担うものであると考えられる。

（2）事例を取り上げた考察—「田舎で育ったことによる性格」を例に—

自由記述の文章の分析により，場所体験と自分らしさとの関わりは8つの内容にまとめることができたが，その中から③の「田舎で育ったことによる性格」を取り上げ，具体的記述を分析して場所体験と自分らしさとの関連を考察したい。以下は，「田舎で育ったことによる性格」に関わる自由記述の例である。

> H：私が育った地域は田舎ということもあって，時間の流れがとても穏やかだ。そのせいか人々も大らかで割と楽観的な考えをする人が多い気がする。小学校の頃は探検や道草で実験的なことをしていたので，ものを工夫するのは得意になった。

> I：とても田舎でみんなゆっくり過ごしていたのでマイペースな性格になったと思う。地域の人がみんな仲良く，出会った際には必ずと言っていいほど毎回話をしていたので，大人の人と話すのが苦手ではなくなった。緑が多いところなので，自然が好きになった。

> J：田舎で生まれ育ったので都会暮らしに慣れるのがとても大変。便利なものが多い分，たまに不便さを感じることがある。田舎でのんびり過ごしてきたので人混みがすごく苦手。電車の遅延などに気を遣わず生きてきたのでそれを気にするのも疲れてしまう。

> K：私が育った地域は田舎で，そんなに大きな地区ではないこともあってか，家族や友達だけでなく近所のおばちゃんやおっちゃんたちとも接する機会が多かったのです。だから，人と接するのが好きになったと思います。また，自然が多いので，遊びを想像したり自分なりに考えて遊びを作ったり工夫したことから，想像力が身についたと思います。

L：自分が育った地域が田舎の方で，山や川に囲まれており，のんびりゆったり
　した生活だったため，マイペースな自分の生活と少し関わりがあるように思え
　ます。

M：田舎で育ったため，身近な人を大切にしたり，親近感がわいたりする。人混
　みが苦手な性格は，昔から人がたくさんいる場所での生活をしてきていないた
　め，落ち着かない。休みの日に出かける勇気が出ないのも，田舎はあまり行く
　ところがなかったため，習慣がない。

N：私は田舎で育ったので，あまり時間を気にしない，行動が遅いような性格に
　なったと思います。服もあまり派手でないものを好んできているので，そうい
　うところも関係しているのかと思いました。

　これらの記述からまず読み取れることは，児童期に田舎で育ったことが，現
在の自分らしさの一部を形成していると学生が感じていることである。③でも
自由記述の文章から場所体験と自分らしさとの関連の意識が感じられると述べ
たが，この記述からも同様のことがうかがえる。

　内容をみると，H，I，L，Nの記述からは，時間がゆっくり穏やかに流れる
場所で育った体験により，「大らかでマイペース」という性格になったと感じ
ていることがわかる。I，K，Mの記述からは，人との関わりが濃い環境で育っ
た体験により，「いろんな人と関わることが好き」になったと感じていること
がわかる。また，H，I，Kの記述は，自然豊かな環境での様々な体験によっ
て「想像性豊か・自然が好き」になったこと，J，M，Nの記述は，人が多く
ないのんびりした場所で育った体験によって「人混みや時間に追われるなどの
都会的なものが苦手」になったことを感じているとわかる。

　以上述べたことは，1つの例であるが，田舎という特徴ある場所における人
や自然や行動と関わる児童期の場所体験が，現在の自分らしさの一部を形成す
る基盤となっていることを示しているといえる。

——◆◆◆——

　本稿は，身近な地域における児童期の場所体験の人間形成的意味を明らかに

するという問題意識に基づき，大学生が児童期の地理的原風景を描いたメンタルマップおよび場所体験と自分らしさとの関わりについてのアンケート調査の分析と考察をまとめたものである。その結果は以下のとおりである。

① 児童期における体験の場所は多様であり，人の集まる場所と自然に関わる場所にまとめられる。

② 大学生にとって今でも心に残る場所体験は，子ども同士の交流・遊び，子ども時代の特徴的な活動，場所や自然・ものとの関わりという3つ特徴が抽出される。

③ 大学生は児童期の身近な地域における場所体験と自分らしさの形成との関連を意識している。

④ 学生が自分らしさに結びついていると感じる場所体験は，地域の特定の場所，人との関わり，行動，もの，自然との関わりを有したものである。自分らしさに結びつく場所体験は，主体的・継続的・実感的なものである。

⑤ 身近な地域における児童期の場所体験と自分らしさとの関連は，地域の特徴ある場所・環境に関わるもの，地域の人との交流に関わるもの，地域での行動に関わるものの3つに大別できる。それらは互いに関連し合って，現在の自分らしさの一部を形成している。

　以上まとめたように，児童期の場所体験と自分らしさとの関わりについてある程度明らかになった。自分らしさの形成は，家庭環境や学校教育など様々な要因によって行われるものであり，身近な地域の場所体験はその一部を担っているに過ぎないが，場所体験が自分らしさの形成に関わっているという意識を学生がもっていることが確かめられたことは意味あることであると考える。

　すでに述べたように，本稿は身近な地域における児童期の場所体験の人間形成的意味に関わる研究の第一歩である。人間形成に影響を与える場所体験のより詳細な傾向性，それぞれの場所における体験と自分らしさとの関連性のより深い考察，場所体験により自分らしさが形成される過程など今後の課題は多く残されている。特に，本稿では場所体験と自分らしさとの関わりを中心に考察

を行ったが，社会科教育・地理教育研究的な意義を考えるならば，自分が子どものころに過ごした場所における体験がその地域に対するアイデンティティ意識の形成にどのように関わっているかを明らかにすることが最も重要な課題となる。身近な地域における児童期の場所体験の人間形成的意味について引き続き研究を進めていきたい。

※本節は，佐藤浩樹（2019）「児童期の身近な地域における場所体験の人間形成的意義に関する考察（1）」『地理教育研究』No. 25, pp. 11-20. にその後の研究内容を追補して加筆・修正したものである。

注
1）寺本は「原風景」を生まれてから7，8歳ごろまでの，父母の関係や家の近くの遊び場，友達との体験によって無意識のうちに形成され深層意識の中に固執する記憶像とし，学術的な用語としては曖昧すぎるきらいがあるが，地理的という修飾語を冠に付して，より空間的な意味合いを強めて使用するとしている。
2）総合教養「子どもの地理的意識」の授業とレポート作成については，佐藤（2017）に詳しい。レポートはかなりの時間を使って作成されたものが多い。自分の場所体験をじっくりと振り返って作成したメンタルマップであるため，場所体験の意味を考察する分析対象資料として価値あるものであると考える。
3）手描き地図（メンタルマップ）に書き込ませた言葉を分析した研究には，子どもが感じる音やにおいを場所との関連で書き込ませた言葉を取り上げた寺本・石川（1994）の研究がある。また，大学生の地理的原風景を取り上げた研究に，大学生の地理的原風景に関わる回顧文を分析・考察した寺本（1986, 1988），大学生の描いた原風景画を分析・考察した寺本（1994）がある。

参考文献
相澤亮太郎 2017「地域への愛着を育てる社会科地域学習のために」『甲南女子大学研究紀要』第53号人間科学編，pp. 9-15
イーフー・トゥアン著，小野有五・阿部一共訳，原著 1974, 1992『トポフィリア―人間と環境―』せりか書房
イーフー・トゥアン著，山本浩訳，原著 1977, 1998『空間の経験』筑摩書房，424p
大西宏治 2000「子どもの地理学―その成果と課題―」『人文地理』第52巻（2），pp. 39-62
小松和彦 1998「文庫本解説」イーフー・トゥアン著，山本浩訳『空間の経験』筑摩書房，pp. 413-424
佐藤浩樹 2017「子どもの地理的意識をテーマとした大学における地理授業の試み―教養総合科目『子どもと地域』の授業実践報告―」『地理教育研究』第20号 pp. 11-20
津城寛文 1995『日本の深層文化序説』玉川大学出版部，342p
寺本潔 1986「大学生の回顧文に見る地理的原風景の構造」『地理学報告』第62号，pp. 36-43
寺本潔 1988『子どもの世界の地図　秘密基地・子ども道・お化け屋敷の織りなす空間』黎明書房，180p

寺本潔 1990『子どもの世界の原風景　こわい空間・楽しい空間・わくわくする空間』黎明書房，
　　248p
寺本潔・石川純子 1994「子どもの知覚空間内における音・におい環境の基礎的構造―愛知県吉良
　　町横須賀地区の場合―」『愛知教育大学自然観察実習園報告』第14号 pp. 25-33
寺本潔 1994「子どもの知覚環境研究の展望―メンタルマップと地理的原風景―」『愛知教育大学研
　　究報告』43（人文科学編），pp. 77-85
寺本潔 1994『子どもの知覚環境　遊び・地図・原風景をめぐる研究』地人書房，207p
寺本潔 2003「子どもの知覚環境形成に関わる研究と教育の動向」『人文地理』第55巻（5），pp. 71-
　　85
寺本潔・大西宏治 2004『子どもの初航海―遊び空間と探検行動の地理学―』古今書院，164p
樋口耕一 2014『社会科調査のための計量テキスト分析　内容分析の継承と発展を目指して』ナカ
　　ニシヤ出版，237p
山口幸男 2009『地理思想と地理教育論』学文社，168p
吉田和義 2018『手書き地図分析から見た知覚環境の発達プロセス』風間書房，202p

第4節　私の地理教育論
　　　　―地域イメージ，社会参画―

　私の本格的な地理教育研究は，地理的意識と公民的資質との関連を考察した
修士論文「群馬県の児童・生徒の地域意識の構造と発達傾向に関する研究―地
域イメージと態度形成との関連を中心に―」からスタートした。この研究は，
地域意識の構造モデルに基づいて児童・生徒の地域意識を調査・分析し，地域
意識の構造を明らかにするとともにその発達傾向から社会科地域学習のカリ
キュラムへ提言を行うものであったが，私の地理学習論・カリキュラム論を形
成していく基盤となっている。

（1）地域イメージを重視した地理学習

　私の地理学習論は，図4-6で示した児童・生徒の地域意識の構造図を地理
学習に援用したものである。私の地理学習論では，地理学習において児童・生
徒が学習を通して学習対象地域をどのような地域として捉えるのか，すなわち
学習を通してどのような地域イメージ・地域像を形成するのかということを重
視している。地理学習においては，学習で取り上げた地域の様々な社会的・地
理的事象が児童・生徒の関心，知識，価値観などの知覚フィルターを通して選
択的に取り込まれて地域が理解され，思考・判断することを通して，地域イメー
ジが形成される。同じ学習が行われても，その地域を捉えるのに重視する事象

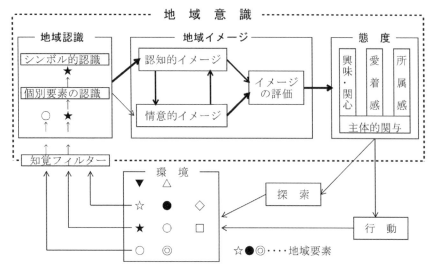

図4-6　児童・生徒の地域意識の構造　地域意識の矢印の太さは関連の強さを表す。関連の強さは学年が上がるにつれて強くなる。

出所：尾藤（1992），石見・田中（1992），Downs（1970），小川（1978）などの図や概念をもとにした構造モデルに調査の分析結果を加えて筆者作成。佐藤（2006）を改変。

は児童・生徒によって異なり，地域を総合的に捉えて形成される地域イメージは一人ひとり違ったものになる。学習対象地域を客観的な側面が強い認識対象として「地域」ではなく，児童・生徒一人ひとりの思い，価値判断，感情などを重視した主観的な「場所」として捉え，自分にとっての地域，地域と自分との関わりを重視し，地域や地域に暮らす人々の役割や意味や地域の一員としての自分を追究していく地理学習を大切にしたい。このことは地理学習に限定するものではなく，歴史的内容や公民的内容においても学習を通して児童・生徒に形成される学習対象地域の地域イメージが重要である。

　地域イメージを重視するのは，地域イメージは地域の評価（評価的イメージ）と結びつき，地域に対する態度に影響するからである（図4-6）。社会科学習は地域・社会に対する正しい理解に基づいて地域・社会に対する態度（公民的資質）を培うものであるが，認識・理解は態度とは直接に結びつくのではなく，地域・社会のイメージ・評価を介して結びついている。地域イメージが地域・

社会の認識・理解と態度との媒介として重要な意味を持っているのである。

（２）社会参画的地理学習

　私の地理学習論のもう１つの特徴は，人間形成・態度形成を重視した地理学習，すなわち社会科地理教育を基盤としていることである。地域に対する態度は，認知的要素としての「興味・関心」，情意面の主観的・感情的要素としての「愛着感」，情意面の客観的・価値的要素としての「所属感」を基礎として，それらが関連して意志的要素としての「主体的関与」に至るものである（図４−６）。地理学習の最終目標は地域に対する主体的関与の態度であり，学習を通して地域にどう関わるかという社会的態度を育てていくことが重要となる。地理学習は社会的実践力・態度の育成を目指す社会参画的地理学習であるべきであるということである。社会参画的地理学習で育成すべき態度は，山口（2000, 2002）が示した「地域」概念に関わる２つの地理的態度・価値，すなわち「地域的個性創造の精神」と「地域尊重の精神」にまとめられる。地域的個性創造の精神とは，地域の人々自らが地域の実態を探究し，個性を発見し，個性を創造・発展させていこうとする精神・態度のことで，主として自分の居住する地域についての学習で身につけたい地理的態度である。これが社会参画的地理学習で培うべき態度の中核であるといえる。地域尊重の精神とは，自らの地域の個性を大事にし，他の地域を尊重していく態度のことで，主として自分が居住しない地域についての学習や日本や世界の諸地域学習で身につけたい態度である。これらの学習では，地域・社会に直接関わることはできないが，社会参画的な視点を盛り込むことは可能である。その場合は学習対象地域の特色を学ぶことによって自分の居住する地域の特色や価値を再認識し，自他の地域の個性を尊重する態度を培うことが最終的なねらいとなる。

　この２つの地理的態度・価値をもとにすると，社会参画的地理学習は，２つの学習を構想することができる。１つは，主として地域的個性創造の精神を培うもので，自分の居住する地域の特色を探究し，個性について考え，提案する学習である。この学習は，個性の捉え方でさらに２つの型に分けられる。地域の個性をよさと捉え，それを発信したり，よりよい地域づくりを考えたりする

表 4 -12　児童・生徒の地域意識の発達傾向

学年段階	小 4 ・小 5	小 6 ・中 1	中 2 ・中 3
全体傾向	好意的 ◄──────────────────────────► 嫌悪的 認知面重視 ──────────────────────► 情意面重視		
確立される認知的 イメージ	自然に関するイメージ	産業や都市に関する イメージ	都市生活に関わる イメージ
情意的イメージの傾向	肯定的 ◄──────────────────────────► 否定的 にぎやかさ・楽しさ・明るさのイメージが否定的になっていく		
評価に重視される イメージ	観光・自然 ◄──────────────────► 安全性・都市性 楽しさ・明るさ ◄──────────────► 生活の充実		

出所：佐藤（2006）

学習と，地域の個性のなかに課題を見いだし，その解決の方策などを考え提案する学習である。もう 1 つは，主として地域尊重の精神を培うもので，県内の他市町村，日本や世界の諸地域などの特色を探究し，個性について考え，提案する学習である。この学習では，地域の特色を学習した後に，地域のよさや地域のもつ価値，地域のあり方について考える活動を取り入れるようにする。

（3）地域意識の発達傾向に基づいた地理カリキュラム

地理学習は児童・生徒の地域意識の発達傾向に基づいたカリキュラムと教材によって展開されることが必要である。表 4 -12 は，児童生徒の地域意識の発達傾向をまとめたものである。

小学校中学年から 5 年生ごろまでは，地域を好意的・肯定的にみる時期であり，地域の自然や観光・行事などを地域の魅力という観点から取り上げ，地域のよさに目を向け，地域のよさを再発見したり，アピールしたり，よりよい地域づくりを考えるような学習内容，教材開発が期待される。小学校 6 年生ごろからは都市的・都会的であることが地域評価の第 1 の視点となり，自分が居住する地域を否定的にみるようになってくる。この時期には地域の生活環境や社会問題を取り上げ，地域の特徴を調査し，それに基づいて地域の将来像やその実現のためのプランを考えていく学習を展開したい。中学校段階では，地域の生活課題や社会問題について多面的・批判的に検討し，地域をよりよくするための計画や改革案などを考えて提案するような学習内容・教材が望まれる。

このような地域意識の発達傾向を踏まえた学習を通して，児童・生徒は認知

面・情意面の両面から地域を統一的・総合的に理解し，自分の地域イメージを形成して，それを活かして地域に主体的に関わる実践的態度を身につけていくことができる。

参考文献
佐藤浩樹 2006『地域の未来を考え提案する社会科学習』学芸図書，141p
山口幸男 2000「地理意識と公民的資質」『新地理』第47巻第3・4号 pp.103-109
山口幸男 2002『社会科地理教育論』古今書院，288p

[著　者]

山口 幸男（やまぐち ゆきお）　群馬大学名誉教授

　　1946年，茨城県生まれ。東京学芸大学大学院教育学研究科修士課程社会科教育専攻修了。教育学修士。主要著書：『社会科地理教育論』（単著，古今書院2002）。『地理思想と地理教育論』（単著，学文社2009）。『地理教育の本質―日本の主体的社会科地理教育論を目指して』（単著，古今書院2022）。

伊藤 裕康（いとう ひろやす）　文教大学教育学部教授，香川大学名誉教授

　　1957年，愛知県生まれ。兵庫教育大学大学院教育学研究科教科・領域教育専攻社会系コース修了。博士（文学），教育学修士。主要著書：『社会科教育のリバイバルへの途―社会への扉を拓く「地域」教材開発』（編著，学術図書出版2022）。『憧れ力を育む授業の構想―とびだせ生活科！地域へ！未来へ！総合的な学習へ！』（単著，溪水社2001）。『「提案する社会科」の授業5　出力型授業づくりへの挑戦』（単著，明治図書1997）。

西岡 尚也（にしおか なおや）　大阪商業大学公共学部公共学科教授

　　1958年，京都府生まれ。奈良大学文学部地理学科卒業，佛教大学大学院教育学研究科修士課程修了，関西大学大学院文学研究科博士後期課程単位取得退学，教育学修士。京都府立高等学校教諭，琉球大学教育学部教授を経て現職。主要著書：『開発教育のすすめ―南北共生時代の国際理解教育』（単著，かもがわ出版1996）『子どもたちへの開発教育』（単著，ナカニシヤ出版2007）ほか。

佐藤 浩樹（さとう ひろき）　神戸女子大学文学部教育学科教授

　　1963年，群馬県生まれ。上越教育大学大学院学校教育専攻科教科・領域教育専攻社会系コース修了。教育学修士。主要著書：『地域の未来を考え提案する社会科学習』（単著，学芸図書2006）。『小学校社会科カリキュラムの新構想―地理を基盤とした小学校社会科カリキュラムの提案―』（単著，学文社2019），『テキスト初等社会科』（共編著，学文社2019）。

地理教育論社会科教育論の多角的探究 ― 4 人の考え方―

2023年 6 月30日　第 1 版第 1 刷発行

著者　　山口　幸男・伊藤　裕康・西岡　尚也・佐藤　浩樹
© YAMAGUCHI Yukio/ITO Hiroyasu/NISHIOKA Naoya/SATO Hiroki 2023

発行者　二村　和樹
発行所　人言洞 合同会社　〈NingenDo LLC〉
　　　　〒234-0052　神奈川県横浜市港南区笹下 6 - 5 - 3
　　　　電話　045（352）8675　㈹
　　　　FAX　045（352）8685
　　　　https://www.ningendo.net

印刷所　亜細亜印刷株式会社

定価はカバーに表示してあります。
乱丁・落丁の場合は小社にてお取替えします。

ISBN 978-4-910917-06-1